交通系统仿真及应用

（第二版）

吴娇蓉　辛飞飞　编著

同济大学出版社
TONGJI UNIVERSITY PRESS

内容提要

本书全面阐述了交通系统仿真技术及其在交通工程学科中的应用。全书共分五章，分别为绪论、交通仿真基础数据采集与处理技术、宏观交通规划仿真理论与技术、微观交通仿真理论与技术、行人交通仿真理论与技术。

本书为普通高等教育交通工程专业、交通运输工程专业的学位课课程教材，也可作为城市规划、土木工程等专业的选修课教材或教学参考书。从事城市规划、交通规划、市政设计、道路规划与设计、公共交通规划与管理等工作的技术人员和管理人员亦可参考。

图书在版编目(CIP)数据

交通系统仿真及应用 / 吴娇蓉编著. -- 2 版. -- 上海：同济大学出版社，2012.9

ISBN 978-7-5608-4975-1

Ⅰ.①交… Ⅱ.①吴… Ⅲ.①交通运输系统—计算机仿真—高等学校—教材 Ⅳ.①U491.2-39

中国版本图书馆 CIP 数据核字(2012)第 215781 号

交通系统仿真及应用(第二版)

吴娇蓉 辛飞飞 编著

责任编辑 高晓辉 **责任校对** 徐春莲 **封面设计** 陈益平

出版发行 同济大学出版社 www.tongjipress.com.cn

(地址：上海市四平路 1239 号 邮编：200092 电话：021—65985622)

经　销 全国各地新华书店

印　刷 江苏句容排印厂

开　本 787mm×1092mm 1/16

印　张 13.75

字　数 343 000

版　次 2012 年 9 月第 2 版 2021 年 6 月第 2 次印刷

书　号 ISBN 978-7-5608-4975-1

定　价 28.00 元

二版前言

2004年至今的8年期间，世界交通科技特别是交通仿真技术取得了长足的进步，在信息技术快速发展和现代交通系统的复杂性与日俱增的情况下，伴随智能交通系统进入实质性应用阶段，在交通仿真理论、建模、评价等方面都需要适应更大的交通网络分析范围、更复杂多变的人车交通行为、更丰富多样的建模选项、更灵活的参数设置、更快的计算速度、更精确的计算结果、更加直观的操作界面等要求。为此，2004年初版的《交通系统仿真及应用》的更新再版势在必行。

教育部2010年启动“卓越工程师教育培养计划”后，按照“卓越工程师能够践行技术创新并解决未来工程问题”的要求，本书强调“实践性、实验性”的特点，积极推进创新工程教育的教学理念，在教学大纲不断调整和完善的基础上，为适应交通工程专业、交通运输工程专业的教学需要，自2011年1月启动《交通系统仿真及应用》第二版的修编工作，采用启发式编写方法。

本版在《交通系统仿真及应用》初版的基础上，基本保持出版框架结构，做了较多的更新、增补、改写与删减。本版共分5章。第1章由吴娇蓉、辛飞飞共同编写，第2章由辛飞飞编写，第3～5章由吴娇蓉编写，王晨、陆苏刚、马山、王宇沁参与了文献整理、软件测试、图片和表格制作等工作，在此表示致谢。全书由吴娇蓉统稿。

本版的第2章和第5章为新增内容，结合了最新的交通仿真技术动向和同济大学交通运输工程学院负责完成的深圳、杭州智能交通信息平台建设工程项目经验，以及上海2010世博会、深圳2011全运会等大型项目高强客流集疏运与公共安全等项目经验编写而成。主要包括广域动态交通数据采集与处理技术、GIS -T交通地理信息系统在交通仿真建模和交通分析中的应用、行人交通流分析理论、仿真模型与评价方法等内容。本版第1章、第3章和第4章在初版基础上进行了大规模修编，这3章紧密结合同济大学交通运输工程学院负责完成的国内各类城市交通规划、设计、控制等方面的实际工程项目经验，补充完善了小汽车驾驶员、非机动车骑行者行为分析与仿真建模方法；详细梳理了小汽车系统、公交系统、非机动车系统仿真建模技术及应用方法；增加了多种通用交通仿真软件建模与参数设置、仿真效果与适应性比较分析，突出交通仿真应用与实践的特点。

本教材的编写得到了同济大学教材、学术著作出版基金委员会的资助，也被列入同济大学“十二五”规划教材。

本版对初版内容作增、删、修改之后，总体篇幅增加，涉及内容更为广泛。

交通仿真技术及应用还在不断发展，本版修改限于编者浅见寡识，错漏仍多，恭请读者指正。

编　者

2012年7月

初 版 前 言

随着信息技术的高速发展，交通工程专业在世界范围内已从传统的“软科学”迅速地发展为“实验交通工程学”。实验交通工程学是由日本京都大学等首先提出的交通工程学新的发展方向与趋势。交通系统仿真及应用这门课程是实验交通工程学的重要组成部分，是一门收集了大量交通信息后，在计算机上进行灵活交通实验的课程。交通现象十分复杂，而且随机性很强，因此，以计算机为辅助工具，利用交通仿真技术的可重复性、可延续性特点，模拟分析单个车辆(或交通流)、交通规划数据集合体与各种交通环境的相互关系，可以综合得出交通运行状况对公路、城市道路基础设施的交通适应性，实现对未来交通系统行为的再现和预先把握。帮助交通工程专业人员设计出多种交通改善方案和规划方案，以解决目前和将来产生的交通问题。

交通仿真技术在国外发展已趋于成熟，而在我国只是近十多年才被普遍认识和接受。为了促进这一技术的发展，在国内建立起实验交通工程学，我们将历年来交通仿真研究成果、教学工作和实际工程课题中的一些浅略的体会与初步的经验，以及所了解的国内外发展情况进行汇总，编撰成这部教材。本教材也可以作为相关学科研究生和有关技术人员的参考书。

本书酝酿于2001年，动笔于2002年。本教材从初稿形成至今的几年间，部分内容曾在同济大学向本科生讲授。本教材的编写主要受益于2000年在德国DR. BRENNER＋MUENNICH Ingenieurgesellschaft mbH（布莱纳博士＋慕尼西工程事务有限公司）和PTV(Planungsbuero Transport und Verkehr，Karlsruhe)公司的进修学习、2004年在美国加州大学埃文分校(University of California，Irvine)的进修学习以及大量工程实践经验的积累。

本教材共分七章，第一、五、七章由吴娇蓉编写，第二、三章参考了刘运通等编著的《交通系统仿真技术》，第四、六章由叶彭姚、陈锦秀、吴娇蓉共同编写。全书由吴娇蓉统稿。

在本教材的编写过程中，李林珠参与了录入工作，在此表示致谢。

本书参阅了国内外大量的文献资料，涉及内容较为广泛、复杂，限于作者水平，可能有引用与理解不当之处，错误之处也在所难免，恳请读者提出宝贵的意见。

编　者

2004年4月于上海

目　录

第1章 绪 论

1.1 实验交通工程学简介

1.1.1 交通工程学的发展趋势

交通工程学是研究交通系统的组成、结构、运行与演化规律的一门工程学科。交通工程学的形成源自对交通系统进行科学认识并解决交通问题的实际需求，交通系统自身的发展变化是交通工程学理论创新与技术革新的主要推动力。

与机械、电信、土木等传统的工程学科不同，交通工程学并不具备一个非常明确的、能够准确规定其内涵和外延的统一概念，这与研究对象“交通系统”本身的复杂性和抽象性，以及系统发展形式的多样性有直接关系。随着经济发展和社会进步，现代交通系统的复杂性与日俱增：交通设施网络已经从单一的平面道路网络发展到由高架、地面、地下通道组成的立体道路网络，从以道路为主的网络发展到轨道、地面公交、道路交通组成的多方式复合交通网络；交通信号控制系统已经从简单的单点信号控制逐渐升级扩展成为区域实时自适应控制；交通信息系统的应用更是直接对出行者的交通选择行为产生影响。此外，交通系统的复杂性还体现在交通决策目标的多元化方面，各种交通问题及其对策涉及的利益群体更多、决策过程更复杂。

交通系统日趋复杂的发展趋势对传统的交通工程学理论与方法均提出了挑战。交通工程学形成于汽车交通开始盛行的时代，主要研究道路交通现象并以避免道路交通拥堵作为研究对象，许多经典模型在多方式复合交通网络条件下并不适用。在研究方法上，由于缺乏收集大量交通基础数据并进行高效处理的技术手段，传统交通工程学在很多时候倾向于使用比较成熟且简化的理论模型，例如最典型的流体力学模型。此类模型的研究和应用在交通工程学发展初期起到了重要的作用，弥补了交通工程学缺乏自身理论体系的不足。然而随着交通系统复杂性的不断增加，开始越来越多地体现出复杂系统的特征如多样性、随机性和非线性，以及骤变、震荡和自组织等现象，这些都是传统的交通工程学难以解决的问题，必须寻求更加科学有效的理论体系与技术方法。

智能交通系统(ITS)的出现为传统交通工程学提供了新的发展机遇。ITS的发展一方面为交通工程各研究方向提供了海量的基础数据，包括各种先进的定点流量检测数据、视频检测数据、探测车GPS数据、智能交通卡数据等，使研究者开始具备对复杂交通网络进行多角度、连续观察的能力，通过大范围连续观测交通网络运行状态的变化特征，更全面、精细、准确地识别交通问题，掌握交通系统演化规律。另一方面，借助先进的计算机技术、系统仿真分析技术，使交通工程研究者逐渐具备了对于复杂系统进行建模分析的能力。

智能交通系统出现之后，从基础数据和技术方法两方面对交通工程学的发展开始产生影响。得益于海量交通数据和先进的计算机模拟技术，交通工程学可以通过类似“实验”的模拟计算方法对交通系统进行更加精细化、可视化的分析，这将极大地提高对于复杂交通现象的深入研究，有助于发现复杂交通系统的演化规律。

1.1.2 实验交通工程学

不少学者都面向ITS提出了交通工程学新的发展方向、研究内容和技术手段，其中“实验交通工程方法”(experimental traffic engineering methodology)是比较有代表性的一种观点。

实验方法原本是进行科学研究的基本方法之一，特别是对于随机性强、复杂度高的问题，采用实验方法非常有效。但传统的交通工程学中却鲜见“实验”的概念和提法，究其主要原因在于交通系统的特殊性使其难以像其他典型工程学科一样制作模型开展实验，尤其是物理模型实验。在不能制作实物模型的情况下，也缺乏有效的技术手段对交通系统进行模拟。

依托先进技术和交叉学科研究的优势，智能交通系统的发展使得实验方法正在成为一种有效的交通工程研究手段。以最基本的道路行程时间函数为例，传统交通工程学方法依据经验观测值拟定几种常用的简化模型供研究者选用，而通过实验交通工程方法可以收集不同类别、不同断面形式、不同交通流组成道路上的动态交通数据，根据实际情况对模型分别进行标定，而且能够根据不同时段的交通特征动态标定参数。再以OD数据为例，在传统的四阶段模型中OD数据是静态的，研究者通过经验数据利用全天OD得到高峰时段的OD再进行分配，而实验交通工程方法能够利用动态交通数据实现对OD数据的动态调整和分析，经过反复配流和修正实现对网络交通流状态的更为精确的模拟。同时，计算机图形处理技术和仿真技术的发展，使研究者能够在计算机中建立复杂的交通网络模型代替实物模型进行实验，通过构造不同的交通网络模型对交通理论模型进行辅助验证，对各种交通规划方案进行反复评估和比选。

“实验交通工程学”是近年来适应交通信息化与智能化发展，逐渐形成的交通工程学新的发展方向。其基本出发点是基于大量的客观交通数据，解析交通现象、构筑交通模型，特别侧重于借助交通系统仿真技术进行动态、随机的交通现象及交通行为研究，成果更切合实际，更具有实用性。

实验交通工程学并不是一门新的学科，而是在传统交通工程学的基础上引入实验方法开展研究。实验交通工程学是在智能交通系统的发展背景下，针对复杂交通系统研究需求和应用需求产生的。通过交通工程学与信息采集与处理技术、多源数据融合技术、仿真建模技术、计算机系统集成技术等先进技术的结合，建立用于大范围复杂交通系统分析的综合交通信息实验平台。通过平台的数据整合作用，汇集多源广域、动态交通数据，精确、动态刻画复杂交通系统的运行状态，对复合交通流的运行机理和相变机制进行科学分析。依靠强大的计算机建模仿真能力，能够建立多尺度、多方式的大型交通系统模型，将人、车、路、环境因素全面地纳入到模型体系当中，能够更加科学地评价交通运输体系的综合效益以及重大交通建设项目对复杂系统产生的影响。

交通系统仿真是实验交通工程学的重要组成部分，是仿真理论与技术在交通工程领域的应用，其发展过程可以看作是实验交通工程学思想方法的典型体现。在信息技术快速发展的推动下，交通仿真始终朝着更加精细化和复杂化的方向发展。从微观层面看，交通仿真技术对现实交通现象模拟的逼真程度越来越高，依托海量的动态交通数据和三维图形建模技术，已经能够对行人、非机动车、汽车等各种交通流进行动态再现，通过这种模拟计算能力能够对局部区域内的各种复杂交通流现象进行精确跟踪与分析。从宏观层面看，交通仿真系统的模拟对象已经从最简单的平面道路网络交通流逐步转向包括行人、非机动车、机动车、道路、轨道、地面公交等诸多要素的复合交通系统网络交通流，评估指标体系已经从单一的交通效率指标扩展到环境指标、安全指标等。

1.2 交通仿真技术及其发展

1.2.1 交通仿真的概念

仿真(simulation)，也称为模拟，是指为了求解复杂问题而人为地模仿真实系统的部分或者整个运行过程。如果所研究的问题足够简单，那么可以用通常的微积分、概率论、代数方程等解析方法求解。但真实系统往往非常复杂，很难或者无法用理论方法求解，这时就不得不借助于仿真模型，利用仿真算法求解。不管是手工仿真还是计算机仿真，都不是利用数学解析方法或者物理实验方法，而是利用仿真模型产生一个人为的系统的经历，在仿真过程中获得数据，以便描绘或推断出与实际系统有关的运行特征或行为结果。经过几十年的发展，仿真已成为运筹学和系统分析中应用最广泛和最可接受的工具之一。之所以如此，是因为它的优点是非常明显的：

(1) 有些数据通过普通意义上的实验方法获得难度较大，或者是实验过程代价非常昂贵，这种情况下，仿真是唯一的求解算法。

(2) 具有可重复性。一旦建立了一个仿真模型，可以任意重复仿真过程，这是普通的实验方法所无法比拟的。

(3) 借助于仿真模型，可以对所仿真的物理过程有更深入的了解。换句话说，仿真模型追求的是过程，而解析模型讲究的是结果。

(4) 仿真模型对原始数据的依赖性不强，即使输入的数据有些粗糙，仿真方法也可用于帮助分析一个所建议的系统，而且用户可以通过不断地修正输入，逐步获得合理的结果。

(5) 解析模型通常需要许多简化假设，以便在数学上容易处理，而仿真模型则没有这么多限制。对于解析模型，分析者只能计算有限的系统性能指标(measures of performance)；而对于仿真模型，产生的数据可用于估计任意可想到的性能指标。

系统仿真是一门新兴技术学科，它与各门技术学科、管理学科、经济学科以至社会学科都有着紧密的联系，这正是系统仿真得到日益广泛应用的原因。仿真技术在航天、航空、军事、科研、工业生产、环境保护、医学、经济规划、商业经营、金融流通等各个方面都获得了成功的应用，取得了显著的经济效益。我国自 20 世纪 80 年代初以来，也在管理领域中开始推广系统仿真技术，在高技术项目的论证、大型工程项目的研制进度和预算、造船计划安排、机械制造企业计划和排序、城市交通管理、医院管理、商业服务、技术政策制定等方面都曾利用仿真技术进行预报预测、政策分析、计划安排、经济分析和调度配置等。仿真技术在交通工程中有着广泛的应用。从 20 世纪 60 年代起，国外就开始利用计算机对各种交通现象和交通特征进行仿真，到目前为止，已经开发出一些相当优秀的且实用性很强的软件。利用交通仿真模型，人们可以动态地逼真地仿真交通流和交通事故等各种交通现象，深入地分析车辆、驾驶员和行人、道路以及交通流的交通特征，有效地进行交通规划、交通组织与管理、交通能源节约以及物资运输流量合理化等方面的研究。此外，通过计算机仿真方法，可以避免进行一些费用昂贵而且周期长的交通调查和现场实验，以很小的代价获得难以调查的数据，并再现多种交通现象，即可以从一个崭新的视角展开对问题的研究。

交通仿真是指用系统仿真技术来研究交通行为，它是一门对交通运动随时间和空间的变化进行跟踪描述的技术。从交通系统仿真所采用的技术手段以及所具有的本质特征来看，交通系统仿真是一门在数字计算机上进行交通实验的技术，它含有随机特性，可以是微观的，也可以是宏观的，并且涉及描述交通运输系统在一定期间实时运动的数学模型。通过对交通系统的仿真研究，可以得到交通流状态变量随时间与空间的变化、分布规律及其与交通控制变量间的关系。

在交通仿真技术出现之前，交通工程师多采用经验方法和数学分析方法来分析交通现象。然而交通系统是一个典型的复杂系统，系统内要素的状态及其相互作用规律受多维随机因素的影响，往往难以用经验模型或数学分析模型来准确地描述。传统交通分析方法的局限性在 20 世纪 60 年代计算机的交通信号控制系统出现以后显得尤为突出，当时的交通工程师们希望找到一种更有效的交通分析方法来优化交通控制的信号参数设计，从而开始了交通仿真的研究。相对于传统的数学解析分析方法，交通系统仿真技术具有如下优点：

(1) 不需要真实系统的参与，因此具有经济方便的优点，特别适用于对尚不存在的、规划中的交通系统行为的研究。

(2) 通过系统仿真，能清楚地了解交通流中哪些变量是重要的，以及它们是如何相互作用的。

(3) 系统动态模型的时间标尺可以与实际系统的时间标尺不同，因此，既可以进行实时仿真，也可以进行非实时仿真。

(4) 对于交通系统中的某些危险情况或灾难性后果，系统仿真是很有效的研究手段，可以开展道路交通事故的仿真研究等。

(5) 能重复提供同样的道路交通条件，从而可以对不同的规划设计、交通组织改善方案进行公正的比选。

(6) 能不断改变系统运行条件，从而可以预测道路交通系统在各种情况下的行为。

(7) 能够随时间和空间改变交通需求，从而对道路交通拥堵做出预报。

(8) 能够处理相互影响、相互作用的复杂的排队过程。

尽管交通系统仿真技术具有很多优点，但也存在许多缺陷和局限性，如：

(1) 仿真模型需要大量的交通设施、网络、行为等方面输入数据，对于某些实际问题，这些数据很难或根本无法获得。

(2) 仿真模型需要验证、标定、进行有效性检验，如果忽视这一点，仿真结果将会失实。

(3) 建立仿真模型不仅需要大量的知识，如交通流理论、计算机程序设计、概率论、决策论、统计分析等，而且需要对研究的道路交通系统有充分的了解，具备丰富的交通工程实践与应用经验。

(4) 如果只是简单套用交通仿真模型，而对于模型的限制条件和基本假设并不清楚，或将其视为“黑箱”，对其中含义不了解，都极可能导致错误的结论。

(5) 交通系统仿真技术对于系统模型有着极强的依赖性，而要建立系统模型，就必然要对真实系统进行简化和抽象，这必然要引起某种程度的“失真”。对于道路交通这样一个随机的、动态的、复杂的大系统，这一问题显得尤为突出。

应当指出，交通仿真只是为数众多的交通分析技术中的一个手段，既不是唯一的也不是最好的，因此具体的交通工程问题，应采取切实有效的交通分析技术，可以是多种分析技术的综合。正如美国系统科学家 Zadeh 在其著名的“不相容定理”中所指出的，复杂性和精确性是互相矛盾的，随着系统复杂性的增加，人们对其进行精确描述的能力就要下降，直至达到这样一个阈限，即精确的描述失去了意义。在这种情况下，人们只能寻求某种“折衷”的办法，在精确性和有效性之间达成某种“妥协”。

1.2.2 交通仿真技术的发展

交通系统仿真技术是随着电子计算机和系统仿真技术的发展而发展起来的，大体上经历了三个阶段。

第一阶段为诞生期，指 20 世纪 50 年代至 60 年代初。

1951 年，英国道路研究实验室(road research laboratory)完成了交叉口的交通仿真。在美国，第一份关于交通仿真的研究报告发表于 1953 年，介绍了加利福尼亚大学洛杉矶分校(University of California at Los Angeles)关于交叉口和高速公路的交通仿真模型。紧随其后，密执根大学(University of Michigan)进行了交叉口交通仿真；在菲尔科(Philco)进行了主干道交通仿真；纽约港务局(Port of New York Authority)进行了公交终端站车辆跟车模型的仿真研究；中西部研究所(Midwest Research Institute)应用仿真技术开展了有关高速公路立交桥和匝道汇流交通的研究。

但是，上述工作大多讨论的是如何进行交通流仿真，直到大约 1960 年，用仿真技术研究交通流状态的可能性和可行性才得到普遍承认，并且开始开发一些交通系统仿真软件。

第二阶段为发展期，指 20 世纪 60 年代初至 80 年代初。

交通仿真技术在 20 世纪六七十年代得到了迅速的发展，这一期间，发表了大量的论文和专著。

在美国，Gerlough 和 Capelle 于 1964 年出版了名为《交通流理论导论》的专题论著，其中一章专门论述了交通仿真，该书于 1975 年修订，其中的交通流仿真一章增加了不少新的内容。1967 年，Fox 和 Lehman 在《交通季刊》上发表了一篇科学技术发展动态的文章，介绍了交通系统仿真的发展情况。1975 年加利福尼亚大学伯克利分校(University of California at Berkeley)出版了关于运输系统计算机仿真应用的文献汇编，并于 1977 年进行了增补和修订。

在欧洲，这一期间有三本重要的专题论著发表，一本是 Wigan 编著的文献汇编，于 1969 年由英国道路研究实验室出版；第二本文献汇编于 1972 年由经济合作与发展组织(Organization for Economic Cooperation and Development, OECD)出版；第三本是德国卡尔斯鲁厄大学(University Karlsruhe)交通研究所(Institute fuer Verkehrswesen)的 Wiedemann 于 1974 年所著的《道路交通流的计算机仿真》一书，该书系统地介绍了交通流仿真方法及其模型建立。

与此同时，大量的交通系统仿真应用软件被开发出来，这些软件可以分为两种类型，一类以宏观交通仿真模型为基础，另一类则以微观交通仿真模型为基础。

20 世纪 60 年代初期，宏观交通仿真模型首先用于交通系统仿真。1963 年，美国 Gerlough 提出随机问题可以用扫描时间可变的时间扫描法解决，并以此出发推出了 TRANS 程序，用以评价道路网的信号配置。美国联邦公路局（Federal Highway Administration）在 1965—1966 年间研制的 SIGOP 系统采用了宏观的确定性优化模型，用以研究定时信号参数的最优化问题。其他比较重要的宏观交通仿真软件还有用于信号交叉口的 CAPCAL，用于城市干道网的 SPAN，MAXBANSSTOP，DASSER，TRANSYT 以及用于高速公路的 FREQ，FRECON 等。

20 世纪 60 年代末以来，基于微观仿真模型的交通系统仿真开始迅速发展起来。1971 年，Lieberman 提出了以随机时间扫描的方法描述单个车辆的运动，并以此出发，推出了 UTCS-1，用以评价路网的信号配置。1977 年，他又在 UTCS-1 的基础上开发了 NETSIM 系统，并且得到了广泛的应用。这一时期出现的其他比较著名的微观交通仿真软件还有由美国研制的用于信号交叉口的 TEXAS 和 SIGSIM、用于城市干道网的 NETSIM、用于高速公路的 INTRAS，以及用于乡村道路的由瑞典研制的 VTI 和由澳大利亚研制的 TRARR 等。

这一时期，德国人在微观交通仿真软件的开发研制方面做了大量的工作。早在 1968 年，Wiedemann 就推出了 SIM-2，用以进行定时信号控制的城市双车道道路的仿真实验；1969—1970 年间，Ziegler 对其进行了改进，推出了 SIM-2/S。1974 年 Wiedemann 提出了车辆运动相互作用的微观模型即 INTAC 并开发了单车道仿真程序 INTAC-1，1975—1978 年间，Willemann 将其扩展到双车道情况，推出了 INTAC-2。1977 年，Hubschneider 对 INTAC-2 进行了重新标定，强化了其功能，开发出 MISSIS，用来对德国高速公路推荐车速 130 km/h 的情况进行了仿真实验。同年，Brilon 开发出 SIMLA/1，用以研究乡村道路平直路段的交通状况，1981—1983 年间，Brannolte 将其推广到有曲线和纵坡的情况，推出了 SIMLA/2，在此之间的 1980 年，他还提出了丘陵地区高速公路的微观仿真模型 STEIGSIM。1975—1980 年间，Wettering 开发了 SIM-2，3/F，用来分析双车道或三车道公路上的车道转换规律。

第三阶段为成熟期，指 20 世纪 80 年代初至今。

到 20 世纪 80 年代初，交通系统仿真技术在美国已经得到了迅速的发展和广泛的应用，为了总结以往的研究成果，确定未来的研究方向，在美国运输局（U. S. Department of Transportation）支持下，由运输研究院（TRB）主持召开了一个专题研讨会，会议历时 3 天，有大约 75 人出席。会议有两个主要的议题，一是通报已开发出的和将要研制的交通系统仿真软件的功能和效用；二是反馈用户需求信息。会议得出结论：交通系统仿真技术已经具备了强大的功能，并且可以预计，今后仍将进一步发展，功能还将进一步加强。这次会议标志着交通系统仿真技术进入了一个新的发展阶段。

目前广泛使用的主流交通仿真软件大都起源于这一时期。交通系统仿真技术的发展呈现如下特征：

(1) 系统建模开始突破微观模型与宏观模型的界限，出现了混合模型。一个典型的例子是由 Schwerdtfeger 在 1984 年提出的 DYNEMO 仿真模型，采用交通流的一般关系来描述车流运动，而将每辆车看作是一个基本单元，这一模型应用在车辆驶出高速公路的仿真实验中取得了很好的效果。另外，由 Van Aerde 于 20 世纪 80 年代中期开发的 INTEGATION，混合使用了微观和宏观交通流模型，被认为是准微观模型。

(2) 仿真软件开始向大型化、综合性方向发展。例如，由 Hubschneider 从 1983 年开始研制的 MISSION 软件，既可用于高速公路，又可用于城市道路；既可用于一般的交通流仿真，又可用于公共交通系统的仿真实验。这个软件在 1989—1991 年间还被成功运用于欧洲联盟 DRIVE 计划的研究中。再如，由英国 MVA 公司开发的 TRIPS 和美国 Caliper 公司推出的 TransCAD 软件包，都是以四阶段模型为基础，用于区域交通规划。

(3) 研究重点从软件开发逐渐转向了系统模型的改进，包括模型的精炼，如加入优化子模型和加入有效性测定、仿真模型集成等。软件厂商非常活跃，已开发出的软件不断推出新的版本。

(4) 新的技术开始用于交通系统仿真，主要表现在仿真界面更加友好，人机交互更加方便。另外，计算机图形技术的应用使得仿真过程更加透明和直观。其中一个典型的例子是德国卡尔斯鲁厄交通运输与规划公司(PTV—Planungsbuero Transport und Verkehr, Karlsruhe)于 20 世纪 80 年代末开始研制逐渐改进的系列软件，由用于道路网交通分配的 Visum、用于交通需求预测的 VISEM、用于交叉口和立交等交通运行分析的 Vissim 三个独立的软件组成。这套软件采用了人机交互的图形化界面，1994 年后推出的软件版本均可在 Windows 环境下运行，可以同时观察多个交叉口的交通状况，并支持三维动画显示。另外，西班牙 TSS 公司近 10 年逐步发展起来的 AIMSUN2，为用户提供了十分友好的图形界面。

在我国，用系统仿真技术进行道路交通的仿真实验开始于 20 世纪 80 年代，并且主要集中在北京工业大学、同济大学、东南大学、西南交通大学、上海交通大学、华南理工大学、北京理工大学、天津大学、中国科学技术大学、吉林大学、长安大学等高校研究机构。

1.2.3 交通仿真技术展望

1. 以信息技术为支撑，面向智能交通系统发展需求

从交通工程应用的角度来讲，更大的交通网络分析范围、更丰富多样的建模选项、更灵活的参数设置、更快的计算速度、更精确的计算结果、更加直观的操作界面始终是交通仿真技术革新的方向，而信息技术的快速发展为此提供了有效支撑。例如：计算机并行处理技术和处理能力的发展，可以使交通仿真从简单的物理道路和交通条件的描述发展到在复合交通网络和复杂管控策略条件下的仿真；软件开发环境的发展促使多种分析工具能够通过连接和嵌套技术交互使用来解决复杂问题；图形图像处理技术的发展能够在交通仿真过程中实现对周边环境的三维动态逼真再现等。

新世纪以来智能交通系统进入了实质性的应用阶段。ITS 的发展推动了交通仿真技术的进步，但同时也对交通仿真软件的功能提出了更高的要求。从 ITS 应用角度来讲，要求交通仿真能够融合于整个智能交通系统之中。比如：能够接入外场交通数据并用于实时仿真计算，将结果发布至交通信息服务系统；能够与实时自适应信号控制系统进行对接，利用其详细的控制策略进行仿真；能够进行动态在线仿真，对交通需求进行短时动态预测并将仿真结果用于动态交通控制；能够支持跨平台的应用，与 GIS 系统和数据库系统进行整合开发；等等。交通仿真已经从单纯的交通工程专业技术分析工具，转变为大型智能交通应用系统的核心组件。此外，对 ITS 应用系统的效益评估，也逐渐成为交通仿真的必要功能。

2. 面向人性化、可持续的发展需求

对道路交通网络上的交通流进行分析一直是各类交通仿真软件的核心功能，交通仿真模型对于道路上各类车流现象的模拟能力也是评估其性能的主要标准。然而，随着可持续发展、节能减排理念在交通规划、设计、管理中得到公认和接受，对于交通系统的分析已经从以道路交通为主，逐步转向道路、公交、慢行交通等多方式的复合交通体系；从单纯地评价是否堵车，转变为对交通系统中各类出行者交通效率的评价；从单一的交通效益，转变为交通、安全、环境甚至舒适度的综合效益评价。

因此，交通仿真技术必须逐步具备对复杂化、大型化的复合交通网络以及细分交通方式的模拟能力。仿真对象除传统的机动车以外，必须注重提高对非机动车和行人的仿真能力，以及各种混合交通流及其行为的模拟能力。

3. 吸收交通理论研究的新成果

目前交通流分析中的宏观理论模型有一些新的进展，对基本的流密速关系提出了新的见解，尤其是“两相流(two-fluid)理论”正逐步应用于城市路网集合流(车辆群)的交通状况研究。传统的交通流描述都是基于连续的速度和距离变量，但目前在交通仿真系统中引入了一种离散概念，即建模时将道路网络离散为在一个时间单元内仅能容纳一辆车，这种方法称为元胞自动机方法。在遵循驾驶员行为准则和车辆运动基本物理规律的前提下，车辆的运动是通过从前一个单元跳到下一个单元来实现的。

相关科学理论如模糊数学的发展和应用为人们提供了崭新的思维模式，在应用于交通领域描述驾驶员行为时，从根本上打破了传统经典数学“二值”逻辑的局限。不同的驾驶员基于自身经验对驾驶规则有不同的应用方式，并且同一驾驶员在不同环境条件下对规则的应用模式并不相同，因此采用模糊逻辑和近似理论方法来建立驾驶员行为的模糊模型是比较合理的。

在宏观交通研究领域，对个体出行链及非集计模型的研究已经形成了基本理论体系，以此为基础的交通出行需求仿真也在快速发展。交通出行需求仿真使用 GIS 数据库和工具进行基本的数据输入和结果显示。该仿真方法不仅在城市集中化地区、拥堵区域的高峰小时交通分析中较为有效，而且在交通服务需求比较低的交通规划中也非常有用。

1.3 交通系统仿真流程

交通系统仿真的对象是含有多种随机成分和各种逻辑关系的复杂的交通系统，因此，它本身就是一个复杂的系统工程。它包括问题分析、模型建立、数据采集、程序编制、仿真运行、输出结果处理等过程，必须按一定的程序和步骤进行。图 1-1 为一般的交通系统仿真流程图，其中包括 11 个基本步骤，对此将在下面分别进行讨论。

第一步：明确问题

交通系统仿真的第一个步骤是对拟要研究的问题进行详细的了解和描述，明确研究目的，划定系统的范围和边界，以便对各种交通分析技术的适应性作出判断。举例来说，此时要回答下列问题：

(1) 希望得到什么样的输出结果？什么样的输入将对输出结果产生影响？

(2) 所讨论问题的空间界限和时间界限是什么？

(3) 是否存在重要的随机因素？

(4) 交通条件是否随时间变化？

(5) 车辆到达或离去是否服从经典的数学分布？

第二步：确定仿真方法的适用性

这一步工作的核心是确定在各种交通系统分析技术中，系统仿真对于所讨论问题是最适宜的方法。应当回答的问题有：

(1) 如果不用仿真方法，所讨论问题如何解决？

(2) 为什么仿真方法可以较好地解决所讨论的问题？

(3) 是否有仿真研究所需的足够的时间和物质支持？

(4) 所讨论问题是否真的可以解决？

第三步：问题的系统化

一旦确定系统仿真对于所讨论问题是最好的解决方法，就要着手构造一个仿真模型的第一级流程图，其中包括输入、处理、输出三个组成部分。特别要对输入和输出进行详尽的说明，以便收集和处理下一步的数据。一般说来，输入数据包括交通设施设计参数、交通需求方式、运行规则、控制类型、环境条件等。而输出数据则依赖于所讨论问题的类型，通常包括行程时间、车速、延误、排队长度、停车次数、交通事故、燃油消耗、尾气污染、交通噪声等。

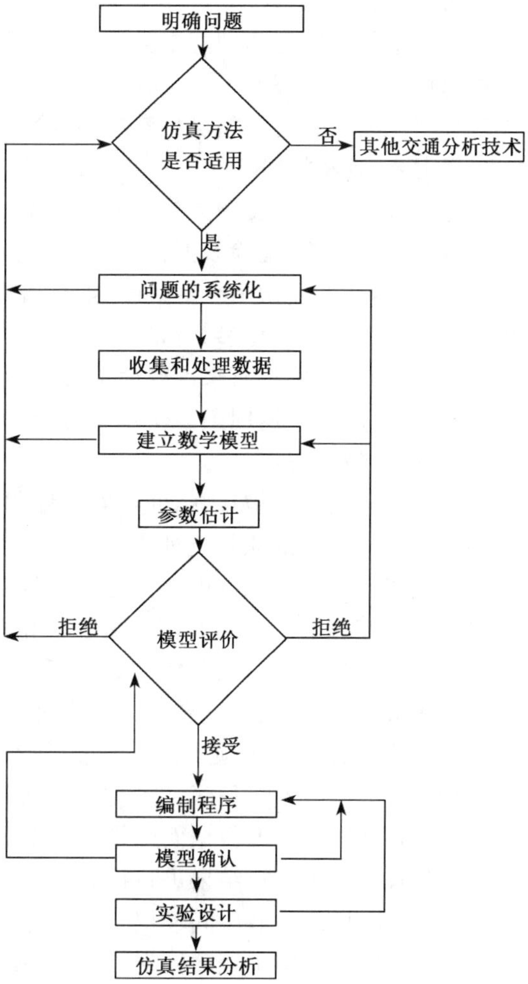

图 1-1　交通系统的仿真流程图

第四步：数据的收集和处理

这一步工作的主要内容是根据输入和输出要求，收集和处理所需的数据。为此，应当制定观测计划，确保满足最小样本量要求，以便于模型进行标定和有效性检验。接下来是对所收集的数据进行处理，使之符合仿真模型的需要。数据处理通常包括计算均值和方差、确定分布形式和相互关系、进行回归分析和单位转换等。

第五步：建立数学模型

建立数学模型是系统仿真中最关键的一步，也是最费时间的一项工作。通常采用自上而下循序渐进的方法进行。以前面提到的第一级流程图出发，将注意力放在连接输入和输出的处理过程上，建立第二级流程图，确定构成处理过程的主要模块及其相互关系，每一模块的输入和输出；然后，建立第三级流程图，对每一个模块的功能进行详细的描述。

第六步:参数估计

模型中的参数有两种基本类型,即确定型参数和随机型参数。确定型参数可以是常数,也可以根据系统状态的不同,对应于一组常数中的某个值,或者按某种回归规律在一定范围内连续变化的值。对于随机型参数,除给出它的均值和方差外,还要指出其分布形式。

第七步:模型评价

这一步工作的首要任务是对所建模型的各种可能情况进行手工计算,以确定流程中是否出现中断或回路、检验数据输入的适应性和取值范围、检验最终的和中间的输出结果的合理性。其次,还需要做出一些判断,如是否有必要增加、删除或改变一些变量,是否有必要修正一些确定型或随机型参数,是否有必要对模型的结构进行修改等。如果仅仅是需要修正某些变量或参数,则相对来说要简单,而一旦模型本身被拒绝,则需要返回前面的第三或第五个步骤,有时甚至返回第二个步骤,以至于可能放弃系统仿真方法。

第八步:编制程序

一旦所建的模型被接受,便可着手编制计算机程序。编程工作量的大小和难度取决于前面建立的流程图的质量。如果流程图考虑得很周到,模块设计很详细,则编程仅仅是简单劳动。这步工作中最重要的一点是对编程语言和计算机设备的选择。应考虑的因素有开发人员对各种编程语言包括通用高级语言和专用仿真语言的熟悉程度、计算机编辑器的能力、模型的特征与仿真语言的相容性、仿真程序的可扩展性等。如果所编制的程序将推广应用,例如作为商业软件出售,则要考虑留出修改和扩充的余地,同时还加入必要的注释。

编制程序的最后一项工作也是最耗费时间的是程序的调试,应注意以下几点:

(1) 分别调试各子程序,然后再将它们连接起来进行统调。

(2) 先采用确定型数据而不是随机型数据。

(3) 采用手工计算结果进行检验。

(4) 临时增加一些中间输出。

(5) 每次查出多个程序错误,以减少重复调试次数。

(6) 切记程序代码只是反映程序流程图,而非实际问题。

第九步:模型确认

模型确认包括三项内容,即模型校核、模型标定和有效性检验,三者关系见图 1-2。

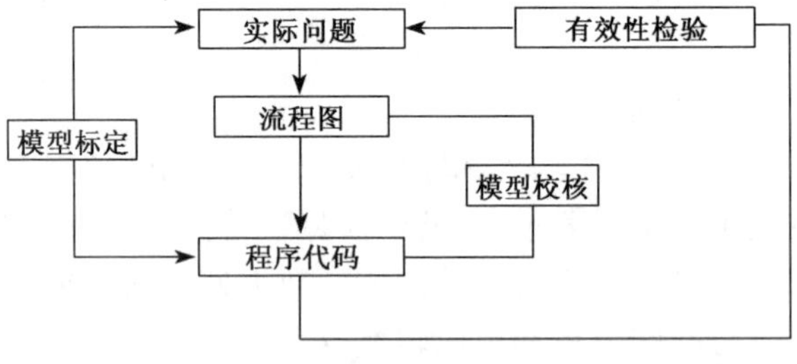

图 1-2 模型校核、标定和有效性检验三者之间的关系

模型校核与程序调试相比,更加详尽也更加费力。其目的是确认程序代码所执行的正是流程图所规定的任务,此时的工作和内容并不涉及拟研究的实际问题。

模型标定是以现场观测数据作为输入,检验输出结果是否与实际的观测结果相吻合,检验的重点为输入变量。例如，输入随机分布参数，检验输出的分布形式是否与观测结果一致，如果不一致，则需进行调整，直至与实际情况吻合。需要指出的是，模型标定时只使用一部分观测数据，必须留下一些观测数据用于有效性检验。模型标定的难度取决于现场观测的质量、计算模型的综合能力和所讨论问题的复杂程度。

有效性检验是将其余未使用的现场观测数据输入仿真程序，并将计算结果与相应的观测结果进行比较。这时，不能再对模型参数进行调整，输出结果与实际观测之间的差异表明了整个仿真程序在所检验条件下的误差。如果这一误差可以接受，说明仿真程序是可用的，否则就要重新进行标定和有效性检验。

第十步：实验设计

一旦仿真程序通过了有效性检验，便可用来进行仿真实验，在此之间，实验设计是不可忽视的一个步骤。所谓实验设计指的是制定一个详细的实验方案，通常包括如下内容：

(1) 选择控制变量。

(2) 确定每个控制变量的限制条件或边界条件。

(3) 确定每个控制变量的步长。

(4) 确定控制变量的层次结构，可考虑先改变初级控制变量，而保持次级变量为常数。

(5) 如何通过仿真程序中的循环语句自动改变初级控制变量的取值。

(6) 如何通过仿真程序中的搜索子程序自动确定最佳条件。

实验设计的难度取决于仿真程序的规模和灵活性以及所讨论问题的复杂性和状态变化程度。在实验设计时对于随机变量要给以充分的注意，每个随机变量都要经历多次反复实验，为此，首先应当确定重复实验的次数；其次，每个随机变量都应由独立的随机数发生器产生自己的随机数序列；另外，在选择随机数的初始值时要采用灵活多变的方法，以保证其随机性。

第十一步：仿真结果分析

这一步骤包括三项工作内容，即仿真运行、结果分析和形成文档。

仿真运行过程应当有详细的记录，一般说来，仿真程序自身应当对输出结果加以辨识标记，以便于对其进行分析。

在仿真结果分析时，有可能发现仿真程序中的缺陷，这时应当对其进行修改完善。根据需要，可能还要借助辅助程序输出图形，对仿真结果进行统计检验，或生成文本文件。

应当对文档工作给予充分的重视。一个完善的仿真软件，应当具备齐全的文档，包括用户使用手册和技术文档。用户使用手册是为开发者以外的其他使用人员准备的。而技术文档应包括所有变量的定义、三级流程图、输出和输入的例题等，必要时，还应包括程序清单。

以上介绍了开发交通系统仿真程序的一般步骤，当然，这 11 个步骤并不是一成不变的。根据开发者风格的不同、问题的复杂程度和软件应用范围的大小，可能会增加或减少一些步骤，要根据情况灵活掌握。

第 2 章　交通仿真基础数据采集与处理技术

交通仿真建立在各类交通基础数据之上，唯有准确、充分的数据支持，才能获取合理的仿真计算结果。交通仿真通常需要静态和动态两方面的数据，静态数据用来建立交通设施网络并定义其交通属性，动态数据描述实际交通流的运行状态，可以用来对仿真模型进行标定与验证。在交通仿真技术应用初期，所需的绝大部分基础数据都通过人工调查获取，并通过人工方法在仿真软件中建立模型。随着交通仿真技术的快速发展与普及应用，所建立的交通模型范围不断扩大，复合度、复杂性也随之显著增加，传统的人工数据收集和建模方法逐渐暴露出周期长、准确性和规范性不足等弊端，已经不能很好地满足建立大型交通网络模型的要求。

在静态数据方面，地理信息系统（GIS）在交通领域的发展和应用从根本上改变了交通网络建模的技术路线。主流的交通仿真软件目前基本都实现了与 GIS 矢量图形文件的兼容，可以将地理信息系统中的交通网络图形和属性数据导入仿真软件，形成交通网络模型。动态数据方面，各类先进的交通数据检测系统和数据处理系统逐步在国内城市投入使用，实现了广域范围内海量动态交通数据的采集和应用，建立了大型的专业交通数据库。目前已有交通仿真软件厂商开发了能够与专业数据库系统对接的仿真软件，此类软件能够直接从数据库中读取大量的实时交通数据，用于动态交通分配等领域。这也代表了交通仿真从单纯的建模工具向综合交通分析与应用平台发展的趋势。

本章分别从静态数据和动态数据两个方面，简要介绍交通地理信息系统和动态交通数据采集系统在交通仿真基础数据准备阶段所起到的作用，以及各类数据的收集与处理流程，为交通仿真基础数据准备工作提供新的思路。

2.1　静态交通数据

2.1.1　交通地理信息系统数据要素

交通仿真所需的静态交通数据主要是基础设施及其属性数据，而这些数据大部分可以从城市地理信息系统中获得。目前国内许多城市已经开始建设地理信息系统平台，特别是北京、上海、深圳等大城市，市域范围内的城市基础地理数据已经相当完善，具备直接应用于交通仿真系统的条件。国家行政职能部门也已经出台了城市地理信息系统建设的要求和标准，促进了城市地理信息系统建设的普及和规范。

交通地理信息系统（GIS-T）是在传统地理信息系统的基础上，针对交通系统的规划、设计与管理需求，强化了其中的交通网络建模能力，是一种专业性的地理信息系统，在基本的数据结构、技术路线方面与传统 GIS 没有本质区别。表 2-1 列出了一个典型交通地理信息系统的数据要素结构。

表 2-1　　典型交通地理信息系统的基本数据要素

要素类别	要素名称		描　述
网络要素	路网	道路路段	道路网络中心线及其属性
		节点	路段交叉点、小区连接点等
		拓扑关系	路段的连接、路口转向、车道转向等
	公交	公交站点	公交车站点
		公交线路	线路信息
	交通小区	小区连接线	连接小区质心和路段的线
		小区多边形	为交通分析而划分的多边形区域
点要素	道路交通测点		道路上的交通检测器测点
	交叉口测点		检测进口道流量及交叉口相位，如 SCATS 系统
	停车点		各类停车场和泊位
	出租车扬招点		路段上出租车搭载乘客的服务点
	重要地标		省政府及市政府等行政机构
	自行车服务点		路段上提供公共自行车的服务点
	生活服务兴趣点		售票点（航空、火车和汽车）、加油站、大型商业设施、景点等
线要素	铁路、航运		铁路网络中心线、航运线路等
面要素	行政区域		按行政管理划分的界线
	绿地		公园、大型绿地等
	水系		河流、湖泊等
	重大基础设施地标		公共机构、医院、商厦等

表 2-1 中，交通网络数据是整个 GIS-T 数据库的基础和关键，是派生和提取其他各类数据的前提。基础交通网络数据包括道路网、公交网，甚至水运网。其中道路网由节点和路段构成，同时通过路段编号、道路名称、道路等级、车道数、交叉口转向限制和道路单行等属性数据来完整描述。根据交通仿真数据需求，可以从道路网中提取仿真模型路网图形，并附加路段分隔类型、路段通行能力、车道数、交叉口渠化和信号配时及自由流车速等信息。公共交通网络包括常规公交网、快速公交网络和轨道网。公交网由线路和站点构成，并通过公交运营计划参数（如时刻表），生成满足交通仿真需求的公交仿真基础数据。公交网络也可以作为基础道路网的附加数据信息，通过动态映射投影到基础道路网上。

交通分区是交通地理信息系统中特有的一类数据，供建立交通仿真模型使用。在 GIS-T 数据中，交通分区主要通过多边形边界、连杆和形心来描述和存储。交通小区形心由多边形边界自动生成或人工设定，通过形心坐标、交通小区编号、交通小区所属中区编码、交通小区所属大区编码等属性来描述其空间特征。交通小区多边形边界在 GIS-T 中以多边形（poly line）形式存储。交通小区连杆分为行人连杆和车辆连杆，包括对应的小区和节点编号、允许通行的交通系统集等属性，并通过连杆权重来控制和调节行人和车辆的分配比例。

在基础交通网数据的基础上，建立交通模型还需要附加一些必要的属性数据。以道路路段数据为例，所需的属性数据包括路名、长度、车道数、通行能力等。在交通小区属性中，还包括用于交通生成分析的一些社会经济指标、人口和岗位数据。表 2-2 是 GIS-T 系统中道路路段、节点、交通小区等网络要素所附的交通属性数据。

表 2-2　　交通网络要素所附的属性数据

网络要素	属性数据	网络要素	属性数据
路段	中心线图形	节点	节点名称
	起始节点编号		节点类型
	终止节点编号		信号控制类型
	长度		进口道车道数及转向车道划分
	路名		进口道通行能力
	起始道路名		车道通行能力
	终止道路名		节点 X 坐标
	交通系统集		节点 Y 坐标
	道路等级	交通小区	小区面积
	断面形式		小区户数
	车道宽度		小区人口数
	单车道通行能力		常住人口数
	延误函数代码		暂住人口数
	路段通行能力		旅游人口数
	车道数		住宅岗位数
	道路宽度		工厂岗位数
	机动车道宽度		医院岗位数
	非机动车道宽度		商业岗位数
	人行道宽度		办公岗位数
	机非分隔带宽度		学校岗位数
	中央分隔带宽度		旅馆岗位数
	红线宽度		特殊吸引点
	所在行政区名称		其他岗位数
	所在行政区编号		小区质心 X 坐标
	路段方向标志		小区质心 Y 坐标

除交通网络以外，还可以根据实际需要在 GIS-T 系统中增加一些辅助信息，用来更详细地描述交通网络系统。例如，可以增加交通检测点信息、道路施工信息、道路交通管理信息等。目前不少城市已经建成了交通信息服务网站，其数据基础就是交通地理信息系统数据库。为了更好地为市民提供服务，还可以在交通地理信息系统中增加兴趣点信息（POI），包括地标建筑、学校、宾馆、医院等。图 2-1 给出了某城市交通地理信息系统中各类基础数据的类别和内容[1]。

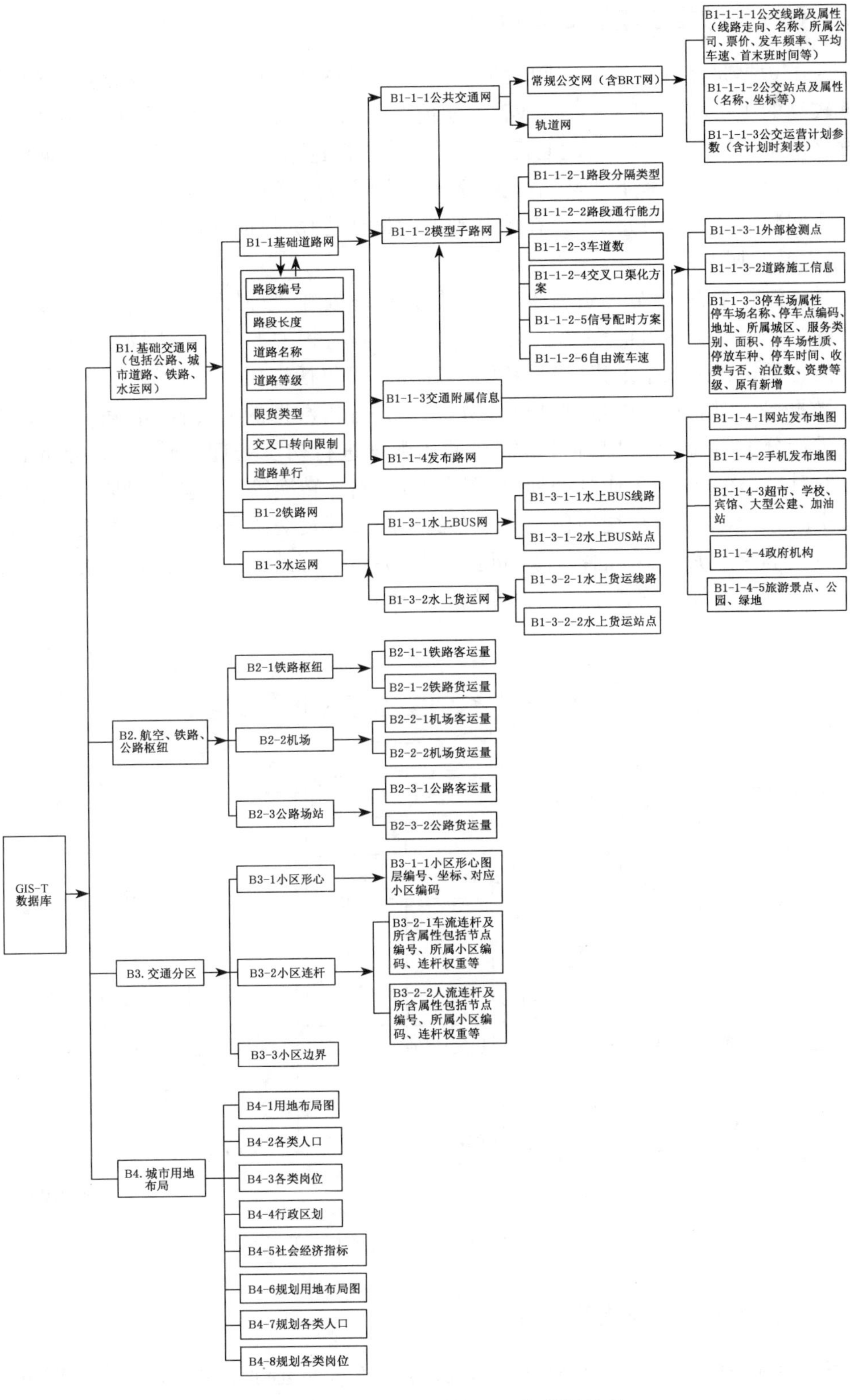

图 2-1　典型交通地理信息系统数据结构

2.1.2 GIS-T 数据收集和处理流程

GIS-T 数据是在现有地理空间数据基础上加工整理而成的。现有的地理空间数据包括精度较高的 1∶500 或 1∶1 000 基础测绘地形图以及其他各种现状和规划图纸。由于基础数据来源不一、标准不一,因此通常需要对原始数据进行坐标转换,使不同数据源的数据统一到同一个空间参考系下。然后根据 GIS-T 空间数据模型的具体要求,确定需要从数据源提取哪些数据,建立相应图层。在此基础上,对相应图层数据进行图形清理和简单拓扑检查,再录入基本属性。

从具体流程来看,可分为资料收集、预处理、内业处理、数据入库四个主要阶段。资料收集阶段的主要工作是尽可能多地收集与数据采集区域相关的基础空间数据和交通要素信息。收集各类资料是数据采集的重要准备工作,一般包括纸质地图、影像、各种文档和已有 GIS-T 数据等。对收集到的数据进行分析,重点是分析数据的完整性、准确度,并对收集到的数据进行分类归档。预处理阶段,需对原始数据进行初步处理与转换,如纸质地图矢量化、影像解译、坐标转换、工作区的划分、图层处理、格式转换等。内业处理阶段,把预处理后的基础空间数据,生成符合交通仿真和发布的空间数据及交通属性信息。数据入库阶段,根据 GIS-T 空间数据库模式,把各种空间要素类、关系表等载入空间数据库,集中存储管理。图 2-2 是建立交通地理信息系统数据库的一般流程[2]。

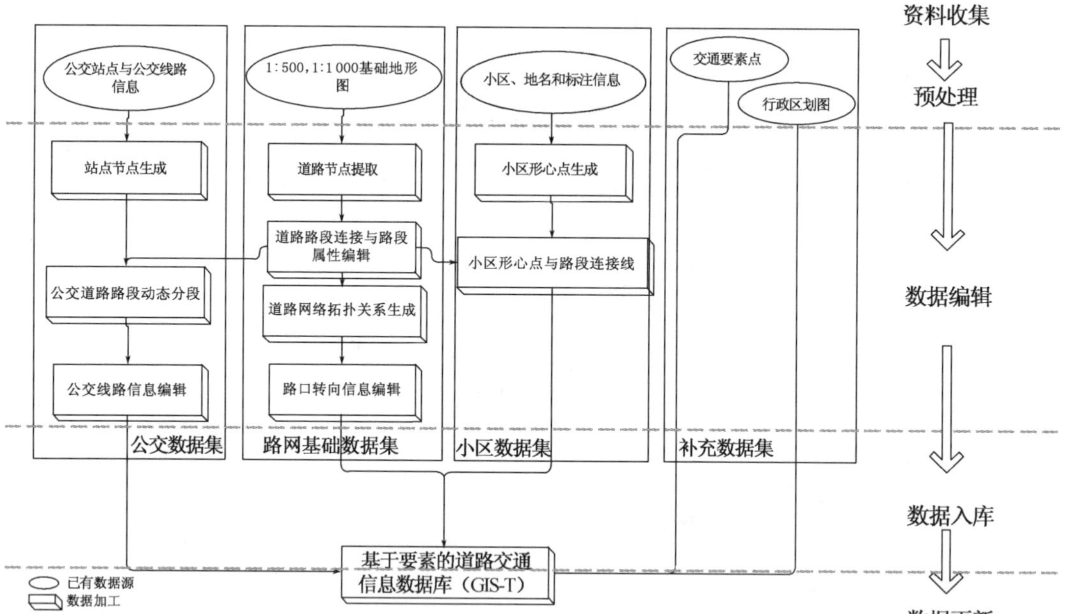

图 2-2 交通地理信息系统数据处理流程

2.1.3 GIS 数据维护与更新技术

GIS-T 数据库的结构设计与资料录入完成后,还需要进行定期更新。由于城市交通系统总是处在不断的变化之中,当某些道路、交叉口、公交线路或站点发生改变时就需要在数据库中及时进行修正，这就涉及GIS数据的维护和更新问题。

由于地理信息系统中包含的数据种类繁多，且各种数据之间常常具有关联性，所以通常会设计开发GIS数据编辑软件辅助完成维护更新工作。此类系统通常包括以下功能模块，见表2-3。

表2-3　　GIS数据维护功能模块

模块名称	具体功能点	功能概述
数据编辑	要素操作	对点、线、面进行编辑（节点、路段、交通小区、小区形心、连接线、公交站点、公交线路）
	图形编辑	对图形进行编辑
	小区形心计算	计算小区形心坐标
	几何节点提取	提取几何节点
	车道转向编辑	编辑车道转向信息
	路口转向编辑	编辑路口转向信息
数据更新	图形更新	对图形进行删除、合并、增加等操作
	拓扑更新	对由于空间数据的更改导致破坏的拓扑进行更新
	属性映射	修改属性信息
	属性继承	新增属性信息
	关联通知	标示已发生改动的关联属性信息
	关联更新	更新已发生改动的关联属性信息
数据管理	数据加载	将数据加载到系统，以便进行后续的查询、分析等功能
	图层管理	删除、增加、移动图层，调整图层次序，是否显示图层等

（1）地图管理模块：此模块负责管理地图图层的加载、删除、调整顺序、是否隐藏图层等。

（2）数据编辑模块：此模块负责对要素进行操作、构建拓扑，对要素的属性信息导入、修改等操作。

（3）数据更新模块：主要包括空间数据和属性数据更新、具体功能有图形更新、拓扑更新、属性映射、属性继承、关联通知、关联更新等。

图2-3是一个交通地理信息系统数据维护软件的示意图[3]。该软件采用视窗操作界面，主要组成部分包括菜单栏、图层操作工具栏、图层状态窗口、鹰眼视图窗口、地图视图、数据编辑工具栏、状态栏和操作面板等。

在交通地理信息系统中，数据更新是一项非常重要且具有高度复杂性的工作。这一方面是由于交通系统自身变化比较快，不及时更新就不能如实反映交通系统现状；另一方面是因为各类数据之间的关联性非常强，一类数据的更新通常会导致许多相关类别数据的触发更新。例如，GIS-T路网中路段的增补、修改和删除等，将导致经过该路段的公交线路数据和站点数据的变更，路网的增补还将影响交通小区连杆的设置等。表2-4列出了各类数据更新时对其他相关数据产生的影响，在设计交通地理信息系统中需要予以注意。

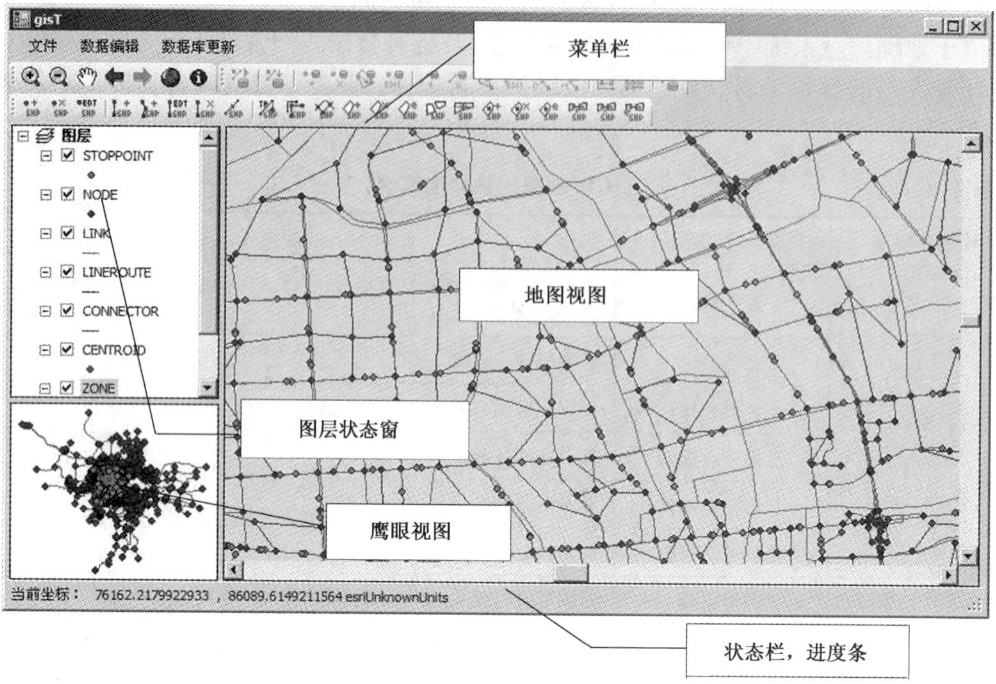

图 2-3　数据维护软件界面

表 2-4　　**数据更新过程中的关联性**

数据	更新类型	关联性
路段	添加/删除路段	需要同时更新路段、节点、公交站点、小区形心、小区及小区连接线等
节点	添加/删除节点	需要同时更新路段、节点、公交站点、小区形心、小区及小区连接线
公交站点	添加/删除公交站点	需要同时更新公交站点及公交线路数据
小区形心	添加/删除小区形心	需要同时更新小区及小区连接线
小区	添加/删除小区	需要同时更新小区及小区连接线
小区连接线	添加/删除小区连接线	需要同时更新小区及小区形心

2.2　动态交通数据

2.2.1　动态交通数据的发展和特征

在智能交通系统(ITS)的快速发展大背景下，作为交通规划基本输入的传统人工调查数据已经开始被自动化的动态交通数据逐步取代。国内若干信息化建设先行城市开始使用一些新型的交通数据采集技术，包括各种先进的定点流量检测器、视频检测器、探测车 GPS 设备，以及各种智能交通卡系统等。

对于这些新兴的交通数据采集技术，最显著的特点是“广域”和“动态”。“广域”是指覆盖范围大，"动态"是指在时间上具有连续观测能力。与传统的人工交通调查手段相比，新型交通数据采集方式的突出特点在于：

(1) 交通数据采集范围广，通常能够覆盖城市的主要建成区；

(2) 具备对交通运行状态连续、动态的观测能力，不仅能够精确到小时，甚至能够精确到秒级；

(3) 具备了对出行行为特征进行分析的可能，不仅在数据采集时间上实现"动态"，在空间上也由传统的单截面检测扩展到面向出行移动过程的"动态"检测。

广域动态数据的出现和不断积累，意味着城市交通研究人员和技术人员开始具备对城市交通网络多角度、连续性的观察能力，从而形成一种新的交通信息环境。对于城市交通规划、设计与管理而言，将会获得全新的技术支持，表现在以下几个方面：

(1) 通过大范围连续观测交通网络运行状态的变化特征，更全面、精细、准确地识别交通问题，掌握交通系统演化规律；

(2) 通过对比方案实施前后交通状态的演变过程，可对方案的实施效果及时评估、调整和优化；

(3) 新型交通数据采集技术配套的计算机系统集成技术应用于交通规划领域，从根本上改变城市交通规划数据收集和处理主要依靠人工的现状，提高规划方案编制的效率，增强时效性。

目前在国内大城市已经具备一定应用规模的广域动态交通数据主要包括定点交通检测数据、探测车 GPS 数据、手机定位数据，以及通过视频牌照识别或电子标签获取的数据等。

定点交通数据采集是一种较早使用的动态交通数据采集技术，通过安装在固定地点的检测设备对移动中的车辆进行感应和监控，目前主要包括磁频车辆检测器、波频车辆检测器和视频车辆检测器三类。定点交通检测器能够获取的数据主要是交通量、车道占有率和通过检测器时的瞬时速度，通过视频检测器理论上还能够获得车辆排队长度、车流密度、交叉口停车次数等更加直观的信息。定点交通检测技术已经比较成熟，虽然存在继续优化提高效率和精度的必要，但已经属于纯技术和图像处理算法范畴。对于交通领域的学者和专业人员，其研究专长并非检测器技术本身，而是对于数据的应用。对于单个定点检测器获取的流量、占有率等数据，目前的应用范围也比较单一，主要是用于实时交通控制与管理系统。英国运输与道路实验室(TRRL)开发的 SCOOT 和澳大利亚开发的 SCATS 是当前世界上使用最广泛、最有影响力的自适应交通信号控制系统。除此之外，有代表性的交通信号控制系统还包括西班牙的 ITACA、美国的 RT-TRACS 等[4]。20 世纪 80 年代，国内开始较大规模引进定点交通检测技术，也是出于建设自适应交通信号控制系统的需要，例如上海市在 1986 年引进的国内首套交通信号控制系统 SCATS。随着视频识别技术的发展，近年来各大城市的交管部门又大量增设了视频监控设备，主要用于交通安全方面的管理，部分设备也开始用于交通参数检测。在信息服务方面，已经出现了利用定点检测器的流量、瞬时车速信息判别道路交通运行状态并实时发布的交通信息系统。但此类系统通常只用于高速公路、城市快速路等连续交通流的状态判别，对于城市路网中间断交通流的判别能力目前尚未达到令人满意的水平。通过多个定点检测器组合检测的方式，理论上能够采集到一些区间交通流参数，如车队的平均行程车速、行程时间等。一种做法是通过车辆牌照匹配、车辆或车队信号匹配等技术，在研究区域内不同的检测点上识别车辆或特定的车队，检测其到达每个检测点的时间，以此获取路径上的行程时间、行程车速以及OD分布等区间交通数据，但这种方法目前还处于初步研究和论证阶段。也有学者提出通过多个定点检测器数据融合的方式计算路段平均行程车速，但这种方式并不适用于间断交通流。从目前的发展情况来看，视频车牌识别技术的精度已有显著提高，但是将该技术应用于行程车速、时间等区间交通数据检测尚不成熟。

探测车GPS数据在近几年来发展最为活跃，其基本原理是利用车载GPS设备定期传送的车辆编号、时间、经纬度坐标等数据，计算车辆行程速度和行程时间等交通参数，反映道路交通运行状况。德国、日本等国家近年来都先后建成了基于探测车GPS数据的交通信息服务系统，并投入商业运营。探测车GPS数据在国内同样受到广泛关注。由于能够以较低的建设和维护成本获得很高的数据覆盖范围，并且获取车辆出行路径、速度等更直观的交通数据，国内不少ITS示范城市在设计开发城市交通信息系统时都将探测车GPS数据纳入到数据采集范围之内。同时，出于调度和安全需求，许多国内大城市的出租车都安装了GPS设备，定期将车辆编号、时刻、经纬度坐标等数据传送至调度中心，客观上为探测车GPS数据采集创造了先天有利条件。由于个人出行隐私受到保护，出租车也是当前唯一能够支持大规模应用的探测车GPS数据采集源。与国外城市相比，国内大城市由于人均小汽车拥有量仍然较低，出租车的数量和使用频率远高于国外城市，这也为此类数据采集技术的应用提供了先天的有利条件。国内信息化建设先行城市如深圳、北京、上海、宁波等，已经建成了大规模的探测车GPS数据采集与应用系统，积累了大量的数据资源。

手机定位数据泛指通过手机等移动通信设备对其使用者的空间位置进行判断的过程。通过在一段时间内连续判断手机使用者的空间位置，就可以得到使用者在城市空间中的位移信息。如果将手机使用者在一段时间内空间位置的变化过程看成一次出行，这些位移信息经过适当的加工处理后，能够反映本次出行的OD信息、时间信息，甚至里程和速度信息。手机定位技术最初是由于安全需要发展起来的，目前大多数主流移动通信服务商都能够提供这种定位服务，而且几乎没有额外的硬件成本。此外，由于手机用户数量庞大，外出时携带和使用率很高，大型移动通信服务商的信号覆盖范围广，这些优势使手机定位技术逐渐得到各国交通研究人员的重视，成为一种竞争力较强的新型广域动态交通数据采集技术。虽然通过移动通信服务商单方面采集手机定位数据可能涉及个人出行隐私问题，应用前景还不能说是十分明朗，但由于其在交通数据采集方面具有独到优势，发达国家还是开展了相关研究工作。美国的马里兰大学、加州大学伯克利分校，法国的INRETS等机构都对基于手机定位的交通数据采集技术进行了基础研究工作。这些研究采用以仿真为主、结合实地测试的方式检验是否能够通过手机定位得到该手机使用者在驾车过程中的出行速度，但测试结果不甚理想，主要瓶颈在于手机定位的精度仍然偏低、地图匹配困难，产生一系列的衍生误差。除定位精度以外，手机空间位置信息的更新频率，移动通信网络的信号传输质量、网络负荷等都可能会对最终结果产生影响，具体影响程度还有待于大量的研究工作予以论证。既有研究主要针对驾车者的手机定位数据，如果获得的手机定位数据来自移动通信服务商，则需要区分手机使用者所采用的交通出行方式，这也是一项难度很大的工作。除手机定位技术外，通过手机在不同移动通信基站之间的“切换”也能够大致反映出行信息。所谓“切换”是指在移动通话过程中，当手机的当前服务基站信号强度衰减到一定程度时，手机选择新的基站作为新的服务基站的过程。车辆在行驶过程中，车上手机会根据信号强弱对通信基站进行切换，通过连续记录行驶过程中发生信号切换的通信基站序列，结合电子地图和路径匹配技术搜索出一条行驶路径，再计算车辆行程车速。这种方式虽然不需要获取手机的空间位置信息，但是大大增加了地图匹配的不确定性，有关的理论研究和试验性研究尚不充分。总体来看，通过手机等移动通信设备获取交通出行信息是一种低成本、高覆盖的广域动态交通信息采集方式，但距离实际应用、特别是大规模应用尚存在一定的距离。

2.2.2 动态交通数据结构设计

动态交通数据覆盖范围广、时间连续性强，数据量可以用“海量”来形容，仅依赖传统的人工分析处理方式不能实现对海量数据的有效应用。因此，借助先进的信息技术，寻找高效的数据处理和应用方式是目前迫切需要解决的问题。

建立交通专业动态数据库系统，是目前存储和处理海量交通数据的有效解决方案。利用 ORACLE 等大型商业数据库系统，国内一些 ITS 建设先行城市已经建设了智能交通信息平台数据库，包括静态和动态两类数据，其中动态交通数据是此类平台最主要的数据资源。

动态交通数据在进入数据库存储和处理之前，通常首先需要进行数据清洗，即按照预先设定的逻辑规则对数据进行过滤，清除错误数据和无效数据之后才能进入数据库进行下一步的处理。在经过数据清洗之后，必须根据实际的交通应用需求，制定动态交通数据的存储策略和数据结构，这也是动态交通数据库建设最重要环节。

“维度”和“层次”是数据存储结构中经常用到的概念[5]。数据“维度”是指观察和分析问题的角度。交通数据分析和应用过程中使用最多的维度有时间、特征时段(高峰、日、夜等)、地区、道路等级、特征地段，以及最基本的单个节点和路段。此外，根据交通分析的具体需要还可以增加气象维度、交通事件维度，以支持不同的气象条件、交通事件(交通管制、交通事故)条件下的各类交通数据分析。

确定维度之后，还需要对数据进行层次划分，层次代表数据组织的粒度和深度。例如，时间维度可划分为日、月、年；特征时段维度可划分为早晚高峰、日间、夜间、全天、工作日、节假日、周变特征、时变特征；特征地段维度可划分为境界线、交通走廊等。维度中各层次组合后的一个取值称为维度成员，如时间维度中“2012 年 1 月 1 日”是一个时间维度成员，“2012 年 1 月”、“2012 年”、“1 月”也是维度成员，但它们代表着不同的分析粒度。

维度和层次与交通数据分析对象有着密切联系，设计维度并划分层次的目标就是为了从多角度和多种粒度分析交通数据对象。如果以行程车速作为数据分析对象，通过时间维度可以获取每日、每月和每年的平均车速值，通过特征时段维度可以获取早晚高峰、全天车速值，通过道路等级维度可以获取各等级道路平均车速值。为提高数据库的操作效率，这些不同维度和层次的行程车速值通常需要预先计算并存储在数据库内。

表 2-5 给出了动态交通数据库中常用的维度和层次，各类动态数据都可以按照表中所示的方式进行组织、处理和存储。表中将维度和层次分为基本和扩展两类，基本维度和基本层次具有更普遍的意义，扩展维度和扩展层次可根据交通决策分析需求扩充。

表 2-5 **交通数据库中数据组织方式**

维度 \ 层次		基本层次	扩展层次
基本维	时间	日、月、年	季
	特征时段	早高峰、晚高峰、日间、夜间、全天	周变特征、24 小时时变特征、工作日、节日、假日
	地区	行政区、特征交通区（市中心区、外围区、郊区等）	交通小区、中区、大区
	道路等级	快速路、主干道、次干道、支路	更加细分的功能等级，是否收费
	节点类型	相交道路等级区分的节点类型	信号控制方式区分
	特征地段	境界线、交通走廊、出入口	其他特殊地段
	节点或路段	路网中的单个节点或路段	
扩展维	气象	雨、雪、风、晴、阴	更加细分的气象类别
	交通事故	车辆事故、道路事故	更加细分的交通事故类别
	交通管制	道路施工、道路禁行	更加细分的交通管制类别

数据组织的维度和层次确定之后，就可以在数据库中形成一种多维数据结构并定义相应的操作，称为多维数据模型。与常见的关系数据结构（二维表）不同，多维数据结构是一种立方体（维数为 3）或超立方体（维数超过 3）结构。

在多维数据结构中，每个维度的成员进行组合后所对应的对象取值称为单元值。例如，时间维度取维度成员“2012 年 1 月 1 日”，特征时段维度取维度成员“早高峰”，地区维度取“全市”，道路等级维度取“快速路”，特征地段维度取“出入口”，就可以在数据库中获取 2012 年 1 月 1 日早高峰时段全市快速路出入口的平均饱和度值。如果时间维度取维度成员“2012 年”，其他维度成员不变，就可以获取 2012 年全年早高峰时段全市快速路出入口的平均饱和度值，比前一个单元值粒度更粗。

多维数据结构中所有维度的成员取值后对应的单元值组合起来就形成了多维数据立方体或超立方体结构。对于一个数据对象，如果设计了 M 维，每个维都有 R 个成员，则总的单元值数量为 R^M 个。以行程车速和饱和度两类数据为例，根据其维度确定成员数，进而建立两个数据立方体，见表 2-6。

表 2-6 **行程车速和饱和度的多维数据结构**

名称	维度	成员数	备　注
节点饱和度	时间	约 1 900	假定存储 5 年数据，精确到日
	特征时段	5	早高峰、晚高峰、日间、夜间、全天
	节点	1 000	假定有节点 1 000 个
	节点类型	6	假定有 6 种节点类型
	地区	10	假定有 10 个行政区组合
路段行程车速	时间	约 1 900	假定存储 5 年数据，精确到日
	特征时段	5	早高峰、晚高峰、日间、夜间、全天
	路段	1 500	假定有路段 1 500 个
	地区	10	假定有 10 个行政区组合
	道路等级	4	快速路、主干道、次干道、支路
	特征地段	10	假定有 10 个特征地段类型

多维数据结构的单元数量非常庞大。以表 2-6 中的假设条件进行估计,两个多维数据结构的单元数量都将达到上千万。虽然单元数量很多,但如果假定每个单元值都以整型或单精度方式存储,则一个立方体需要的存储空间不超过 100 MB。

多维数据结构中的单元值可通过对原始数据做各种统计运算得到。为便于交通分析人员快速应用,这些单元值都需要预先计算并长期保留,而计算这些单元值需要大量的时间,通常在后台进行预先处理。例如,某城市采集到的原始流量数据为 5 分钟实时数据。在数据库中定义了包含 15 分钟、30 分钟、1 小时、日间、夜间、全天等 6 个成员的时间维度,就可以在数据库中将 5 分钟的实时流量事先加工成 15 分钟、30 分钟、1 小时等各种时间维度的数据并存储,在数据应用时直接调用,而不需要实时运算,这样可以在应用时节省大量的系统响应时间。如果不仅定义了时间维度,还定义了道路等级、特定区域等空间维度,就需要把时间和空间维度进行交叉,分别计算每个数据单元值,形成数据立方体。

在数据库中对多维数据结构可以进行切片、切块、旋转、钻探四种操作[6],这些操作以深入剖析数据为目标,使数据分析人员能够从多个角度观察和使用多维结构中的数据,通过不断的人机交互,发现包含在数据中的规律。

(1) 切片。切片是指在多维数据结构的某一维上选定一个维度成员,获取一系列单元值的操作。在节点饱和度多维数据结构中,选定时间维的一个维度成员 2012 年 1 月 1 日,就可以获取该天所有特征时段所有节点的饱和度,如果取维度成员 2012 年 1 月,则可以获取该月所有特征时段所有节点的月平均饱和度。

(2) 切块。切块是指在多维数据结构的某一维上选定一个维度成员区间。在节点饱和度多维数据结构中,选定时间维的一个维度成员区间 2012 年 1 月 1 日至 2012 年 1 月 20 日,就可以获取期间每天所有特征时段所有节点的饱和度。

(3) 旋转。旋转是指改变多维数据结构中维的排列次序。在节点饱和度多维数据结构中,可以将"时间维、特征时段维、节点维、节点类型维、地区维"转换为"特征时段维、节点维、时间维、节点类型维、地区维"。

(4) 钻探。钻探是指对不同维度取不同的维度成员或成员区间,是最复杂但也是最常用的操作。在节点饱和度多维数据结构中,取时间维度成员 2012 年 1 月,特征时段维取早高峰,节点类型维取主干道相交的节点,就可以获取符合以上条件的所有饱和度单元值,再根据拥堵节点的饱和度触发值,就可以得到处于拥堵状态的节点列表。

2.2.3 动态交通数据库实现

多维数据结构有两种存储实现形式,一种是用传统的关系型数据库存储,另一种用多维数据库存储。这两种存储方式各有其优缺点:关系型数据库技术较为成熟,修改维结构也比较容易,但效率相对较低;多维数据库用数组的形式存放数据,在存储方式上比关系型数据库更合理,查询效率更高,但修改维结构比较困难。

目前关系型数据库应用非常广泛,仍占据市场主导地位,著名的关系型数据库产品有 Oracle, SQL Server 等。关系型数据库是一种二维数据结构,在这种数据库中多维数据结构需要映射为二维关系表中的记录。通常将多维数据结构中的维度映射为关系型数据库中的"维表",存放各种具体交通数据单元值的数据表则称为"事实表"。两类数据表之间用键值关联。

事实表和维表之间在关系型数据库中有星形模式、雪花模式和星座模式三种关系模式。三种模式的复杂程度逐步递增,但都是表示数据库中的两类表(事实表和维表)之间的关系。事实表存放了各类交通数据对象的取值,维表存放了各个层次的维度信息。事实表和维表之间通过公共属性联为整体,由维表给出取值条件,在事实表中获取对象的取值结果,这种结构非常适合于对大量数据的统计分析。公共属性一般采用简单标志,以达到简化事实表、提高效率的目的。

图 2-4—图 2-6 给出了三种模式的示意图。星形模式和雪花模式均表示一张事实表和多张维表之间的关系,区别在于雪花模式可以支持多层次的维度。星座模式是以上两种模式的扩充,能够表示多个事实之间的关系,多个事实表通过共享维联系。

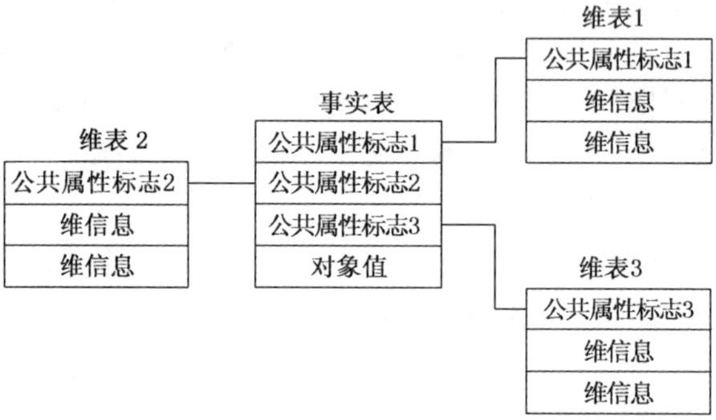

图 2-4　星形模式示意图

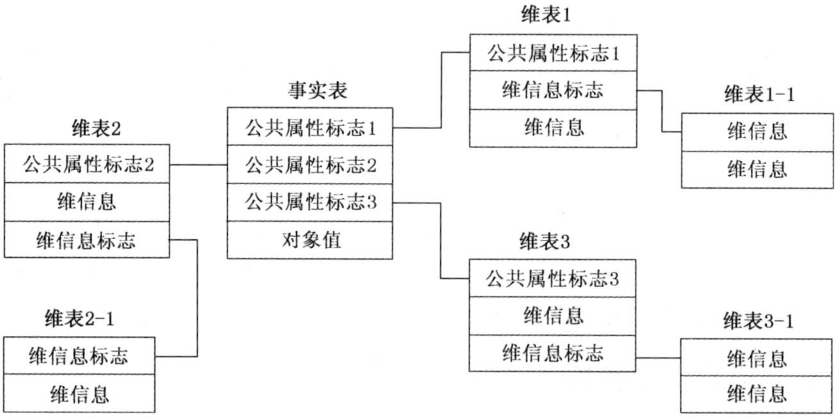

图 2-5　雪花模式示意图

根据交通数据分析需求,数据库中通常需要建立的事实表包括流量表、饱和度表、行程车速表、行程时间表和交通周转量表等。为了准确描述路网交通运行状况,这些表需要分别面向道路节点和路段建立。除此之外,还需要建立节点和路段静态属性信息事实表,包括节点或路段编号、名称、类型、等级,以及与通行能力有关的信息。

维和层次的划分可根据不同的分析对象灵活选用。一般来讲,维和层次划分得越多,数据分析操作越灵活,分析能力就越强。但由于分析结果都要预先计算和存储,过多的维和层次显然会大大增加系统的复杂性和开销,在设计时需要注意权衡。

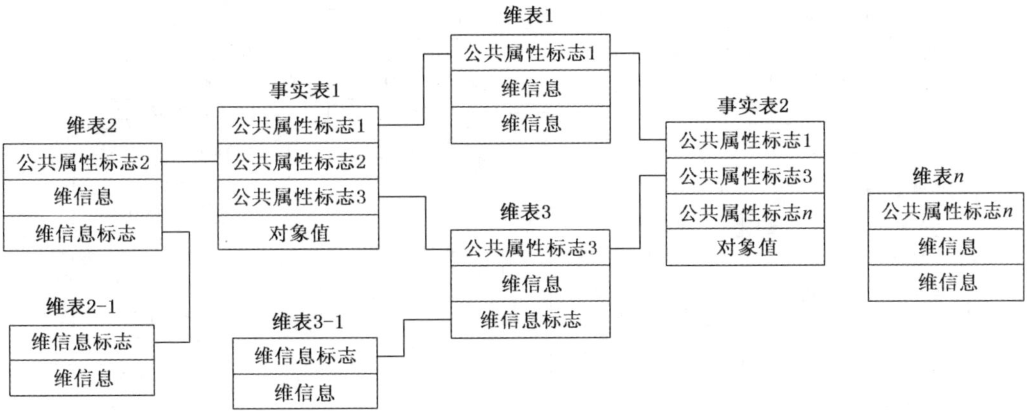

图 2-6　星座模式示意图

图 2-7 和图 2-8 是某城市大型交通数据库中动态和静态交通数据的数据模式结构。通过图 2-7 中的数据模式，可以针对日期、特征时段、道路等级、地区、特征地段等各个维表的任意取值条件，从饱和度、车速事实表中获得取值结果，再经过指定的排序规则提取出最拥堵节点和路段。

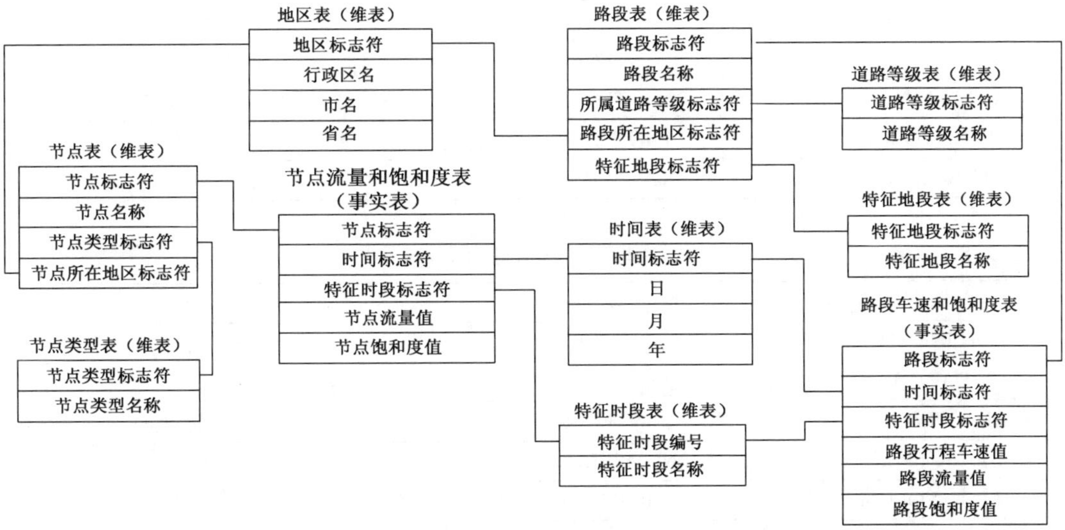

图 2-7　某交通数据库的实现模式(流量、车速数据)

图 2-8 的模式针对交通状态分析中的路网静态属性。通过对时间、道路等级等各个维表的取值，从节点和路段属性事实表中获得通行能力、路段里程等对象的取值结果，便于统计分析不同时期的路网总容量、各等级道路总里程、路网密度等交通状态分析中较难获取的指标。

事实表和维表在关系型数据库中最终表现为二维表进行物理存储。以节点饱和度事实表为例，如果时间维精确到日，特征时段维精确到 24 小时，则节点饱和度事实表中存储每个节点 24 小时的流量和饱和度值。同样，路段车速和流量事实表中存储每天每个路段 24 小时的车速和流量值。按照 Oracle 中的数据类型，可建立事实表如表 2-7 和表 2-8 所示。

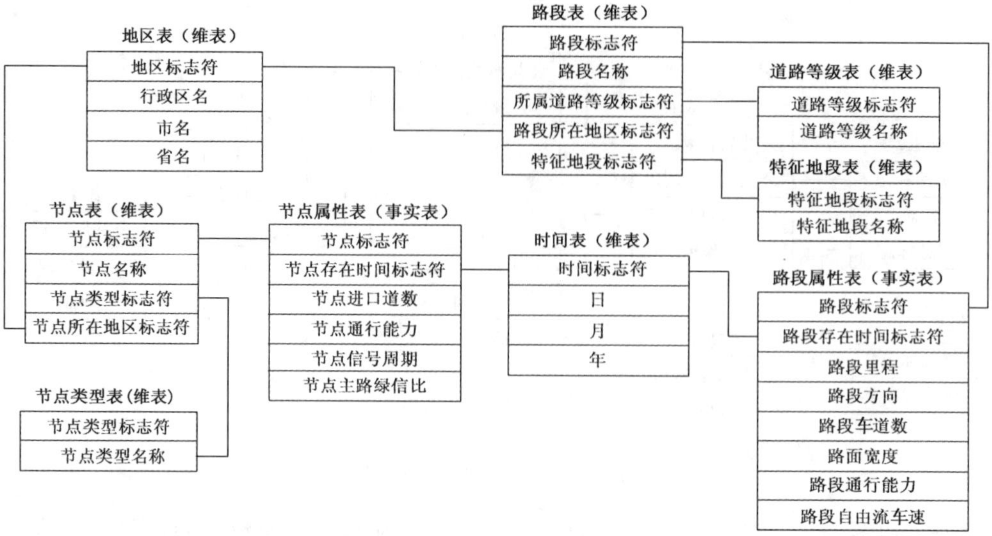

图 2-8　某交通数据库的实现模式(节点、路段属性数据)

表 2-7　　节点饱和度事实表

字段名	字段类型	注　释
NODE_ID	INTEGER	节点标志符
DATE_ID	INTEGER	时间标志符
CHARACTER_TIME_ID	INTEGER	特征时段标志符
NODE_VOLUME	INTEGER	节点流量值
NODE_SATURATION	NUMBER(3,2)	节点饱和度值

表 2-8　　路段车速和流量事实表

字段名	字段类型	注　释
LINK_ID	INTEGER	路段标志符
DATE_ID	INTEGER	时间标志符
CHARACTER_TIME_ID	INTEGER	特征时段标志符
LINK_SPEED	NUMBER(5,2)	路段行程车速值
LINK_VOLUME	INTEGER	路段流量值
LINK_SATURATION	NUMBER(3,2)	路段饱和度值

有关维度和层次的信息体现在维表当中，以时间维表和特征时段维表为例，见表 2-9 和表 2-10。

表 2-9　　时间维表

字段名	字段类型	注　释
DATE_ID	INTEGER	时间标志符
DAY	INTEGER	日
MONTH	INTEGER	月
YEAR	INTEGER	年

表 2-10　　特征时段维表

字段名	字段类型	注　释
CHARACTER_TIME_ID	INTEGER	特征时段标志符
CHARACTER_TIME_NAME	INTEGER	特征时段名称

这两类关系表构成了动态交通数据库的基础，可以通过这两类表计算多维数据结构中的各个单元值，计算结果存储为多张汇总结果表。这些汇总表根据参与计算的维成员及层次的不同，分别具有不同的粒度，如月平均数据、年平均数据，以及各等级道路数据、全路网数据等。

2.3 仿真软件与交通数据库的综合应用

在交通仿真模型与交通数据库之间建立联系，使仿真模型在运行过程中能够直接读取各类实际交通数据、提高仿真精度，已经逐渐成为主流交通仿真软件的新型功能之一，有的仿真软件甚至自身就具备了比较强大的数据库功能。

以目前使用比较广泛的德国 PTV 公司开发的交通仿真软件为例，其出品的系列软件能够与常见的关系型数据库如 Microsoft Access、Oracle 等建立直接的数据联系，见图 2-9。仿真软件具有直接读取数据库的功能模块，而且操作完全图形化，便于使用。对于常用的动态数据如交通检测器获取的流量数据，这种方式在使用时非常简单有效。

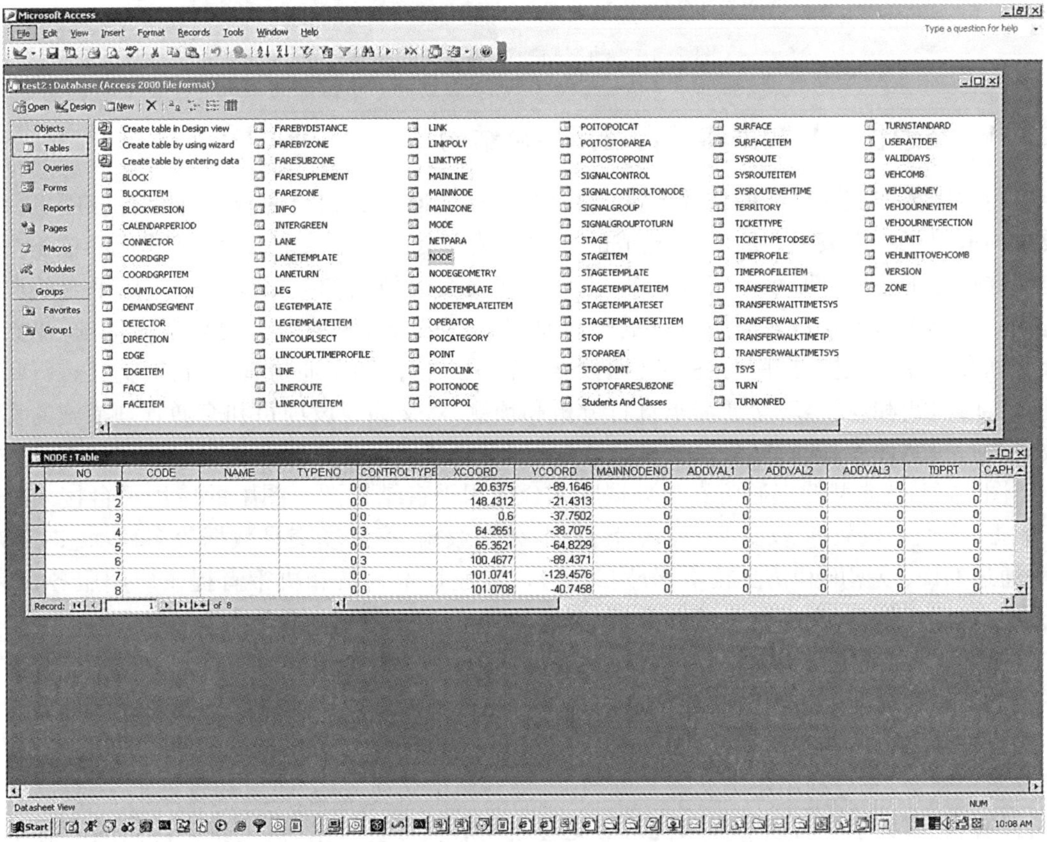

图 2-9　PTV 系列仿真软件与 Access 数据库

目前,已经有仿真软件具备了运用实时交通数据进行动态交通仿真的能力,并能够将仿真结果用于动态交通控制、出行者信息发布等。这种动态仿真技术集数据采集与处理、交通仿真、信息发布等于一体,实质上已经成为一种动态交通数据综合利用的平台。图 2-10 给出了一种典型的数据处理流程:将交通传感器数据、浮动车数据以及其他交通网络数据输入 Oracle 数据库,在数据库的基础上利用交通仿真模型直接实现对交通运行状态的仿真分析,将交通状态评估和预测结果用于发布,以便应用于动态路径导航、移动交通信息服务和交通规划决策等领域。

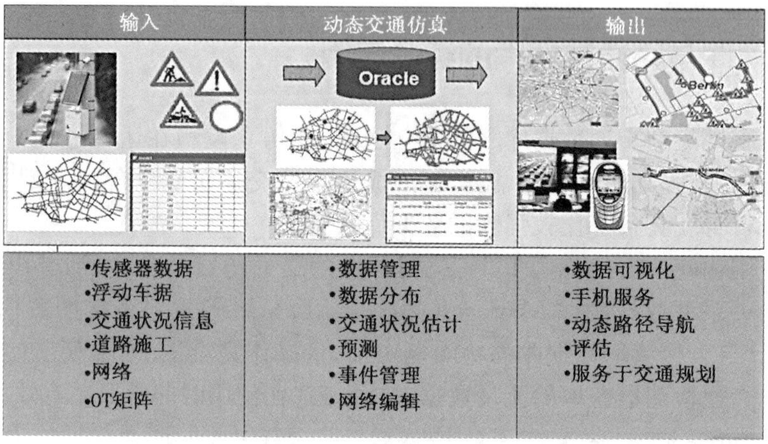

图 2-10　动态交通仿真与交通数据库

2.3.1　交通仿真与数据库综合应用平台结构

得益于智能交通系统的快速发展,国内城市在交通仿真和交通数据库综合应用平台建设方面取得了不少成果。2007 年建成的深圳市城市交通仿真系统、2010 年建成的杭州市智能交通信息平台(一期)示范工程,实际上就是建设交通仿真和数据库综合应用平台的典型范例。此类大型综合仿真应用系统的特点是以 GIS-T 数据、动态交通数据为基础,建立综合交通数据库,通过数据库对各类交通数据进行深入挖掘和交通仿真分析,对交通运行状态进行实时检测和评价,对交通需求进行分析和预测,对交通建设项目和交通管理措施的实施效果进行科学评价,同时向公众发布交通信息,引导其使用合理的交通出行方式和路线。

图 2-11 是典型的交通仿真与数据库综合应用平台结构图。图中的应用平台接入出租车数据、定点流量数据、交叉口 SCATS 数据、公交数据、停车场交易数据等多种动态交通数据,通过 GIS、数据库和仿真技术,分别为公众、专业技术人员和决策者提供应用服务,包括公众交通出行信息、交通专业数据分析、交通仿真分析和交通决策支持等功能。

下面以 2010 年建成的杭州市智能交通信息平台为例,介绍交通仿真与数据库综合应用平台的结构和功能。杭州市智能交通信息平台是杭州市智能交通系统的重要组成部分和核心建设内容之一。通过该平台建设,将推进杭州市 ITS 现有子系统之间的数据交换、共享以及系统整合,充分利用各类交通基础数据,提升城市交通规划、建设和管理水平,提高居民出行的信息服务水平。该平台以杭州市交通地理信息系统为基础,汇聚多部门的动态交通数据,实现面向公众的实时交通信息服务,通过专业数据库及交通仿真模型的建设,实现对

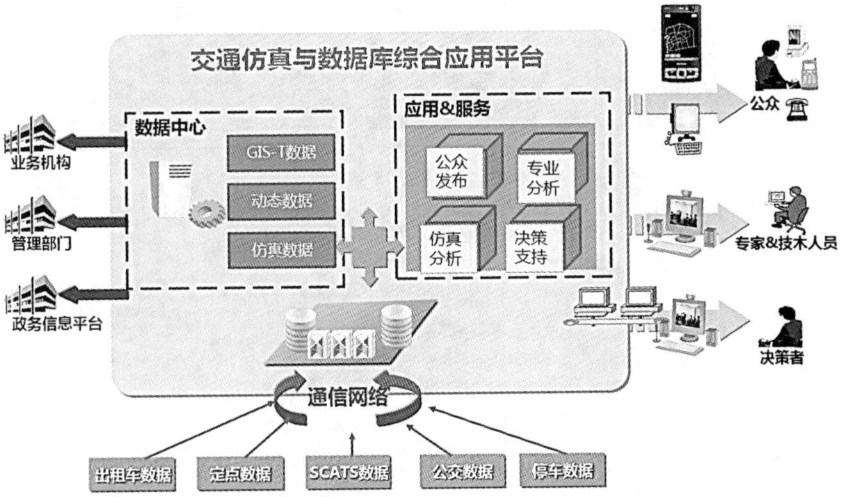

图 2-11　交通仿真与数据库综合应用平台结构图

多源交通数据的深层次综合应用，为杭州市交通规划、建设管理提供决策支持，为实现跨部门信息共享奠定基础。杭州市智能交通信息平台的建设内容包含交通地理信息子系统(GIS-T)、基础交通信息采集子系统、交通模型与仿真子系统、交通信息服务子系统，见图2-12。

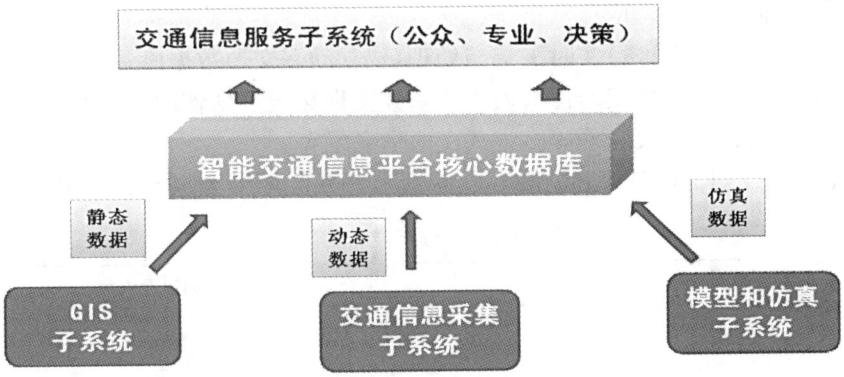

图 2-12　综合应用平台总体结构

图 2-12 中交通地理信息子系统基于 GIS 技术将杭州市的交通基础设施和其他相关设施信息进行统一整合，是整个项目各项功能的基础；交通信息采集子系统负责数据的接入、清洗、处理和存储，是交通信息平台的数据来源；交通模型与仿真子系统建立了一套宏、中、微观一体化的杭州市基础交通仿真模型，为城市交通规划、建设、管理的方案评估和优选提供辅助决策支持；交通信息服务子系统是杭州市智能交通信息平台一期工程中用于成果输出和数据应用的平台，是为专业用户和公众用户提供交通信息服务的渠道。信息平台网络结构图如图 2-13 所示。

2.3.2　综合应用平台的主要功能

仍以 2010 年建成的杭州市智能交通信息平台为例，根据对用户的需求调研和分析，该

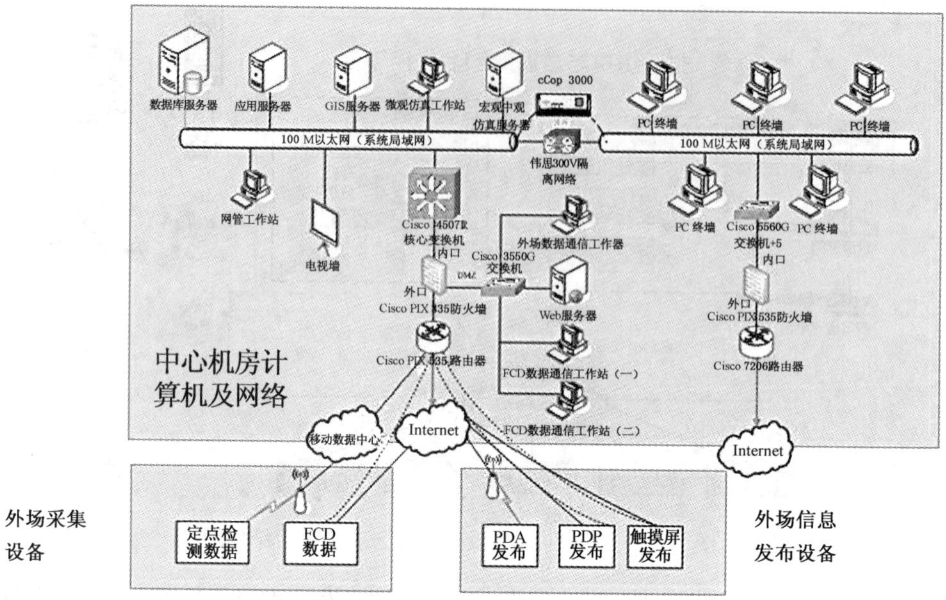

图 2-13　信息平台网络结构图

平台的主要功能包括：

(1) 建立基础交通地理信息数据库；

(2) 对多源动态数据进行实时采集与处理，建立动态交通数据库；

(3) 建立多层次一体化交通仿真模型体系并实现交通规划辅助设计系统；

(4) 实现网站、手机、大屏幕等多方式交通信息发布。

表 2-11—表 2-13 分别给出了该平台各项详细功能点、详细建设内容和技术要求。

表 2-11　　数据采集、处理与发布功能(1)

功能点	功能描述	详细建设内容
基础数据生成	完成信息平台各项功能所需的 GIS 基础数据	绘制 GIS 标准路网，添加兴趣点； 绘制公交网络图，形成公交换乘矩阵； 建立 GIS 空间拓扑关系； 根据标准路网派生出各子系统使用的路网； 根据子系统需求设计各种专题 GIS 图层，包括断面测站层、交通小区层、停车场层等
开发数据编辑工具	通过软件工具实现对 GIS 基础数据的编辑操作，满足信息平台后期维护需求	对节点、路段、交通小区、小区形心、连接线、公交站点、公交线路等 GIS 要素的图形编辑和操作； 对道路网、公交网、站点、交通小区等各图层静态属性的录入、编辑； 对网络拓扑关系的编辑；节点转向设置；车道转向设置
数据更新工具	通过软件工具，实现对系统 GIS 基础数据的更新，以及对依附于 GIS 要素的其他交通数据的更新	实现 GIS 图形更新、拓扑更新、属性映射、属性继承、关联通知和关联更新

续 表

功能点	功能描述	详细建设内容
集成 GIS 和 C/S 平台建设	为信息平台其他业务功能提供 C/S 方式支持	提供数据管理、GIS 图形加载、路网显示、专题成图、空间分析功能； 提供数据交互查询、多模式路径搜索，数据、图和报表输出，各专业应用的数据交换接口
WebGIS 建设	为信息发布服务提供 WebGIS 支持	WebGIS 环境部署与优化； 提供各种 Web 专题应用

表 2-12　　数据采集、处理与发布功能(2)

功能点	功能描述	详细建设内容
外场数据接入	实时接入出租车 GPS 数据、公交车 GPS 数据、停车 POS 机交易数据、道路断面数据； 对数据进行清洗，剔除异常数据； 实施监控数据接入状态	获取各类数据的详细格式、传输协议、样本数据； 配置传输专线，实时接入出租车、公交车、停车场、道路断面数据； 确定异常数据的判别标准； 开发数据接入状态与外场设备运行状态监控程序
外场数据处理	对出租车 GPS 数据、公交车 GPS 数据、停车 POS 机数据、道路断面数据、SCATS 数据进行处理，计算实时车速、流量等基本交通指标	计算实时路段行程车速，实时出租车位置分布，判别交通运行状态； 计算实时公交站间行程车速、预测到站时间，实时公交车位置分布； 统计停车场实时可用车位数，各车位实时占用情况，车辆到离情况； 计算实时道路断面流量、断面车速等指标，交叉口历史流量等指标； 利用断面检测设备数据校核由出租车 GPS 数据计算的实时车速
数据存储与深化利用	存储经过处理的实时数据； 在车速、流量等实时数据的基础上，进行数据集成运算； 通过更深层次的数据分析，计算各类综合性交通评价指标； 将指标计算结果存储于系统核心数据库，用于信息发布	设计系统核心数据库； 计算车速、流量历史集成数据； 计算出租车 OD 分布数据； 统计出租车空驶率、载客里程、载客次数等指标； 统计路内停车场车位周转率，停车总车次、停车时长等指标， 统计车辆到离时间分布； 根据业务需求计算各类交通运行状况综合评价指标； 依托信息平台形成数据交换与共享地方标准
面向交通专业领域的信息发布服务	利用信息平台计算出的各类交通指标，为交通专业人员提供数据查询、统计分析等信息服务	设计和开发专业交通信息服务系统，包括： 交通数据查询分析系统； 道路交通运行评价系统； 停车场运营分析系统； 出租车运营分析系统； 年报(月报、周报)发布系统等
面向公众的信息发布服务	利用信息平台数据，为社会公众提供实时路况、公交、停车场、综合运输等信息服务	开发交通信息发布网站，提供实时路况、路径规划、公交信息、停车场位置和可用车位查询、水上巴士查询、综合交通信息发布等功能； 实现移动终端交通信息发布； 实现定点大屏幕交通信息发布

表 2-13　　　　　　　　　　　　交通模型与智能仿真

功能点	功能描述	主要建设内容
模型框架设计	设计综合交通需求分析模型体系	在现状模型体系调研的基础上，设计交通需求分析四步骤模型框架、各模型形式的选择、参数的标定方法
模型参数标定	对仿真模型的关键参数进行标定	对仿真模型中的延误函数形式进行优化，利用信息平台数据和现状调查数据进行参数标定
GIS-T 与 Visum 数据互换工具开发	使得仿真模型 Visum 路网、属性数据和 GIS-T 路网保持一致	设计转换流程及转换软件
Visum/Vissim 宏观—中观—微观仿真一体化分析	实现宏观—中观—微观仿真一体化多层次仿真分析； 界定不同仿真层次的评价指标、各层次不同模型的转换方式、不同层次模型的质量保证标准； 宏观—中观转换：基于宏观模型的路网信息、流量分配信息、交通小区信息，辅助生成中观仿真模型（区域范围）； 宏/中观—微观转换：基于宏/中观模型的路网、交叉口信息和流量分配信息，辅助生成微观仿真模型。	进行交通规划四步骤计算； 应用仿真模型关键参数标定结果对现状机动车模型进行优化
		中观仿真采用 Visum 软件进行机动车交通流量分配（考虑交叉口渠化及信控方案）。仿真所需要的基础路网信息、交叉口渠化信息以及交叉口信号控制信息由 GIS-T 平台导入
		微观仿真采用 Vissim 软件进行交叉口级别的仿真； 仿真所需要的机动车渠化及信控信息由 Visum 导入，非机动车、行人数据需要手工输入
		行人仿真采用 Vissim 及其行人仿真模块
模型应用示范	用户单位模型人员能掌握典型业务实现过程	对用户现有典型业务进行调研分析，结合宏观—中观—微观仿真一体化分析及模型框架设计结果，提出典型业务应用示范及技术指引
宏观交通规划辅助设计系统开发	开发宏观交通规划辅助设计系统，做到数据成果一致性表达、多用户应用和模板图表等实用功能	交通供给调整，包括节点调整、路段调整、交通小区调整、连接线调整
		交通需求调整，包括土地利用信息、人口信息、岗位信息、车辆拥有信息、经济状况描述
		模板图表展示，包括路段流量分布图、路段速度分布图等
		方案对比，包括现状路网与历史路网的对比、规划路网与现状路网的对比、本地方案与标准路网的对比、本地方案之间的对比
		方案管理，本地化的路网方案管理
仿真计算结果定期入库	仿真模型结果定期导入信息平台 GIS-T 数据库	定义仿真模型数据入库标准；实现仿真结果动态存储
仿真模型维护流程设计	建立宏观、中观、微观模型更新流程及技术指引	设计宏观、中观、微观仿真模型的路网和属性更新后的模型更新工作指引

杭州市智能交通信息平台(一期)工程建设工作完成以后,取得了以下建设成果。

1. 外场数据采集成果

已经建成了 146 套定点检测设备,每 1 分钟上传道路断面的流量、车速、占有率;已经接入 7 000 多辆出租车 GPS 数据,937 个路边收费停车点的实时 POS 机交易数据。实时数据接入功能运行稳定,详细成果见表 2-14。

表 2-14　信息平台数据采集与处理成果

数据类型	建设成果
定点检测数据	将接入 146 套定点流量检测设备,检测道路断面流量、车速、占有率数据
FCD 数据	接入 7 000 多辆出租车的实时 GPS 定位数据,GPS 数据接收时间间隔在 1 分钟以内; 每 5 分钟计算一次路网实时路况
停车 POS 数据	接入 937 个停车点(32 904 个泊位)的实时停车交易数据; 计算停车场饱和度、车位周转率、停车时长等指标

2. GIS 建设成果

平台完成的路网、公交线网、专题图层等基础数据已经全面用于仿真、发布等应用模块,基本能够满足系统应用需求,具体包括:

(1) 公交:主城区内 151 条,主城和副城之间 181 条,共 2 612 个站点。

(2) 专题图:包括网站发布底图、交通管制(220 个路口)、施工道路、单行道(391 个路段)、停车点(937 个),城区限货范围(5 个)兴趣点(1 346 个),水上巴士(3 条)。

(3) 交通小区:包括小区、连接线、人口、岗位数据。

(4) 客货运量数据:机场,铁路杭州站、东站、南站客货运量数据。

3. 交通模型和仿真建设成果

已经建立起宏观、中观和微观仿真模型,通过模型运算得到了一批仿真结果,并通过实测数据进行校核,提高模型精度。

1) 宏观模型方面

(1) 完成小区更新和用地调整,利用小区人口、岗位数据完成机动车路网模型和公交客流模型更新工作。

(2) 提出延误函数的分类标准、影响因素、通行能力标定方法以及最终确定的函数形式与标定结果。

2) 中观和微观模型方面

(1) 完成中观模型建模工作,包括小区及 OD 拆分、连接线优化、考虑公交的机动车分配、OD 反推、仿真校验。

(2) 完成中观模型应用案例——杭州湖滨地区单行线组织方案设计与评估。

(3) 完成杭州武林门广场微观仿真建模,应用案例包括绿波协调控制、行人交通组织评价。

(4) 完成萧山机场微观模型建模,应用案例包括 2015 年和 2035 年机场道路系统和行人系统衔接仿真分析。

4. 交通信息服务建设成果

完成交通信息服务网站、专业交通数据分析系统和手机交通信息发布系统的各项交通信息发布功能。面向公众的交通信息发布功能见表 2-15，面向专业用户的交通数据查询与统计分析、交通报表等功能见表 2-16。

表 2-15　面向公众的交通信息服务功能

功能点	功 能 描 述
交通信息服务网站	实时交通路况（拥挤地图）：制定路段拥挤度分级标准，用不同颜色图例显示；用户选择某路段可以显示当前车速
	交通施工和交通管制信息提示：在地图上提示交通管制、施工等信息
	出行路径规划（自驾车）：用户在地图上选择出行起点、终点，路径限制条件，系统推荐三条最优路径（距离最短、当前行程时间最短、历史平均行程时间最短）
	实时出租车空车率：用绿、黄、红三种颜色表示各交通小区的出租车空车率的大小
	停车场实时可用车位：在地图中点击任一停车点，可以在弹出窗口中显示该停车场的总泊位数、实时可用车位数、具体地址
	交通管制与施工信息：显示市区范围内实行交通管制交叉口、单行道、禁货禁摩限行范围分布图
手机实时交通信息服务	实现基于手机的实时交通路况和停车场实时可用车位查询

表 2-16　面向专业用户的交通数据分析功能

功能点	功 能 描 述
道路交通运行状况分析	总体运行状况分析： 根据车速、流量指标对总体路网进行交通运行状况评价，根据车速、流量、饱和度对指定区域的拥堵路段和交叉口进行排序，绘制拥堵路段分布图 重点区域交通运行状况监测：根据车速、流量、饱和度等指标，对出入口（道路）、对外枢纽、查核线等道路交通运行状况进行评价。 交通发展趋势及对比分析： 趋势分析：用户任意选定若干条道路、行政区、各等级路网，指定一个时间段（×年×月～×年×月），指定分析指标（行程车速、流量、饱和度），能够绘制交通指标在指定时间段内的折线图。 对比分析：用户任意选定若干条道路、行政区、各等级路网，指定时间条件（年月日，时刻，高峰、日/夜、全天），指定分析指标（行程车速、流量、饱和度），能够绘制所选对象交通指标的柱状对比图
专业数据查询与统计	路段静态属性和动态数据明细查询： 指定单个路段（或自定义的若干个路段组合），指定查询时间（年月日，时刻，高峰、日/夜、全天），查询路段里程、车道数、路宽、路段通行能力、静态属性、断面形式、分隔情况数据，以及行程车速、断面流量（大、中、小车）、饱和度、方向不均匀系数，绘制车速、流量时变图、周变图； 指定交通指标（车速、断面流量）的范围，筛选出满足条件的路段
停车场运营分析	查询接入系统的各路内停车场的分布、车位数； 查询各停车场的实时可用车位数，车辆到达的时间分布，车辆离开的时间分布，平均停车时长，车位周转率等指标
出租车系统运营分析	出租车运营分析：指定日期和时间，查询出租车的平均每日载客总里程、每次载客里程、空驶率、载客次数； 出租车行驶路径分析：计算出租车行驶路径的组成（在各等级道路的行驶比例）

续　表

功能点	功　能　描　述
交通年报、月报、周报	年度(月、周)道路交通总体运行状况:结合仿真计算,对路网交通需求、交通供给、交通运行状况进行综合评价; 评价指标包括路网容量、路网交通周转量(需要仿真运算结果)、路网平均饱和度(需要仿真运算结果)、路网高峰平均行程车速、关键道路断面平均流量和平均饱和度(高峰、日/夜、全天); 每月遴选出路网最拥堵的路段
	年度(月、周)分区域道路交通运行状况:对各行政区的道路交通运行状况进行综合评价; 评价指标包括各行政区的路网高峰平均行程车速、各行政区关键道路断面平均流量; 每月遴选出各行政区最拥堵的路段
	年度(月、周)各等级道路交通运行状况:分别对快速路、主干路、次干路、支路的道路交通运行状况进行评价; 评价指标包括高峰平均行程车速、关键断面平均流量和饱和度(高峰、日/夜、全天); 每月遴选出各等级道路最拥堵的路段
	年度(月、周)重要通道运行状况:对杭州市重要的交通走廊进行评价分析; 评价指标包括整条走廊的高峰平均行程车速、走廊行程时间、运行可靠度,走廊关键断面流量和饱和度(高峰、日/夜、全天)
	历年(月)道路交通运行状况:对整体路网、分区路网、各等级道路、通道等一段时间内的运行状况分析; 评价指标包括整体路网、各等级路网、重要通道的平均行程车速,关键断面的流量、饱和度,绘制各种指标的时间变化折线图

杭州市智能交通信息平台通过技术创新,形成了一整套比较完整的建设智能交通信息平台的技术方法。对于国内大城市建设类似信息化项目具有较高的推广价值,其潜在用户是国内大中型城市的交通管理部门、建设部门和规划部门。由于平台采取先进的集成技术和模块化设计,通过定制服务可以调整和扩展相应的功能模块,对于不同的管理体系有较强的适应性,对于不同的地区有很好的可移植性。

与国内外类似系统相比,杭州市智能交通信息平台的技术创新点包括:

(1) 以交通信息平台的应用需求为导向,引入 GIS-T 技术,基于一体化标准路网建立交通模型与仿真、实时数据计算、公众信息服务和专业数据分析所涉及的四个空间数据库。

(2) 根据 GIS 数据自身特点,制订 GIS 空间数据标准和加工规范;设计了系统触发更新机制,当道路改造引起转向改变、添加或删除道路、公交线路和站点变更等引起基础数据发生变更时,将触发相应的更新操作。

(3) 建立宏观—中观—微观一体化交通模型并投入实际运行,使用实时动态交通数据对模型参数进行标定,显著提高模型的准确性和时效性,设计交通规划宏观仿真辅助设计系统,以提供一种易用、质量可控、数据成果表达一致的交通规划新流程。

(4) 实现集出租车 GPS 数据、流量检测器数据、停车泊位数据等多种数据源于一体的综合交通信息挖掘分析,通过网站、手机、大屏幕等多种方式发布,并基于 Flex 的图形处理和显示技术,显著提升网站图形表达能力,提升用户使用体验。

通过交通仿真与数据库综合应用平台建设,体现了以下几个方面的综合效益:

（1）通过交通数据采集与处理功能，提供多元化的实时交通出行信息服务，引导公众做出更合理的出行选择，均衡路网负荷，减少交通拥堵。

（2）定期发布定量化的交通运行分析与评价结果(交通年报、月报等)，能够帮助职能部门及时了解交通发展态势，进而做出更科学的判断。

（3）建设多层次一体化的交通仿真模型并开发交通规划辅助设计系统，显著提高交通规划与管理方案设计效率，为职能部门进行交通方案比选和决策提供强有力的技术支持，提高交通决策的科学性和时效性。

（4）通过长时间积累的海量实时交通数据，形成一个交通数据综合分析平台，在此基础上建立更全面的交通运行分析评价指标体系，为精细化分析交通运行状况、分析交通运行特征和机理、提升交通学科基础理论研究水平奠定了良好的基础。

（5）通过使用先进的信息技术手段，节约交通信息采集设施的建设成本，节省人工调查成本，缩短数据统计周期；同时使用环保、节能的交通检测技术，避免破路施工，降低维护成本。

在应用过程中，信息平台通过跨部门的信息共享与交换，对政府的决策支持、对市民的出行服务以及对专业规划设计的技术支持，已逐渐开始发挥其智能、精确、高效的作用。“信息平台”与各交通相关职能部门开展了数据共享，为交通电台、市民热线等提供实时交通信息，向各政府部门提供了城市交通运行年报、月报与周报，为市政府制订重大交通项目规划方案与建设计划如快速路、公共停车场等提供辅助决策支持，为城市交通综合治理如“错峰限行”开展措施评估并提出后续决策建议。

杭州市智能交通信息平台的具体应用案例如下[7]：

（1）2010 年 9 月 22 日，杭州市举行第四届无车日活动。通过交通规划数据分析系统，快速评估本次活动对于市区交通运行的影响，给出活动效果分析(图 2-14)。

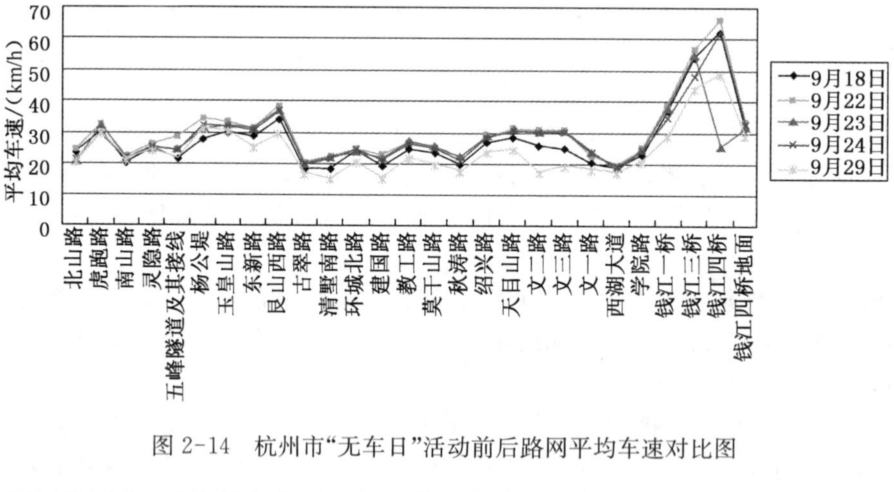

图 2-14　杭州市“无车日”活动前后路网平均车速对比图

（2）通过该平台，对杭州市交通运行现状进行实时、连续、细致的观测和评估，并通过系统自动生成大量的图表，例如杭州市路网车速变化图(图 2-15)和杭州市早晚高峰路网拥堵路段分布图(图 2-16)，为交通规划技术人员进行道路交通拥堵分析提供科学依据。

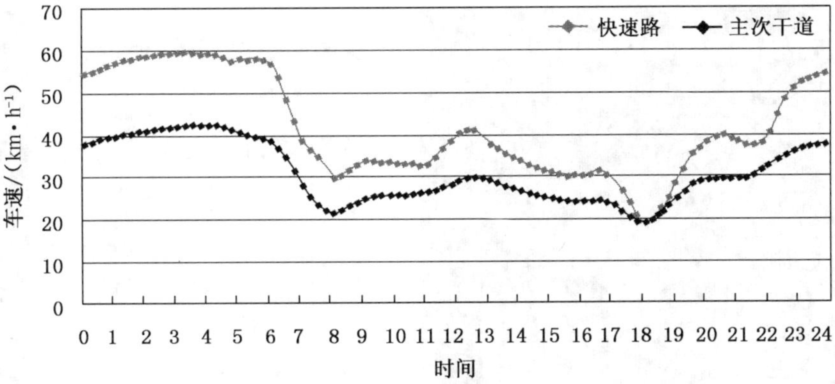

图 2-15 系统自动生成的杭州市路网车速变化图

(3) 利用信息平台的接入数据，系统每月定期发布杭州市交通运行月报。使政府部门准确了解杭州市交通运行现状，也成为交通问题和交通发展态势判断的权威信息发布渠道，见图2-17。

(4) 系统利用采集到的动态交通数据覆盖范围广、数据质量高的特点，支持交通规划研究人员进行一些基础理论研究，例如各种交通模型参数标定等，见图 2-18。

(5) 在宏观交通仿真模型方面，对新的越江隧道开通前后原有越江通道的流量变化情况进行了仿真分析，见图 2-19。

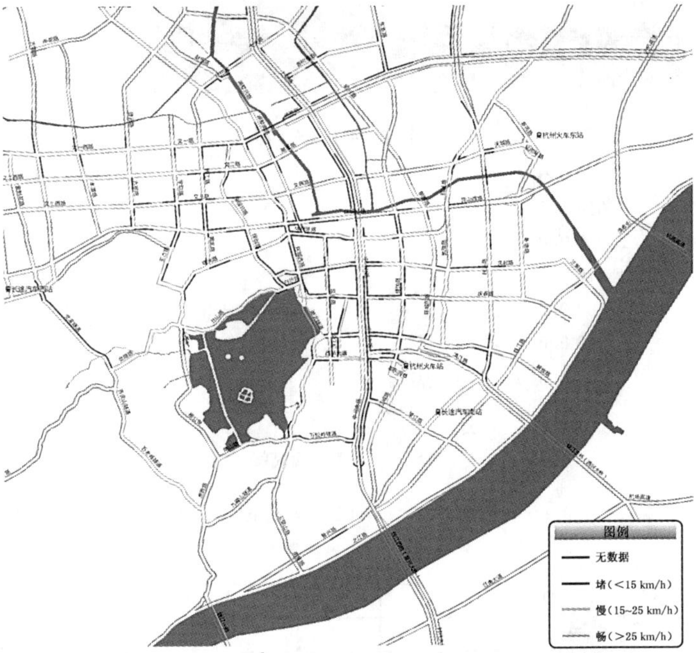

图 2-16 系统自动生成的杭州市早晚高峰路网拥堵路段分布图

(6) 在中观仿真模型方面，分析了西湖湖滨地区单行道系统实施方案的交通效益，见图 2-20。

(7) 在微观仿真模型方面，建立了杭州市武林广场地区三维交通仿真模型，以及杭州机场新候机楼客流仿真模型，见图 2-21 和图 2-22。

(8) 在交通数据库应用方面，建成了杭州市交通专业数据查询与统计分析系统，能够对各类交通数据进行在线的挖掘分析，极大提高了交通专业技术人员获取和使用交通数据进行专业分析的能力，见图 2-23。

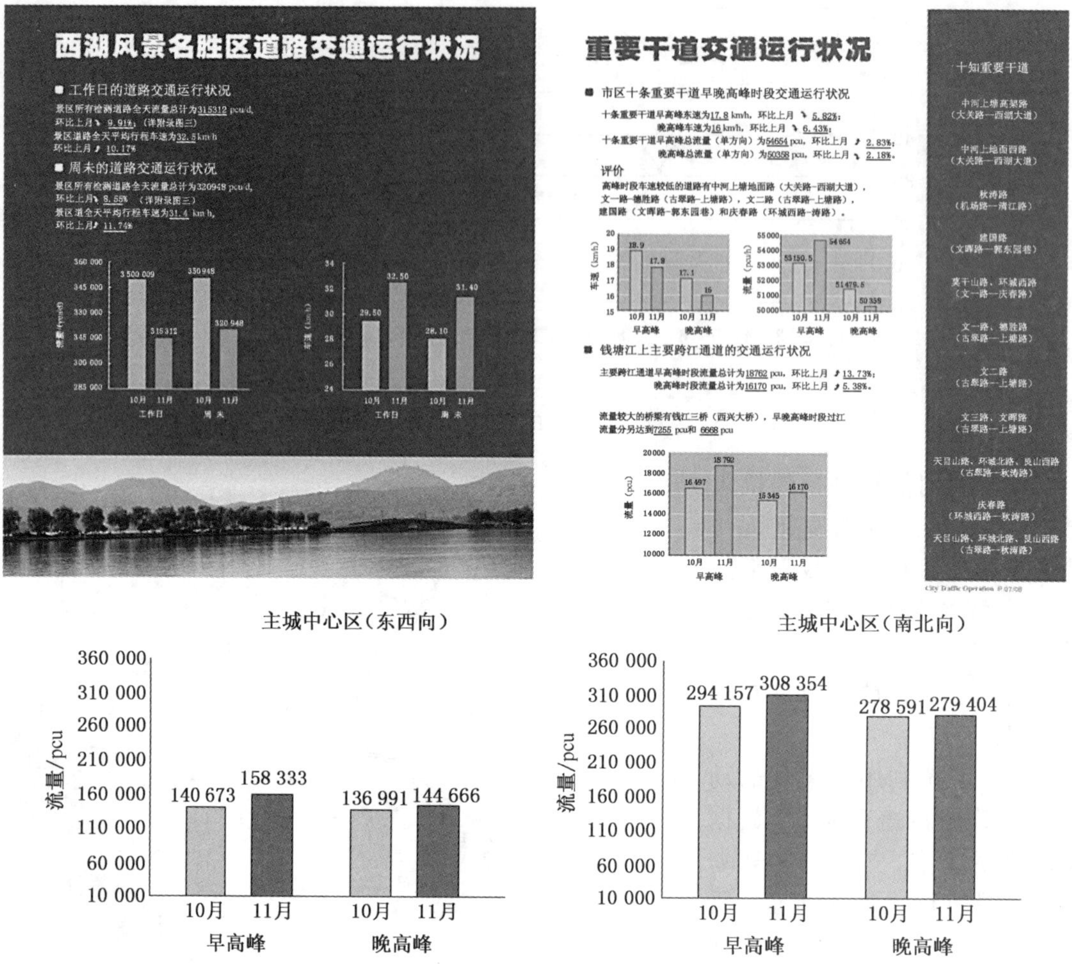

图 2-17　系统生成的杭州市交通月报实例

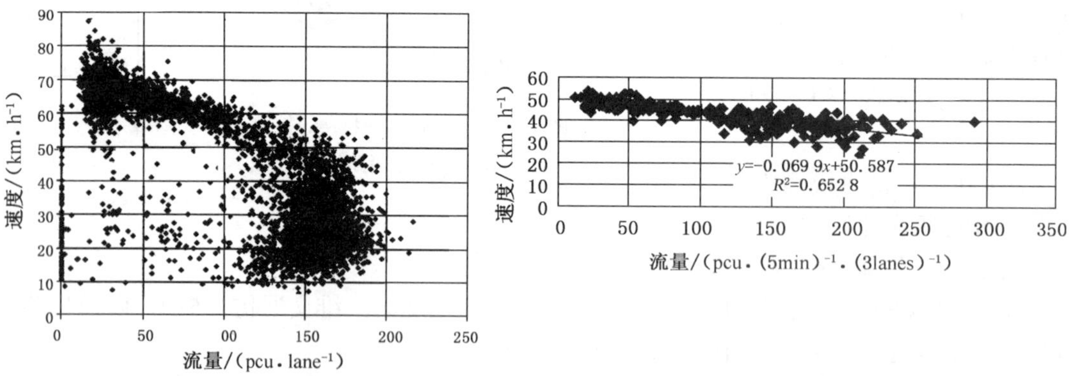

(a) 快速路流量—车速关系　　　　(b) 主干路速度—流量关系图

图 2-18　系统利用动态交通数据标定交通模型

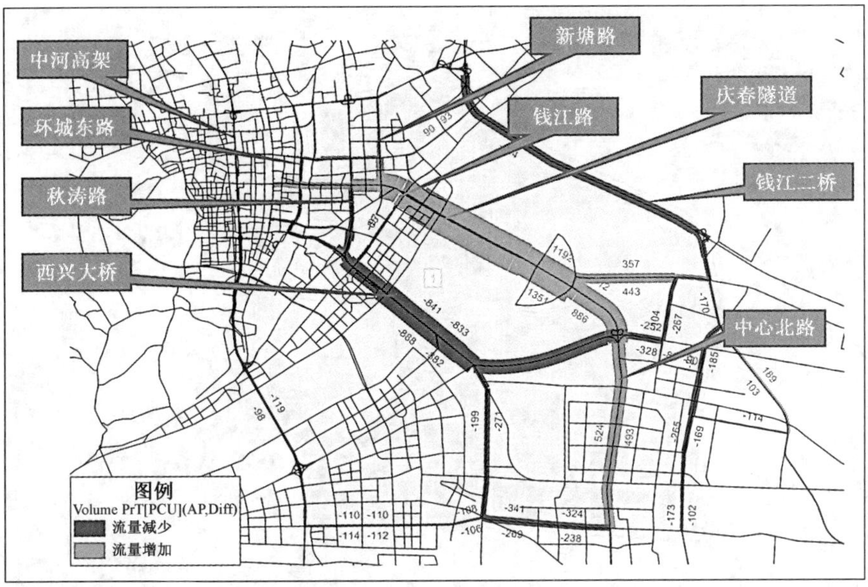

图 2-19　利用宏观仿真模型分析越江隧道开通前后的交通影响

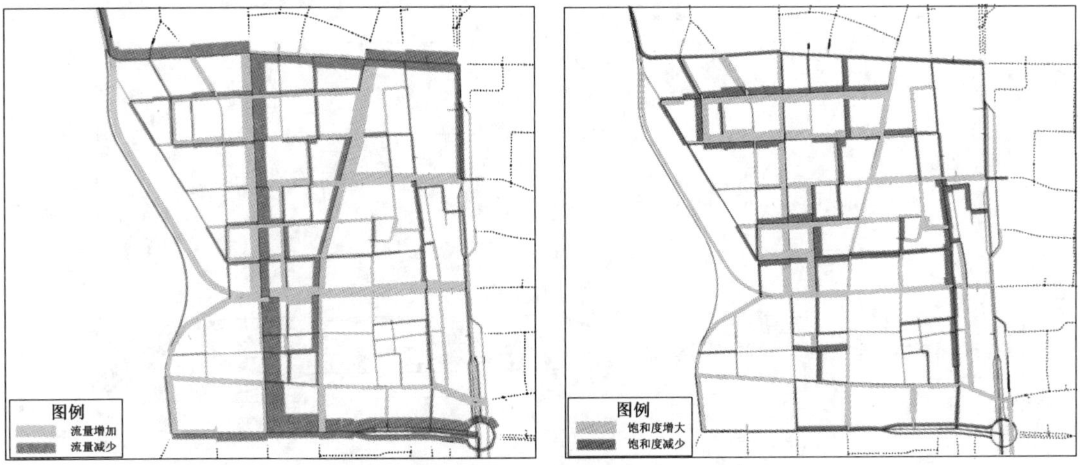

图 2-20　利用中观仿真模型分析湖滨地区单行道组织方案效益

图 2-21　杭州武林广场地区三维微观仿真模型

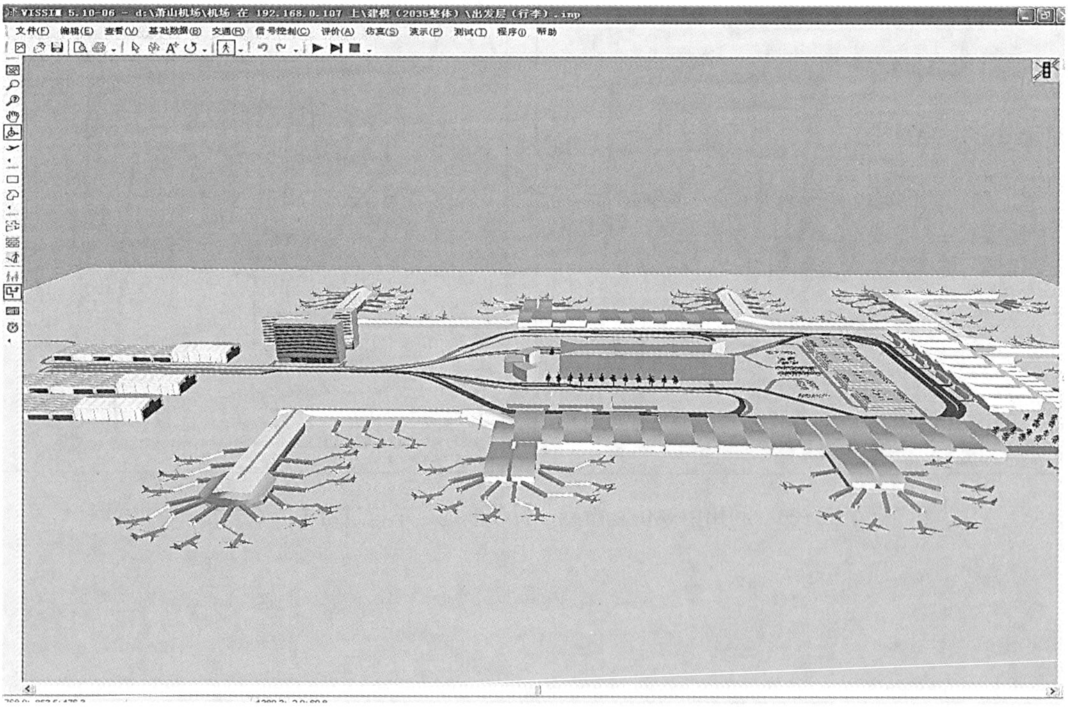

图 2-22　杭州机场人车衔接仿真模型

图 2-23　杭州市交通专业数据查询与统计系统

参考文献

[1] 同济大学,杭州市综合交通研究中心.杭州市智能交通信息平台技术研究报告[R].2010.

[2] 同济大学,杭州市综合交通研究中心.杭州市智能交通信息平台 GIS-T 数据库建设报告[R].2010.

[3] 同济大学,杭州市综合交通研究中心.杭州市智能交通信息平台数据操作更新手册[R].2010.

[4] 朱茵,陆化普.城市交通信号控制系统现状与发展展望[J].中国交通信息产业,2004,(10):40-43.

[5] 姚家奕.多维数据分析原理与应用[M].北京:清华大学出版,2004.

[6] 彭木根.数据仓库技术与实现[M].北京:电子工业出版社,2002.

[7] 同济大学,杭州市综合交通研究中心.杭州市智能交通信息平台系统应用研究报告[R].2010.

第3章　宏观交通规划仿真理论与技术

3.1　宏观交通规划软件发展现状与性能比较

交通规划软件于20世纪60年代末首先在美国开始尝试，经历了大型计算机时代的诞生期，伴随个人电脑普及而来的发展期，以及Windows系统与地理信息系统（Geographic Information System，GIS）和交通模型成功结合带来的成熟期，应用日渐广阔，功能日趋完善，操作更为便捷。从最早的UTPS到MINUTP，TRANPLAN到现在的主流软件TransCAD，CUBE/Trips，EMME/2，Visum，TP+等等，可以列举的交通规划软件就有数十种。从20世纪80年代中期，国内大专院校和交通规划单位开始引进交通规划软件，国内也出现一些自己开发的软件，如东南大学的TranStar、建设部交通中心的TranSolution等[1-4]。

在众多的交通规划软件中较常用的5个交通规划主流软件是TransCAD，CUBE/Trips，EMME/2，Visum，Aimsun。如何因地制宜、因时制宜地选择与交通状况相适应的软件，成为必须面对的问题[5]。

3.1.1　宏观交通规划软件的发展使用现状

TransCAD是由美国Caliper公司开发的第一个完全基于GIS的交通规划软件，它集成了四阶段交通需求预测模型，并具有GIS的图形分析功能。TransCAD在一些发达国家的交通规划管理行业中已被广泛采用，并成功地应用于交通规划、设计和管理等工作中，取得较好的效益。目前在国内同行中逐渐得到重视，在某些城市的交通战略规划和交通总体规划中得到应用。TransCAD在国内的用户既有国内省际交通道路规划设计领域，如交通部规划研究院、中交第二航务勘察院、铁道部第二勘测规划设计等，又有教学科研领域，如清华大学、北方交大、北京工业大学、重庆交通学院、长安大学、东南大学等。

CUBE/Trips的开发公司MVA的系统开发部与美国加州的都市分析中心（Urban Analysis Group）合作成立"交通软件开发实验室"（Citilabs），成为世界最大的交通软件系统开发与应用中心。该实验室推出了交通规划软件包CUBE，它集成了许多优秀的交通分析软件，如TRIPS，TP+等，在欧洲有广泛的应用，现在已经有超过70个国家2 000多个客户，在国内的用户主要有北京城市规划设计院、广州交通规划研究所、宁波城乡规划设计院、沈阳城市规划设计院等，还有众多高校用户，如同济大学、长安大学、北京工业大学等。

EMME/2最初是由加拿大Montreal大学开发，后由INRO咨询公司继承，该系统为用户提供了一套内容丰富、可进行多种选择的需求分析及网络分析与评价模型。截至目前为止，EMME拥有72个国家900多个单位工作的2 000多个用户。EMME/2在国内的用户主要有上海综合交通规划研究所、中国城市规划研究院交通中心、青岛城市规划院、沈阳城市规划设计研究院、同济大学、东南大学、长安大学、中山大学等。现已推出 EMME 3 交通规划系统，该系统加入了很多新的地理信息系统和其他的软件功能，并将 EMME/2 和 ENIF 合二为一。EMME 3 交通需求出行预测系统是基于行业标准及 EMME/2 衍生而来的，其功能得到了进一步的拓展。EMME 3 具有全新的操作界面，路网编辑工具，崭新的图形分析能力，GIS 整合功能，多于 100 个可扩展且现成的交通图片与图表库，可以轻松而准确地将 EMME/2 包括数据库、模型、路网和宏命令等在内的数据转换到 EMME 系统之中。

PTV VISION 是一组用于交通规划和交通工程的软件，由德国 PTV 公司开发，在德国及欧洲广泛使用。PTV VISION（VISION＝交互式网络优化的图形信息系统）的软件适用于从区域交通需求模型到交叉口的详细分析和仿真。它们可以分别或作为一个整体订购，包括：

（1）Visum　综合性的交通规划工具，可进行私人交通和公共交通的交通分配与交通需求计算。

（2）Visem　在人的活动链的基础上计算各种交通工具和各类出行目的的交通需求。

（3）Vissim　建立在微观驾驶行为模型基础上的交通流仿真模型。

（4）CROSIG 是一个交通工程师的工作台，在信号灯控制项目中作用突出，包括计算绿灯间隔时间，设计定时信号控制、信号配时方案和用于协调控制的时间—距离图（绿波），它得到多个数据库部分的支持，适用于 CliendServer 环境。

Aimsun 是一套由西班牙 TSS 公司开发的完整的交通分析系统，它可用来进行交通规划、动态交通分配、微观交通仿真、交通需求及相关数据分析。它为静态建模和动态建模提供一个完整的平台。最新版本的 Aimsun 6 是基于行业标准及 AIMSUN NG 衍生而来的，其功能得到了进一步的拓展，运行更稳定、模型质量更高、应用范围更广。在新领域中拓展了交通建模环境和模型集成功能，具有中观仿真器（DTA）、新的探测器定位模块等 30 处新亮点。AIMSUN Advanced 6 是第一个将宏观、中观、微观模型集成于单个软件的交通建模系统，三个模型间能更好地互通。新的探测器定位模块可以检查出现存的检测定位器是否正在获取足够的交通信息，包括数据的确认和矩阵的调整。根据信息决定如何放置检测器来增加覆盖范围。2007 年 11 月，西班牙 TSS 公司与英国的 Legion 公司全面合作推出了“Aimsun，即很容易地融入到你们的工作环境中”。它能够导入并且处理从其他软件（ESRI，Tele Atlas，NAVTEQ 等）当中获取的 GIS 数据，也能读取 CAD 文件和位图文件，使编辑简化而且增强了项目的表现力。可以转换来自其他应用程序（如与 EMME 3 的直接接口，COTRAM，CUBE 和 SATURN）的数据文件。能够载入观测数据（如历史数据资料或在线实时监测的数据资料）用于进行仿真模拟、规划及一些可视化模块的操作。Aimsun 在国内的主要用户有上海市城市综合交通规划研究所、杭州市综合交通研究中心、杭州市规划设计院、上海市城市规划设计院、青岛市城市规划设计院、长安大学、上海理工大学、北京工业大学、北京交通研究中心、武汉交通警察大队、北京市交通局等。

3.1.2　宏观交通规划软件性能比较

选取国内外较常用的 4 个 GIS 时代交通规划软件 TransCAD，CUBE/Trips，EMME/2，Visum，从可用性、易用性和灵活性三个方面加以比较，展现各交通规划软件的路网表现能力、数据存储、路阻函数、图形功能和模型功能等的差异性，并总结优缺点。

1. 可用性比较

TransCAD, CUBE/Trips, EMME/2, Visum 都是 Windows 系统下运行的软件,4 个软件都支持 Windows 系统,在运行环境上都满足绝大部分用户的需要。从发展的角度看,TransCAD 和 Visum 拥有网络版本,可以联网使用,实现数据共享,适应网络时代的要求,这点优于其他两个软件(CUBE/Trips, EMME/2);从横向角度看,EMME/2 能够支持不同的操作系统,可以满足部分非 Windows 操作系统的用户[6]。

1) 路网表现能力

在利用软件进行交通分析时,首先必须把现实的路网抽象为模型能够应用的数据,因此软件的路网表现能力从节点属性、路段、转弯惩罚三个方面来体现。

从表 3-1 可以看出,节点属性方面,TransCAD 和 Visum 的表现较为灵活,更能满足用户需求;路段方面,只有 CUBE/Trips 不能按用户需求添加或删除属性字段,其他 3 个软件路段属性的设置均较为方便,其中 CUBE/Trips 的属性粘贴方法比较独特;转弯惩罚方面,只有 CUBE/Trips 不能直接设置掉头转弯惩罚,而且只能对单节点设置转弯惩罚,较为不便。TransCAD 的表现能力最强,表现的内容最丰富;CUBE/Trips 和 EMME/2 表现的手段相同,但 CUBE/Trips 与 GIS 接口比 EMME/2 方便,表现上强于 EMME/2。

表 3-1　　路网表现能力比较

比较内容	TransCAD	CUBE/Trips	EMME/2	Visum
节点属性	点地理文件,可添加或删除属性字段;无法编辑该节点交叉口属性	属性固定,不能添加或删除属性字段;提供 9 种交叉口类型	预设属性,可添加、编辑、删除属性	预设属性,用户可根据需要添加;可确定交叉口控制类型
路段	线地理文件,可随意添加或删除属性字段;可以在路网属性表中进行属性的设置	属性固定,不能表现曲线;绘制路网时运用其属性粘贴功能可较快设置同类型路段属性	预设属性,具有新建、删除、编辑属性	预设属性,可添加,提供了 00~99 种路段类型供编辑,路段属性的设置只需要选择路段类型
转弯惩罚	三种类型:通用、连线、专用转弯惩罚(优先级依次递增)	提供节点转弯惩罚的设置,不提供掉头惩罚	用户可自定义转变惩罚	提供同类型转弯惩罚和单节点转弯惩罚

2) 出行需求相关数据的存储和表现

基于四阶段的交通需求预测中,与出行需求相关的数据有分区的社会经济、土地利用数据、出行状况数据、OD 数据等。这些数据贯穿于整个四阶段交通需求分析预测的始终,因此交通规划软件必须对这类数据提供专门的存储与表现手段。4 个软件都提供了自己独特数据存储与表现的方法。

从数据存储能力来看,TransCAD 和 Visum 采用关系数据库来存储这些文件。而 CUBE/Trips 要求很苛刻,必须生成特定的二进制文件才能使用,没有一个集成的环境,显得较为凌乱。但是基于二进制文件本身的特点,保密性较好。EMME/2 仅用一个 emme2ban 文件存储全部数据,封装性强。

从数据接口能力上看,TransCAD 也是比较强的,它几乎支持所有常用软件数据的接口,而且还提供了与 EMME/2, TRANPLAN 等需求分析软件的接口,这为用户准备数据提供了方便的工具。CUBE/Trips 也能支持一些常用软件数据接口(如通过 CSV 文件与 Excel 软件交换数据),但与其他软件交互数据时,要转换成相应格式的文本,因此在接口能力上不如 TransCAD。EMME/2 的数据接口能力最弱,它将所有的数据封装在一个叫

emme2ban 的文件中，虽然可以导入导出数据，但是需要的文件都必须有严格的格式，必须转换成这种格式才能进行数据接口，比较不方便。

从数据的编辑能力来看，Visum 最强，数据编辑界面很友好，能直接从 Excel 文件中复制粘贴数据，修改也很方便。TransCAD 相对也比较方便，它提供了方便的编辑界面，用户可以自由修改数据，而且操作方便。CUBE/Trips 虽然也提供了矩阵的编辑界面，但是只能做些简单的编辑，并且不能直接修改数据，修改或运算数据需要通过相应的模块来完成编辑任务，给编辑操作带来了一些麻烦，这点不如 Visum 和 TransCAD。EMME/2 编辑能力是最差的，由于整个系统的操作模式较差，虽然提供了修改编辑数据的程序，但是操作不方便，不如其他软件。

3）函数

函数是用来表现数据之间关系的数学公式，四阶段交通需求分析模型中涉及许多数学公式的应用，如出行生成模型中的回归函数、出行分布和分配模型中都要用到的路阻函数等。软件中对于这些函数都提供了一些抽象方法，只是各个软件的表现方法各有不同。各软件路阻函数形式如表 3-2 所示。

表 3-2　　路阻函数形式比较

比较内容	TransCAD	CUBE/Trips	EMME/2	Visum
路阻函数表现	提供了常用的函数形式，也允许用户自定义路阻函数，但需要有编辑动态链接文件的能力	采用数据表的形式，但由于是离散点的表现方法，函数表现比较粗糙	提供专门的函数编辑模块，并且可以运算任意函数	提供了多种常用的函数形式，用户可以方便地设置函数参数

通过对比可以看出，EMME/2 提供了专门的函数编辑模块，并且可以运算任意函数，这点优于其他软件；Visum 提供了多种常用函数形式，用户也可根据需要方便设置函数参数；TransCAD 提供了一些常用的函数形式，虽然也允许用户自定义路阻函数，但是要有编辑动态链接文件的能力，用户使用起来相对麻烦一点；CUBE/Trips 的数据表的形式在一定程度上满足了用户的需要，但由于是离散形式，函数表现得比较粗糙，这对模型应用的准确性肯定会有一定影响，因此在函数表现能力方面弱于其他软件。

4）图形分析功能

在交通规划中需要表现各种图形，如路网、交叉口等，还需要形象直观地表现分析的结果，如期望线、流量图、等时线等，这些都需要软件有很强的图形分析功能。4 个软件都提供了专门的图形分析功能，就软件图形分析的效果和实现方式两个角度对 4 个软件进行详细的比较分析。

4 个软件均允许添加图片、卫星图、照片或扫描文档，改善地图的外观，增加显示的信息量，并提供编辑和更新路网的基础。而作为较为成熟的交通规划软件，都能实现基本的交通规划图形分析功能，包括流量图、期望线、等时线、交叉口流量图等，但各自也有其自身独有的功能。

（1）TransCAD：拥有一个强大的 GIS（地理信息系统）引擎，可以对各种空间数据做图形分析。由于其强大的 GIS 内核的支持，使得分析不仅仅局限于交通需求分析。TransCAD的 GIS 图形功能不仅可以完成交通规划分析中要求的图形分析，而且还可以制作如其他 GIS 软件一样的专题分析图，如公交查询分析图、缓冲区分析图、3D 分析图等。

（2）CUBE/Trips：CUBE/Trip 的图形分析功能主要用于分析交通规划的运算结果，因此功能上少于 TransCAD,但是也提供了部分与 GIS 数据结合的图形功能,与 TransCAD 不同在于 CUBE/Trips 不能自己建立这些地理文件,需要借助其他 GIS 软件,因此与 GIS 的结合程度不如 TransCAD。在输出图形上可根据输出结果及时调整路段性能指标,更好满足期望目标。

(3) Visum:图形分析功能除了能够呈现交通规划运算结果、导入矢量格式文件以及 image 和 bitmap 格式文件,来丰富图形的内容外,还可以在地理信息系统 GIS 格式下对路网元素进行选择和编辑,把 GIS 数据以及交通方面数据合并到一个具有多个层的共同数据库里。如果与 ESRI 的地理信息数据库或者是 Shape 文件相连接,Visum 还能生成额外的地理信息层,转换或插入至 Visum 的交通网络中区,使图形表达更清晰。

(4) EMME/2:图形分析用于呈现交通规划预测结果。在 EMME/2 中,应用特定的程序(SHP2AIVN)或宏(EMARC),将 GIS 软件的数据转换成注释文件,实现与 GIS 的结合,使图形更加美观。相对前面 3 个软件而言,EMME/2 的图形分析功能实现比较麻烦,给用户的使用带来了不便。

5) 模型功能

4 个软件都提供了支持基于四阶段模型方法的强大模型库,除了常用的各阶段模型以外,各软件还提供一些专有的功能,汇总于表 3-3。

表 3-3　　模型功能比较表

模型	TransCAD	CUBE/Trips	EMME/2	Visum
出行生成模型	快速反应模型、直接应用 ITE 数据;可标定回归模型的参数	应用 MVMODL 模块;不能标定参数	应用矩阵运算功能计算出行生成模型;不能标定参数	分时段的出行生成模型和日常活动时间表;可标定参数
出行分布模型	三维平衡模型;可标定参数	提供了标定重力模型参数的工具	三维平衡模型;应用矩阵运算来实现	由日常活动时间表得到出行链模型;可标定参数
方式划分模型	多项 Logit 模型;可标定参数	提供了重力模型参数的工具	没有专门提供方式划分模型,只能间接通过矩阵运算来实现	由日常活动时间表得到出行链模型;可标定参数
交通分配模型	基于用户自定义阻抗函数的分配;可方便地设置变量	应用 MVHWAY 模块实现,可控制变量	用户可自定义转向惩罚函数,还可以自由编写满足运算要求的函数形式	用于道路收费分析的双层迭代均衡分配;可方便地设置变量

2. 易用性比较

易用性主要反映软件功能实现的难易程度。从使用过程来看,这 4 个软件在操作模式上各有特点。

1) 接口

(1) 与交通规划软件的接口。TransCAD 可以直接打开 EMME/2, MINUTP, TP+, TranPLAN 等交通规划软件的文件,实现数据共享与转换;Visum 与常用的交通规划软件,如 TransCAD, EMME/2, CUBE 有接口;CUBE/Trips 与其他规划软件没有接口。

(2) 与微观仿真软件的接口。由于 CUBE/Trips 和 Visum 都有同系列的微观仿真软件,均可以较为方便地直接与微观仿真软件衔接,同时,Visum 还可与 SYNCHRO 软件结合在一起;而 TransCAD 则无法与微观仿真软件直接衔接。

(3) 其他接口。4 个软件都具有 GIS 接口,其中 TransCAD 可以与各种 GIS 软件直接衔接,输入输出 DXF 文件,并且与数据库结合;Visum 同样可与数据库结合在一起,Visum 内部数据库系统的结构和存储方式与 GIS 完全一致,可直接导入;EMME/2 内部数据库与 GIS 数据库不同,需借助 EMME 专有输入文件. in 实现。

2) 使用性能

(1) 建模系统性。TransCAD 和 Visum 在建立模型时,都是采用对话框的形式;而 CUBE/Trips 的建模组织形式很独特,是采用"搭积木"的方式,将各个模块直观地组合在一起,在建模系统性上要明显地强于其他软件,数据管理比较系统。这种建模系统性对于多层次、错综复杂的模型的管理和维护很方便。虽然许多城市也应用 TransCAD 或 EMME/2 建立了模型系统,但是 TransCAD 需要深入掌握其二次开发语言 GISDK, EMME/2 需要通过许多编程来组织模型,相比之下不如 CUBE/Trips 使用方便。

(2) 错误报告。4 个软件中,TransCAD 和 CUBE/Trips 均能专门存储错误信息的文件,以帮助用户方便地调试模型;EMME/2 一般将错误信息显示到屏幕上,有时查阅这些信息不方便;只有 Visum 不能提供错误报告,这无疑给用户的使用造成不便。

3. 灵活性比较

从灵活性角度看,4 个软件在建模和二次开发方面的表现各有千秋。建模方面,EMME/2 在表现路阻函数和转弯函数时能够自由地编辑各种函数,因此灵活性较强;TransCAD虽然能够设置自定义的路阻函数,但是需要编辑程序,不如 EMME/2 那样灵活;CUBE/Trips 的路阻函数不是采用数学公式的形式,因此不能满足特殊的分析要求,而且路阻函数不是针对每个路段的,应用时不如其他两个软件细致。矩阵操作方面,CUBE/Trips 提供了一种命令语言,用户可以灵活地编辑、运算各种数据;TransCAD 虽然提供了矩阵编辑的程序,但是实现各种特殊的操作时,不如 CUBE/Trips 灵活;EMME/2 也有矩阵编辑程序,可以做各种数据之间的运算,但是做特殊操作(如条件运算、分段运算等)方面也不如 CUBE/Trips 灵活, Visum 可以由用户通过其组件自定义出行方式。二次开发方面,TransCAD提供了内置的二次开发语言 GISDK,用户可以应用它来扩展 TransCAD 的功能;EMME/2 提供宏编辑功能,用户可以灵活地扩展功能,如反推 OD 模型就是应用宏来实现的;CUBE/Trips 没有二次开发的语言,但是它可以通过组合各种功能的模块来实现扩展功能,而且还可以对模块进行循环和条件分支操作。

总体而言,TransCAD 具有出色的图形分析功能和良好的接口,但其核心是一个 GIS 软件,以路段为核心组织,对结点阻抗考虑不足;CUBE/Trips 具有良好的建模系统性和分时段的出行生成模型,但在路阻函数和与其他软件的结合上存在不足;EMME/2 在路阻函数编辑方面较优,建模过程更为灵活和开放;而 Visum 拥有分时段出行生成模型和出行链模型,但其本身不支持 OD 调查数据的地理数字化。

3.2 交通系统网络基础数据模型

3.2.1 基础数据模型精度要求

宏观交通仿真技术是一种应用交通流理论和交通规划方法,将实际的、复杂的交通现象抽象为宏观建模所需的“供应”和“需求”两方面的基础数据，然后通过数据文件的形式存储在计算机中供模型调用、计算或者分析的技术。因此，建立宏观模型首先是要建立可靠而高效的基础数据模型，不同的软件提供的数据表达形式和管理方式都是不同的。要建立高效的基础数据模型必须明确所需模型的“精细程度”，包括供应模型和需求模型两部分，做到既能满足项目分析和表现的要求，也能满足各种数据获得、软件工作时间的限制，往往根据实际项目要求寻求供应模型和需求模型细致程度与建模计算工作的平衡态。比如，交通环境评价项目中如果只需要评价整个区域内的总体排放指标，那么就可以建立区域空间粗分的供应模型，对应一定细致程度的需求模型；而如果环境评价项目需要知道准确的排放热点分布情况，那么必须对空间细分，建立精确的路网模型，同时准确描述机动车需求模型来寻找路网的拥堵点和排放热点，如图 3-1 所示。这样一种平衡态是为了充分利用已有数据，获得一定准确度的运行结果，减少不必要的资源和时间的浪费。

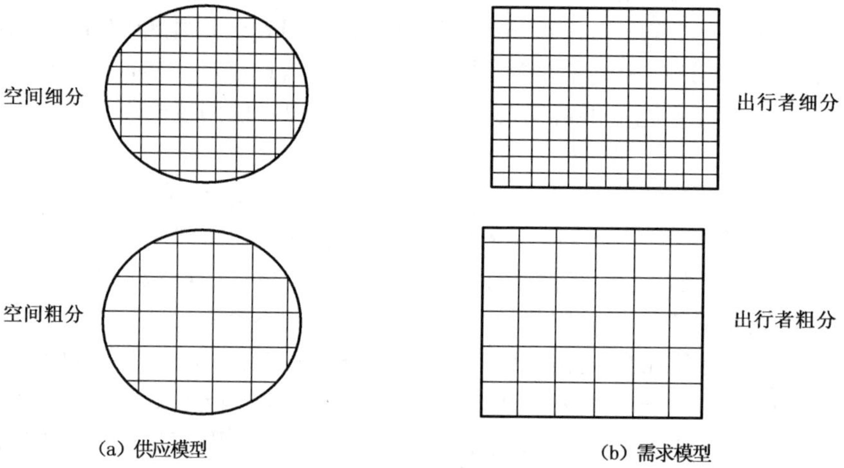

图 3-1　供应模型和需求模型精细程度的平衡[7]

3.2.2　供应数据模型

供应模型将现实交通世界中的道路网和公交线网抽象成仿真所需要和能够存储的基础网络数据：将道路网抽象成由节点、路段、转向关系，以及小区、小区连接线等元素组成的道路供应系统；将公交线网抽象成附着于道路网上的由公交站点、公交路线、公交营运组织方案和公交票制组成的公交供应系统。这一过程的关键在于基础网络数据关系的定义和空间关系的表达[8]。

由于数据的来源和研究内容的不同，我们习惯将道路系统和公交系统分开建模，但是根据综合交通系统规划的要求，这样的做法无法体现两个系统的相互影响，更加无法模拟两个系统间存在的交通需求的转换。因而，将道路系统和公交系统合并比较，不仅可以看到软件对于两个系统的分别刻画，还能看到软件能否在基础数据准备阶段对两个系统的相互关系进行较为准确的描述。

1. 节点

节点是路段的端点，在路网中表示交叉口或者路段属性发生较大变化的连接点。早期宏观仿真软件往往使用简化的交叉口模型，所以较难模拟拥堵路网。而实际上，交叉口是路网的瓶颈，如果考虑欠妥会对整个路网分析造成较大的误差。现在，许多软件都已经改进了各自的交叉口模型，甚至可以考虑信号配时的情况，这对于提高模型的精度有非常大的好处。

表 3-4 为 Visum 和 EMME 节点定义比较，从表中可以看到，Visum 中节点作为路网中最重要的基本元素之一，其默认主键是节点编号，通过主键可以关联其他如路段、转向、小区连接线等属性表。Visum 除了具有坐标、类型、通行能力等基本属性外，还可以定义交叉口信号控制方式并以以下三种方法计算交叉口延误。

方法一：根据交叉口类型、相交道路等级、转向类型等简单计算节点延误(impedance on node)。

方法二：使用转向延误函数(Turn VDF)计算延误。

方法三：可以使用 ICA 模块(交叉口通行能力分析)定义详细的交叉口配时数据、地形数据，然后根据 HCM 规范计算各进口道准确的延误和服务水平。

表 3-4　　Visum 和 EMME 节点定义比较

元素	Visum				EMME			
	主键	基本属性	可进行的操作	自定义属性	主键	基本属性	可进行的操作	自定义属性
节点	编号	编号、类型、编码、名称、三维坐标、通行能力、交叉口控制类型、节点阻抗计算方法	查询、添加、编辑属性、删除、移动、合并，多选编辑，合并散点，定义主要节点	3 个 Add-value 及其他	编号	编号、二维坐标、节点标签、形心点判断	添加、编辑、删除、移动、多选复制属性	3 个 UI 及其他

在 Visum11 中已经采用专门的交叉口编辑器(junction editor)来进行交叉口的定义，可以实现以上三种定义方法，具体见转向分析。Visum 除了可以查询、编辑、移动节点外，还提供合并散点的功能用以检查路网，提供主要节点的概念来简化路网。

相比较 Visum 中节点的定义，EMME 的节点需要承担更多的意义。在 EMME 的供应模型中，节点不仅仅表示交叉口或者普通的路段连接点，还要表示公交站点以及小区形心，这是 EMME 与其他软件的最大区别之一。EMME 中节点编号是唯一的，作为主键使用，但是在数据文件中需要用 is_zone 字段或 * 来区分小区形心，用公交站点属性如@nboa(登车时间)来区分公交站点。这样一种多义表达在 EMME 内部没有影响，但是会增加使用外部软件分析数据的工作量。在交叉口建模中，EMME 标准设计并没有考虑交叉口信号控制的影响，如果需要的话由用户自定义进口道通行能力来表达。

2. 转向

当两条路段相交于节点时，软件通常会自动生成各个转向，包括每个进口道的左、直、右方向，但是不包括渠化信息。一般地，转向定义包括是否有转向限制、是否限制某种交通系统的转向或者转向惩罚等。转向的定义是在以节点描述交叉口特征的基础上更进一步的描述方法。但是，不同软件转向描述的精细程度不同，这是影响交通模型精度的一个关键。

表 3-5 为 Visum 和 EMME 转向定义比较，从表中可以看到，Visum 和 EMME 都是通过 3 个节点编号来唯一标识转向的。Visum11 使用专门的交叉口编辑器进行交叉口详细定义，定义的内容集合了以往版本中节点、路段、转向、车道、车道转向属性，以及信号配时(基

于信号灯组或基于相位的配时方法、多交叉口的信号协调等)等内容。新的交叉口编辑器还能够细致模拟公交专用道与进口道各车道的衔接情况,如图 3-2(a)所示。这些详细定义主要影响进口道通行能力、延误和服务水平的计算。

表 3-5　　Visum 和 EMME 转向定义比较

元素	Visum				EMME			
	主键	基本属性	可进行的操作	自定义属性	主键	基本属性	可进行的操作	自定义属性
转向	起节点编号、交叉口节点号、终止节点编号	编号、名称、编码、转向类型、通行能力、自由流行程时间、标准转向、允许的交通系统	新建、编辑、复制、生成对向属性、删除,多选编辑	3 个 Add-value 及其他	编号	起节点编号、交叉口节点号、终止节点编号	转向惩罚函数索引号、允许交通系统	3 个 UP 及其他

EMME 采用了宏观仿真软件的一般做法,根据转向类型(左、直、右)使用不同转向惩罚函数 tpf 来描述转向关系,如图 3-2(b)所示。随着宏观软件逐渐"微观化"发展,EMME 的转向描述可能会影响局部(特别是饱和度较高)交叉口的仿真程度。在 GUI 方面,EMME3 在操作性和数据界面的互动性方面与 Visum 差距较大。自定义属性方面,EMME 和 Visum 一样,提供了标准的自定义属性和可扩展的附加属性。

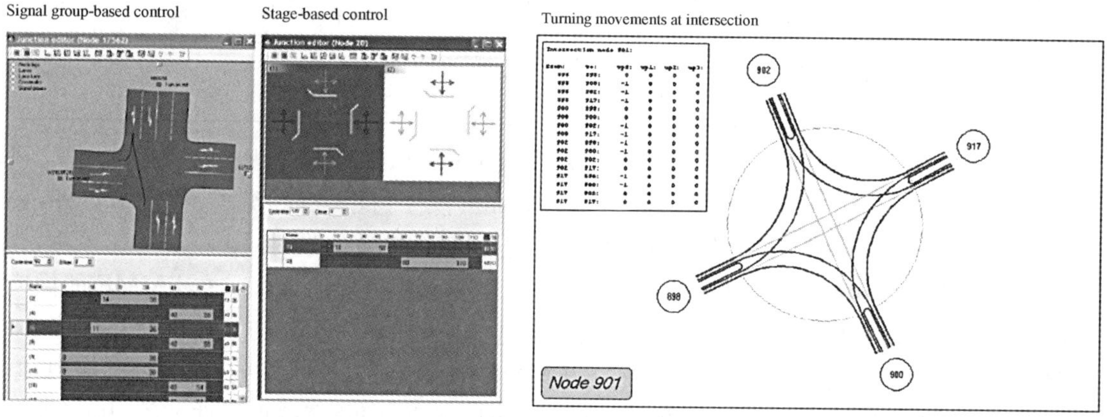

(a) Visum　　　　(b) EMME

图 3-2　Visum 和 EMME 转向定义比较

3. 路段

路段是连接两个节点的有向线段,是现实中城市道路、公路、轨道的抽象表现。路段储存了用于模型分析计算的大量信息,包括路段阻抗、行程时间以及车流量等,除此之外可对专用道、单行道、HOV 车道、路段收费进行特殊的定义。路段之间的转向关系定义也至关重要。从表 3-6 的比较中可以看到,Visum 采用了两个主键来标识路段,路段编号关联车道属性表、起节点和终节点编号关联转向属性表。并且 Visum 中不同方向的路段在数据库中是两条独立的记录,虽然享有同一个路段编号,但是可以通过起终点号以及该方向是否开放的字段来识别两个不同方向的路段。这一数据管理方式便于今后基础数据的更新和与外部系统的数据交换。

相对的，EMME 采用的是 inode→jnode 的唯一识别方式，然后通过是否双向的判别字段(数据文件中使用=)来加以区分，而没有唯一的编号。EMME 中路段包含两种意义，可能是普通路段，也可能是小区连接线。在数据文件中，小区连接线可以通过端点的属性来识别。由于 EMME 的数据输入输出都是使用特定的文件格式实现的，这样的定义方式给数据处理和数据交换带来不便。

表 3-6　　Visum 和 EMME 路段定义比较

元素	Visum				EMME			
	主键	基本属性	可进行的操作	自定义属性	主键	基本属性	可进行的操作	自定义属性
路段	编号、起节点编号、终节点编号	长度、直线距离、路段类型、允许交通系统、车道数、通行能力、自由流车速、行程时间、公交行程时间、限制车速……	新建、编辑属性、删除、编辑线形、打断线段，多选编辑	3 个 Addvalue 及其他	起节点编号和终节点编号(顺序)	长度、车道数、单双向、路段类型、允许交通系统、路段延误函数编号	新建、删除、编辑属性、多选复制属性	3 个 UL 及其他

4. 小区

交通小区用以描述区域地理位置和出行产生、出行吸引特征，通过小区连接线与道路网连接。EMME 中没有小区边界的概念，小区是通过节点中的小区形心的定义完成的，基本属性见节点小节。Visum 中小区通过编号与小区连接线属性表相关联。在小区操作中，可以描述小区边界、计算小区形心位置、合并小区、拆分小区。此外，还可以在不破坏小区定义的基础上，使用大区、中区的概念来绘图分析，这一功能 EMME 中通过 zone groups or partitions(mod3.01)实现。

表 3-7　　Visum 小区定义比较

元素	Visum			
	主键	基本属性	可进行的操作	自定义属性
小区	编号	编号、名称、编码、小区类型、坐标、小区连接线、需求分配方法、OD 需求	新建、删除、编辑边界、自动生成小区、多选编辑(Determine centers of gravity)，此外还可以合并小区、拆分小区，可以定义大区、中区用来显示或者绘制期望线	3 个 Addvalue 及其他

5. 小区连接线

小区连接线是连接交通产生吸引点与交通网络的最重要的介质，通过连接点的设置、连接线通行能力和延误函数的定义可以描述各交通产生吸引点与周边道路的连通性。小区连接线的设置和定义具有一定的技巧性：

(1) 研究区域内的小区连接线需要结合实际小区开口情况详细定义连接点位置、长度、通行能力、延误函数等属性，尽可能地反映该小区的道路连通情况；

(2) 研究区域外的小区连接线由于长度差异较大，应该调整延误函数定义，减小与长度的相关性；

(3) 小区连接线可以对所有私人交通模式开放，但是在公交模型中，默认公交方式到起终点必须通过步行连接，因此连接公交站点和小区连接线的路段必须只对步行方式开放；

(4) 小区连接线尽可能地连接低等级路段，而不连接高等级路段或者直接连到节点，这样可以避免流量向高等级道路集中，造成支路上无流量。

EMME中小区连接线的定义是在路段定义中完成的，基本属性见路段小节。

表3-8为Visum小区连接线定义。Visum中可以选择小区连接线上做交通需求分配，既可以按连接线自由流时间进行分配，也可以指定分配比例。同样，公共交通需求也可以按照连接线上的自由流运行时间或者指定比例分配。不同的是私人交通按可以针对小区所有的出行需求进行比例分配，也可以针对每一对OD进行；而公共交通则只能针对每一对OD进行比例分配。需要注意的是，公共交通的小区连接线最好直接用步行连线连到公交站点上。

表3-8　Visum小区连接线定义

元素	Visum			
	主键	基本属性	可进行的操作	自定义属性
小区连接线	编号	起始小区编号、达到节点编号、类型编号、长度	新建、编辑、删除，多选编辑、自动生成connector分为PrT和PuT：公交需要选择connector节点生成方式	3个Addvalue及其他

EMME中连接线是通过路段定义完成的，因此只能通过连接线上定义的延误函数调节小区交通需求的自由分配或者比例分配。

6. 路径

路径作为可编辑的路网对象首次出现在Visum11中，它是由起点、顺序连接的路段、交叉口、直至终点形成，起终点可以是小区形心点，也可以是普通节点。表3-9为Visum路径定义。在Visum中，分别有路径集(path set)、路径(path)和基于路段的路径(path on link level，不包括交叉口)三种路径概念。在Visum11中不仅可以通过list显示路径信息，还可以以路径或路径集为单位进行流量修改操作，修改操作将会对下一次分配结果产生直接影响。EMME中还不能对路径进行直接编辑。

表3-9　Visum路径定义

元素	Visum			
	主键	基本属性	可进行的操作	自定义属性
路径集	路径集编号	编号、编码、名称	新建、编辑属性、选择、删除	3个Addvalue及其他
路径	路径编号	所属路径集编号、路径编号、起始小区编号、到达小区编号 路径集：流量、长度、目标路径集比例、实际路径集比例 需求组：流量、阻抗、收费	新建、编辑属性、选择、删除、编辑路径线形、分配矩阵、路径转换	需求组：3个Addvalue及其他

在交通分配后，交通需求被分配到筛选出来的路径上，因此路径存储了关于OD之间的流量、行程时间、车速等信息，其结果随着初始化分配会被删除；而分配流量集中的路径可以得以保存，不会随着初始化分配被删除。

Visum11中重要的改进之一是增加了路径转换功能：①转换分配结果为路径集；②转换路径集为分配结果；③转换路径集为另一路径集；④转换分配结果为另一分配结果。此外，还增加了分配矩阵到路径上的功能。这一功能在交通影响分析中非常有用，把新增加的流量叠加到背景流量上可以得到新建设施对原有路网的影响。对于公共交通中的路径，可以转换为通路(connection)或者路线(route)。通路是包含了每一段公交站点间的路径信息、到达与离开时刻信息等的路径。而路线仅为公交线路上所有通路信息的总和，没有分段的详细信息。在基于时刻表的公交分配中可以选择保存路径为通路、路线或者不保存。

7. 公交站点、站点区域和车站

公交站是公交线网的基本组成元素，在不同的软件中，公交站的描述和表现方式并不相同。Visum 将现实中的公交站抽象成三种规模的公交对象：公交站点(stop point)、站点区域(stop area)和车站(stop)，见图 3-3。

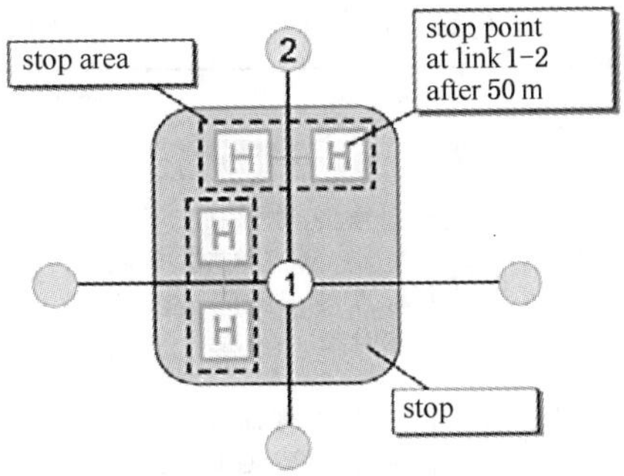

图 3-3　Visum 公交站分层定义

公交站点，简单地说是对应于每一块公交站牌，建模时公交站点可以建在节点上，也可以建在路段上；可以分方向，也可以双向共享，这取决于建模的细致程度。值得注意的是，Visum 中公交站点可以使用路网中的实际节点(交叉口或路段)，也可以采用动态投影的技术映射到路段上，而不实际打断路段。第一种方式的优点是将公交系统和路网物理连接，与其他方式互动；第二种方法有利于保持路网的连续性和节约节点数，但此时公交站点不能直接与路网相连(需建立站点区域连接点)，路段上的公交行驶时间是预定值，方式间互动不足。

公交站点区域，表示了公交站的一部分区域，可以是公交或者火车月台、进口道公交停靠站、P&R 停车场、换乘大厅等。一个公交站点区域可以包括多个公交站点，但是只能属于一个公交车站。因此，同一个公交站的公交站点区域之间可以通过建立换乘步行矩阵描述公交线路间或者交通系统间的换乘时间。

公交车站，它可以包含多个公交站点区域和多个公交站点。可以在视图中显示和定位，但是不能直接分配到节点或路段，因此是一个概念型路网元素。

如果需要模拟复杂的公交枢纽，用户可以把这三个层次的路网对象分开定义。一个公交车站可以包含多个站点区域和站点。用户可以在公交车站的编辑窗口定义不同站点区域之间的换乘时间矩阵以及换乘等待时间矩阵。

在 EMME 中，公交站的定义是在节点定义中完成的，只能通过一些附加属性加以区分。在表现形式上，即为路网中的实际节点，如果须描述路段公交站时，则需要打断路段，生成节点，这对于保持路网的连续性较为不利。但是这样的好处是，公交车辆运行在机动车道路上和其他社会车辆产生互动，较好地反映出私人交通和公共交通之间的相互影响。表 3-10 为 Visum 和 EMME 公交站定义比较。

8. 公交路线和时刻表

公交线路(line)是运营在一定路径上的公交车队的总称，一条公交线路可以有多条公交路线(line route)组成。比如北安线是一条公交线路，而北安区间线、北安线、北安跨线则是具有不同路径的三条公交路线。公交线路的首末站必须使用实际节点。

Visum 中可以在公交线路属性窗口和时刻表编辑器中定义所有公交运营相关属性，如站间距、发车间隔、公交车速、停靠时间、运行时间、换乘方式等，也可以在 GUI 中修改和编辑线路线形。图 3-4 为 Visum 公交时刻表编辑器。

EMME 公交定义分为线路和线段两部分。EMME3 中 GUI 的公交定义和操作更加便捷和迅速。但是时刻表需要根据每条线路的车头时距计算，没有专门的时刻表编辑器。表 3-11 为 Visum 和 EMME 公交线路定义比较。

表 3-10　　Visum 和 EMME 公交站定义比较

元素	Visum				EMME			
	主键	基本属性	可进行的操作	自定义属性	主键	基本属性	可进行的操作	自定义属性
公交站点	编号	编号、名称、编码、类型、位置、站点区域、车站、标准停车时间、首末班车时间	新建、编辑、删除、查询、多选编辑	3 个 Addvalue 及其他	编号	编号、二维坐标	添加、编辑、删除、移动、多选、复制属性	3 个 UI 及其他
站点区域	编号	编号、名称、编码、类型、位置、车站、连接节点	新建、编辑、删除、多选编辑	3 个 Addvalue 及其他				
车站	编号	编号、名称、编码、类型、位置、站点区域、站点、站点区域步行时间、特殊的步行时间、等车时间(仅在基于车头时矩的公交分配中有效)	新建、编辑、移动、删除，多选编辑属性、合并，编辑时刻表	3 个 Addvalue 及其他				

(EMME 列各单元格在原表中跨三行合并。)

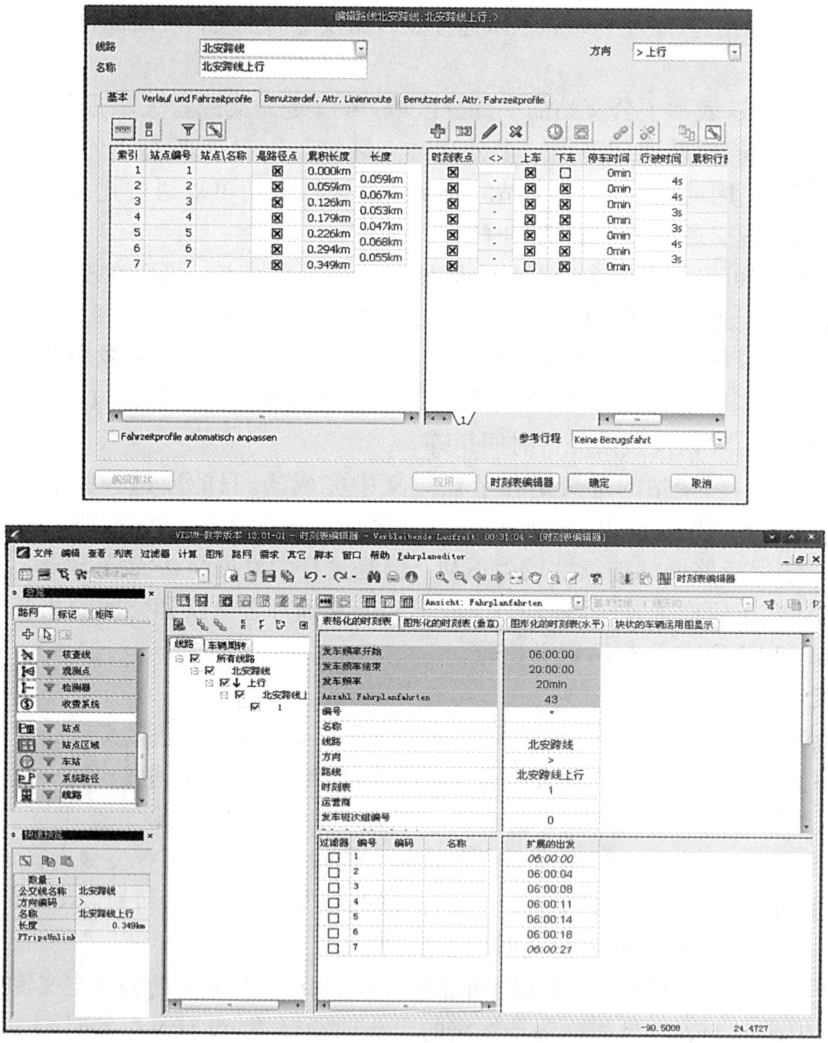

图 3-4　Visum 公交时刻表编辑器

表 3-11　　Visum 和 EMME 公交线路定义比较

<table>
<tr><th colspan="5">Visum</th><th colspan="5">EMME</th></tr>
<tr><th>元素</th><th>主键</th><th>基本属性</th><th>可进行的操作</th><th>自定义属性</th><th>元素</th><th>主键</th><th>基本属性</th><th>可进行的操作</th><th>自定义属性</th></tr>
<tr><td rowspan="2">公交路线</td><td rowspan="2">编号</td><td rowspan="2">所属线路、名称、方向、公交系统、公交站点编号、是否路线重要节点、站间距、是否上下车、运行时间、停车时间、时刻表</td><td rowspan="2">新建、复制、生成对向、修改路线（缩短、延长、重建）、合并、删除</td><td rowspan="2">3 个 Add-value 及其他</td><td>公交路段</td><td>编号</td><td>线路名称、起点终点编号、公交出行时间函数编号、停靠时间、上下客限制</td><td>添加、修改、删除</td><td>Us1～3 其他</td></tr>
<tr><td>公交线路</td><td>线路名称</td><td>线路名称、描述、经过节点编号、允许通行交通系统、车辆类型、车头时距（间隔时间）、默认速度、掉头时间（终点站花费的时间）</td><td>修改路线（缩短、延长、重建）、创建反向路线</td><td>Ut1～3 其他</td></tr>
</table>

9. **自定义属性**

两款软件都能提供丰富的自定义属性空间，这些自定义属性可以用来显示和绘图、比较和校核模型等。这些自定义属性可以包括：

（1）小区的土地利用数据（居住人口数、工作岗位数、商业面积等）；

（2）调查数据（路段流量、调查车速等）；

（3）自定义的评价指标。

除此之外，Visum 在动态交通分配模型中还可以定义时变属性，比如定义不同时段内由于交通管制措施对路段通行能力的影响，路段流量和服务水平随之发生变化的规律。

3.2.3　公共交通和机动车网络模型比较

网络基础数据是仿真工作的起点，网络基础模型描述的精细程度是精确的结果输出的前提。公共交通和机动车网络模型具有一定的差异性。

机动车网络模型是城市道路网的抽象，由城市快速路、主干路、次干路、支路组成，主要是由节点、转向、路段、小区、小区连接线组成。城市道路是在一定的社会条件、自然条件、现状条件以及当地的建设条件下，适应城市交通以及其他要求而逐步形成的，城市道路系统因为周围建筑和地下埋设工程管线的限制而不易改变，调整余地也较小。机动车网络模型中，针对不同等级的道路进行路段类型设置，不同路段类型对应着不同的自由流车速以及单车道通行能力等级等。对于某一特定路段还可以进行路段属性设置，如车道数、重型卡车比例设置、允许通行的交通系统等。小区连接线将交通小区与道路网连接，通常将小区连接线一端与交通小区连接，另一端与道路网中的支路连接，而不与快速路、主干路等连接。同时，交通小区连接线通常不止一条，在进行小区连接线设置时，通常设置小区连接线条数为 3～5 条。对于多条小区连接线的交通小区，机动车出行需求默认是均匀分布在各条小区连接线上，对于更为详细的机动车网络模型，可以对各条小区连接线的机动车出行需求比例进行设置。对于机动车在小区连接线上的行驶时间，可以通过属性编辑定义。

公共交通网络模型是由公交线路组成的公共交通路网，与道路网不同，不是实体路网。城市公交线网可以根据城市交通需求，土地利用情况随时调整，变化余地较大。因为道路的某段路段上可以运营多条公交线路，由此带来公交路网的复杂特性，即线路重叠和运营组织方式的灵活性。公共交通网络模型是在机动车网络模型的基础上增加了公交线网。公交网络包含公交线路集合和供乘客上、下车以及换乘的站点节点集合，它是由一组车站及连接车站的公交路段组成，每条公交路段都对应有一组公交线路，乘客只能在车站才能上、下车或转乘其他公交线。这种情况下需要对机动车网络模型进行检查，主要是路段允许交通系统设置，检查是否对公共交通系统开放。在建立公共交通网络模型之前，还需要对公交运营数据和需求数据进行搜集，公交运营数据主要包括公交线路走向、站点、运营时刻表等。通过公交线路属性窗口和时刻表编辑器对公交运营相关属性进行编辑，如站间距、发车间隔、公交车速、停靠时间、运行时间、换乘方式等，这样就建立了一个公共交通网络模型。此外，还需要对小区连接线进行重新设置，由于公共交通系统对象主要是人，所以公共交通网络小区连接线允许步行与公交网络连接，小区连接线步行时间可以通过改变步行速度进行设置。

3.3 交通需求数据模型

交通需求数据模型是将现实交通世界中社会经济、土地利用、车辆拥有政策等因素对个人或者具有相同出行特征的群体的影响与实际调查到的出行产生量和吸引量用数学模型联系起来，然后根据各交通小区的需求产生、吸引特征将这些产生量和吸引量按照不同的交通方式比例分配到道路网和公交线网上。这样一个抽象过程中使用的需求模型元素包括需求单元、阻抗矩阵、OD 矩阵等。现阶段宏观仿真软件的需求模型仍以应用和改进传统的四步骤模型为主，同时尽可能地引入新的理论和算法。

3.3.1 交通需求模型元素

在四步骤模型中，需求模型元素包括需求单元（demand stratum and demand segment）、阻抗矩阵（skim matrices）以及 OD 矩阵（OD matrices）。在 Visum 最新版本以及 EMME 中，将阻抗矩阵和 OD 矩阵合并为需求矩阵统一操作。

1. 需求单元

对于四步骤模型最基本的需求单元是需求层（demand stratum），它代表了某种类型出行者或者群体的出行特征，包括出行目的（以 activity 表示）和职业、年龄、车辆拥有情况（以 person group 表示）等。需求层应用于四步骤模型的出行生成、出行分布和方式划分的计算。

1）需求层

需求层构成了出行生成、出行分布和方式划分计算中所需的基本需求对象。它将活动链与一个或多个人群关联起来。一个模式的需求层通常集计到需求组成，然后这些集计的需求组成被分配到路网上。需求层通常按拥有交通工具、就业状况等条件进行区分。例如，需求层—职员、有车和需求层—非职员、有车。如果研究区域中无收费道路，则就业状况对于分配中的路径选择不重要，即任何人可选择起点小区和终点小区间的相同路径。因此，需求层可被集计到需求组成来完成分配。

2）需求组成(demand segment)

需求组成是一个需求组合或一个需求类，由于需求对于组合是均质的，故可直接指派到某一网络。需求组成的例子如小学生或通勤人员。从起点小区到终点小区的行程时间按每个需求组成分别计算。需求组成不同于需求层。

需求层经过前三步骤计算后成为需求组成部分，供交通分配计算。因此，需求组成部分联系了交通供应和交通需求两个方面。每一个需求组成部分只对应一个出行方式(例如私人小汽车 PrT 或公共交通 PuT)、一个 OD 矩阵，用以区分对路径选择产生影响的需求类型，可能是多个需求层的汇总。

需求组成可以进行以下区分：

(1) 人群类型：使用小汽车的在职人员、通勤人员、使用公交的学生。

(2) 车票类型：单程票、月票。

(3) 车辆类型：柴油汽车、汽油汽车。

(4) 出行目的：上班、上学、购物、娱乐、业务、回家。

2. 需求矩阵

1）OD 矩阵

OD 需求矩阵是需求组成按出行方式划分后的各交通小区间出行分布结果，是交通分配最为重要的输入数据。对于需求矩阵的操作，Visum 提供了各种工具，包括矩阵编辑器、MULLI+附加组件、重力模型计算和标定工具等，以及程序菜单，具体如表 3-12 所示。

表 3-12　　Visum 矩阵编辑功能

Set individual values of selected ranges interactively	Mean value of upper/lower triangle
Filter matrix ranges graphically or set values based on filter criterion	Form reciprocal
Form constants matrix	Raise to power
Add/subtract/multiply/divide matrices	Take logarithm
Form maximum or minimum	Exponential function
Aggregate	Formpartial matrix (non-symmetric aggregation)
Projection: various procedures	Add BoxCox-transformed utility term
Projection of aggregated areas	Add utility term
Transpose	Classify matrix values
Reflect upper/lower triangle	Compute gravity model
Set/Extract diagonal	Calibrate gravity model(KALIBRI)

2）阻抗矩阵

交通分布模型中使用到的阻抗矩阵，是起终点小区间可达性的体现，通常与出行时间或出行距离相关。Visum 中阻抗矩阵可以使用的变量如表 3-13 所示。

表 3-13　　Visum阻抗计算使用变量

T0_PrTSys	TSys specific travel time t0 in unloaded network
TCur_PrTSys	TSys specific travel time tCur in loaded network
AddValue1…3	Sum of AddValue
Trip distance	Distance covered by public transport
Direct distance	Direct distance between v0 in unladed network
Speed V0_PrTSys	TSys specific speed v0 in loaded network
Speed VCur_PrTSys	TSys specific speed vCur in loaded network
Toll	Toll of traversed links
Impedance_PrTSys	TSys-specific impedance in unloaded network
TSys-AddValue	Sum of TSys-Addvalue

EMME中也提供了强大的矩阵编辑器(matrix editor),可以完成以上所有OD矩阵和阻抗矩阵的计算。此外,用户还可以编写或者录制宏来利用矩阵编辑功能进行需求模型的完整建模,包括交通产生、吸引、分布和方式划分,甚至模型标定。EMME矩阵编辑器如图3-5所示。

```
Database Title:    Emme Standard Demonstration and Course Database
Scen. 6001(--- A-): visum
1.   U T I L I T I E S
2.   N E T W O R K   E D I T O R
3.   M A T R I X   E D I T O R
3.01 Input / modify / output zone groups
3.11 Input matrices using batch entry
3.12 Input / modify matrices interactively
3.13 Plot    matrices
3.14 Output  matrices
3.16 Plot histogram of matrices
3.21 Matrix calculations
3.22 Matrix balancing
3.23 Triple-index operations
```

图3-5　EMME矩阵编辑器

与Visum不同的是,EMME矩阵虽然可以在表单界面观看,但是必须在命令行中完成计算。而且矩阵的输入必须通过特殊格式的文本文件完成,特别是全矩阵的输入过程较为复杂。在最新的3.2.1版本中EMME提供了较为便捷的全矩阵输入方法,见图3-6。

3.3.2　需求模型种类和构建方法

现阶段宏观仿真软件的需求模型尽可能地引入新的理论和算法,如PTV在Visum原有的四步骤模型基础上推出了改进的EVA需求模型和基于活动链的需求预测模型。由于EMME中需求模型完全由用户自定义,因此本节以Visum提供的需求模型模块为例,介绍常用的需求模型。在Visum中有三个需求模型可以直接使用,包括标准四步骤模型、EVA乘客需求模型以及基于活动链的模型(VISEM)。

1. 标准四步骤模型

四步骤模型包括出行生成、出行分布、方式划分和交通分配(图3-7)。一般地,前三步骤是顺序进行的,前一步骤的输出结果是下一步骤的输入。最早的四步骤模型最大的问题是需求分配前后网络上阻抗的不一致,导致无法得到稳定的路网流量。为了解决这个问题,通常采用“反馈的”四步骤模型,重复后三步骤使得模型结果逐渐稳定(图3-8)。

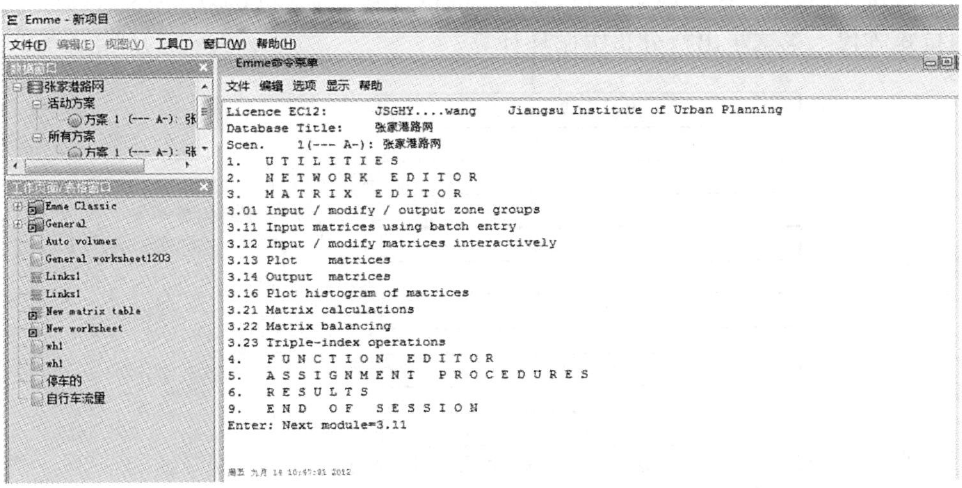

按需要修改以下内容：

3.11 INPUT MATRICES USING BATCH ENTRY

←定义文本文件

Enter：File name for batch input=d:/d311.in←输入文本文件位置

图 3-6　使用 csv2EMME.py 输入全矩阵

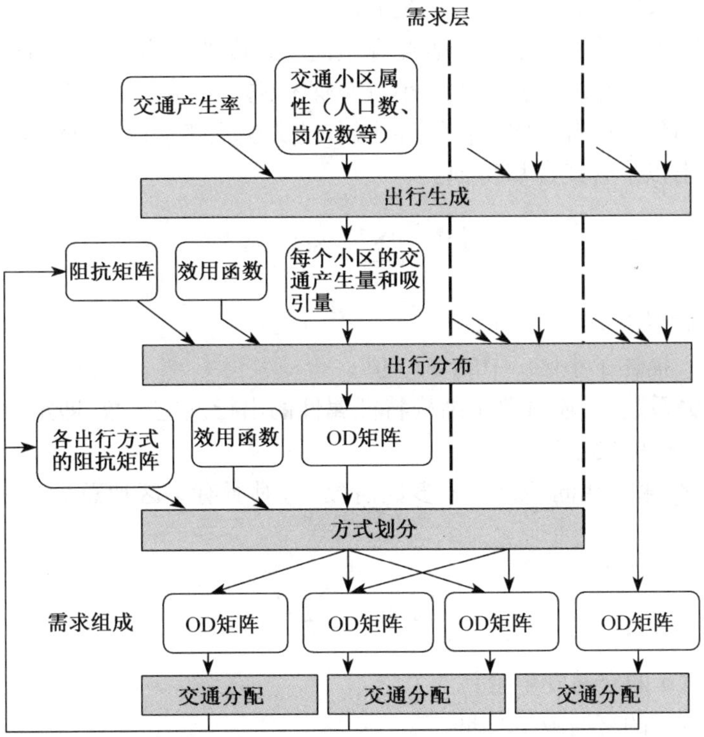

说明：Visum中采用交互式四步骤模型。

图 3-7　传统四步骤模型过程

为了改进反馈效果，提高收敛速度，从 Visum9.4 版之后可以使用 MSA（连续平均法）处理阻抗矩阵代入第二步出行分布中循环计算。

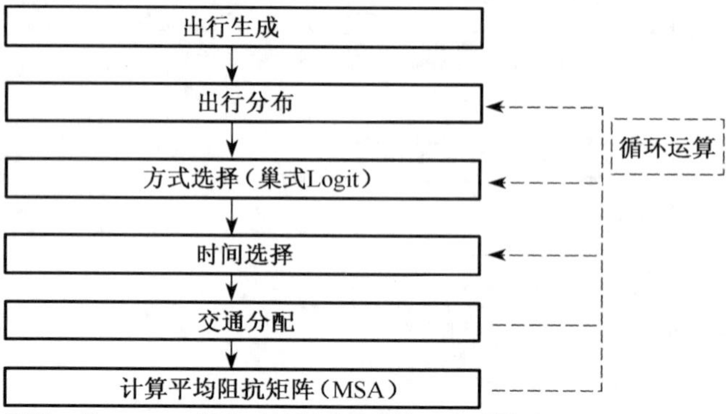

说明：从Visum9.4版本开始提供扩展的四步骤模型。

图 3-8　改进的四步骤模型

1）出行生成

本阶段计算每个小区和需求层的起点和终点需求量，又被称为发生和吸引。发生可与该小区实际产生的起点交通相等，即从该小区出发的交通量，也可以反映该小区对需求层的吸引力，并由此影响后续出行分布中由该小区出发的概率。采用以上的哪一种方式由出行分布中的程序参数来确定。终点交通也是如此。

小区中某一需求层的发生取决于表述发生活动强度的结构或人口指标。对于发生活动“家”，将小区中的居民数按年龄、收入或小汽车保有进行划分。对于发生活动“工作”，可按岗位数划分为两部分。针对这些特征属性，最佳的方法是建立用户自定义小区属性。首先，小区 i 的发生 Q_i 由以下公式计算得到：

$$Q_i = \sum_g a_g SG_g(i) \tag{3-1}$$

式中　SG_g——所有结构特征属性；

$SG_g(i)$——描述了小区 i 中的 SG_g 值；

a_g——相关系数，描述每单位结构特征属性的出行发生次数，即定义每个需求层和小区属性的发生率。

小区的吸引 Z_j 采用相同的计算。多数情况下，对所有小区加总后，一个需求层的总产生等于总吸引。

$$\sum_i Q_i = \sum_j Z_j \tag{3-2}$$

式中　Q_i——小区 i 的交通发生量；

Z_j——小区 j 的交通吸引总量。

如果发生与吸引总量之间无法实现平衡，也可通过程序参数设定来决定发生与吸引总量是否必须进行迭代收敛计算，以满足两者相等。可选择总发生量作为参考值，最终每个小区的出行发生结果将按需求层存储于特征属性中。

2）出行分布

出行生成中计算得到的发生和吸引仅仅确定了一个需求层的需求矩阵总值约束。矩阵所包含的元素本身则需在程序出行分布中计算。一方面，某一起点小区至某一终点小区的概率是建立在终点小区对需求层的吸引力上（通过终点需求＝吸引力来评估）；另一方面，从起点小区至终点小区之间的出行阻抗也是十分重要的（通过行程时间、车票或其他综合成本元素的特征矩阵来度量）。这些输入数据准备齐全后，便可构建重力模型并求解，但需要注意以下几点：

（1）各小区的起点和终点交通量必须按需求层统计在小区属性发生和吸引中；

（2）对于每个进行出行分布计算的需求层，必须制定一个用于存储结果的需求矩阵；

（3）可事先估计重力模型的参数。

3）方式选择

通过与交通模式相关的阻抗特征（如行程时间、成本等）将总需求（总需求矩阵）划分到每个需求层的各交通方式上（例如 PrT，PuT）。对于每个交通方式 m，根据阻抗参数的线性组合计算得到效用：

$$U_{ijm} = \sum_{g} \beta_g c_{ijmg} \tag{3-3}$$

式中 c_{ijmg}——小区 i 到小区 j 之间采用交通方式 m 出行的成本类型 g，如车内时间、费用、步行时间、等车时间等；

β_g——成本类型 g 所对应的系数。

根据不同交通方式的效用计算得到各 OD 对之间的各个方式出行比重。常见的 Logit 模型如下：

$$p_{ijm} = \frac{e^{c \cdot U_{ijm}}}{\sum_{k} e^{c \cdot U_{ijk}}} \tag{3-4}$$

$$T_{ijm} = p_{ijm} T_{ij} \tag{3-5}$$

式中 T_{ij}——该需求层中 i 小区到 j 小区的出行总量；

T_{ijm}——其中采用交通方式 m 的出行量；

c——系数；

p_{ijm}——i 小区到 j 小区的出行采用交通方式 m 的比例。

需求层可分为两类：①直接关联到对应于一个或多个需求组成的需求矩阵；②所包含的需求矩阵不与任何需求组合相关。

当需求层直接关联到一个需求组成的矩阵时，则不进行交通方式选择运算。若需求层包含的矩阵不与任何需求组成相关，则按每个需求层来确定各交通方式对应的需求矩阵，这些矩阵必须被添加到交通方式选择中。

2. EVA 乘客需求模型

EVA 模型是由德累斯顿技术大学研究所开发的前三步骤的改进模型（Lohse，1997）。这个模型与四步骤模型的不同在于：它能够强有力地链接三个步骤，交通分布和方式划分同步进行，使得每个小区各方式的产生、吸引都能够平衡。作为替代经典交通规划模型的前三步的可选方法，该模型与前文叙述的标准四步骤模型存在以下差异。

(1) 如果出行生成和出行分布各自独立计算，即先后计算，尤其在标准四步骤模型中针对每个活动对独立计算，通常会发生小区的起点交通与终点交通之间存在差异的情况。EVA 模型通过明确的约束步骤联系生成与分布，来弥补起终点交通间的差异。

(2) EVA 模型中执行单步骤离散选择模型来同时进行出行分布和模式选择，该模型针对起点小区、终点小区和模式为索引的三维效用矩阵进行计算。

3. 基于活动链的模型(VISEM)

VISEM 本质上是非集计模型，可以考虑社会人口和交通政策对个体出行行为的影响。VISEM 也包括四步骤模型中前三步骤的内容，但是这三步骤并不是顺序进行的而是相互嵌入的，特别是出行分布和方式划分。基于活动链的计算主要包括以下三个步骤：首先，合并具有相同行为特征和活动安排的人；然后，选择目的地，包括目的地效用函数的选择；最后，选择此次出行的方式或者换乘方式。

3.4 交通分配技术及应用

将需求模型和供应模型结合起来，分配出行需求矩阵到交通网络上（道路网、轨道网络、公交网络等）是交通分配的主要任务，这一“输出”部分，是获得交通分析和评价的定量数据的关键。分配模型一般可分为机动车分配模型和公共交通分配模型。

3.4.1 交通流分配模型的数据准备

1. 路网准备

确定城市快速路、主干道、次干道和支路，通过对城市主城区的交通调查，获得道路的交通量、车速、延误、出租车出行、中心城区道路网络、大型交通源分布等调查数据。利用这些数据，建立城市路网模型，这个路网模型包括预测所需的所有线路，路段属性数据至少包括道路等级、路段长度、速度、通行能力和允许的交通系统等。

2. OD 分布矩阵

需求矩阵用于存放交通量、出行距离、出行时间等，是交通分配模型必不可少的数据。一般由于时间、经费等诸多条件的限制，不可能通过大样本的 OD 调查来获取城市的交通出行结构、分布特征等规律。可在出租车 OD 矩阵的基础上推算机动车的 OD 矩阵，从而建立城市机动车交通需求分析模型。

3. 路阻函数的确定

在交通分配过程中，必须准备的网络属性有时间、路段的通行能力、预先加载的路段交通量、表示路段类型的代码、路阻函数的形式和相应的 α，β 参数取值、运行的最大迭代次数以及收敛标准。

3.4.2 机动车交通分配模型

机动车分配模型的实质是模拟不同需求类型或目的的出行者群体如何在一定供应水平的路网条件下选择起讫点之间的最优路径，最终达到供需均衡的问题。所有采用计算机仿真来完成分配的方法都基于 Wardrop 用户均衡原则，即任何用户都不能单靠改变出行路径来改善出行的时间（费用）。因此，交通分配假定每个出行者都使自己的出行时间或费用最小化或最优化。通过相同条件下的路网模型的实验比较影响分配模型精度的阻抗和延误函数的形式，评价几种典型分配模型的性能表现。

1. 阻抗和延误函数

“阻抗”是交通分配模型中最基本但也是最重要的概念之一，用以描述路段、交叉口的客观限制对于车流量通过的阻碍作用。客观方面包括预期某路径上的出行时间、路径长度、道路收费等对出行路径选择的影响，主观方面包括出行者对于道路信息的掌握程度，比如是否有其他可供选择的路径，或者某条路径是否经常拥堵等。一般不熟悉道路的出行者更多依靠道路标识和诱导信息选择路径；此外，出行者对于某些路径的偏好也会影响路径选择。交通仿真软件的阻抗函数有以下几类：

(1) 路段阻抗：与路段长度、路段通行能力、路段自由流车速、车辆设计车速、路段收费等有关。

(2) 节点阻抗/转向阻抗：与信号配时、车道划分有关。

(3) 小区连接线阻抗：与流量有关。

当然，有些交通仿真软件也能够在分配算法中考虑变化的阻抗定义，部分实现主观因素对路径选择的影响。Visum 和 EMME 对于路段阻抗/广义费用的定义可以用式(3-6)和式(3-7)表示：

Visum $$\text{Impedance} = \text{time factor} \cdot t_{\text{Cur}} + \text{factor} \cdot \text{attribute} \tag{3-6}$$

EMME $$\text{Generalized Cost} = \text{timau} + \text{attributei} \cdot \text{weighti} \tag{3-7}$$

式中 Impedance——路段阻抗；

t_{Cur}——行程时间；

time factor——时间因子；

attribute——路段其他属性，也可以使自定义属性；

factor——路段其他属性对应的惩罚因子；

Generalized Cost——路段广义费用；

timau——行程时间；

attributei——相关费用属性；

weighti——路段属性对应的权重。

阻抗定义主要有两部分组成，即时间＋费用。其中时间是出行者在路段上的实际出行时间，是通过延误函数计算获得的，而费用可以是高速公路收费、拥挤收费，或自定义费用。

2. 时间阻抗

1) 路段

时间阻抗是根据延误函数得出的实际通行时间。延误函数是基于经典交通流理论，描述当地当时情形下的流量和时间关系的单调递增函数。在建模过程中需要根据实际情况进行严格标定。常用的路段延误函数如表 3-14 所示。路段延误函数包括各项路段属性：允许通行的交通系统、路段类型、车道数、长度、通行能力、自由流车速、自由流时间、坡度、车流量、各交通系统流量，以及附加属性 Addvalue1～3。运算符号和可调用的数学函数与 DLL 编写软件有关。

Visum 在提供表 3-14 的常用延误函数以外，还提供诸如 CONICAL(Spiess)，EXPO-

NENTIAL，LOGISTIC，Linear Bottleneck 以及常数函数。这些内置的延误函数形式无法更改，但是参数值可以调整。

表 3-14　　　　　　　　　　　　常用延误函数

VDF 函数	函数形式	变　量	特　点
美国 BPR	$t_{cur}=t_0\cdot(1+a\cdot sat^b)$	b 可设定，默认 $a=1$，$b=3$，t_0 为路段自由流行驶时间	经典形式
美国 BPR2	$t_{cur}=t_0\cdot(1+a\cdot sat^b)\quad sat\leqslant sat_{crit}$ $t_{cur}=t_0\cdot(1+a\cdot sat^{b'})\quad sat>sat_{crit}$	a，b，b' 均可设定，默认 $a=1$，$b=2$，$b'=2$	饱和和非饱和状态下 b 取值不同，更真实，收敛速度更快
美国 BPR3	$t_{cur}=t_0\cdot(1+a\cdot sat^b)\quad sat\leqslant sat_{crit}$ $t_{cur}=t_0\cdot(1+a\cdot sat^b)+(q-q_{max})\cdot d\quad sat>sat_{crit}$	a，b，d 均可设定，默认 $a=1$，$b=2$，$d=0$	在饱和状态下增加额外的延误惩罚系数 d
AKCELIK	$t_{cur}=t_0+\frac{3\,600}{4}\cdot a\cdot\left[(sat-1)+\sqrt{(sat-1)^2+\frac{8\cdot b\cdot sat}{d\cdot a}}\right]$	a = 观测时段长度（单位：h），d = 车道通行能力（单位：veh/h），a，b，d 均可设定，默认 $a=1$，$b=1$，$d=1\,800$	根据 HCM2000 的定义，t_0 是加法而不是乘法
LOHSE	$t_{cur}=t_0\cdot(1+a\cdot sat^b)$ $t_{cur}=t_0\cdot(1+a\cdot sat_{crit}^b)+a\cdot b\cdot t_0\cdot sat_{crit}^{b-1}\cdot(sat-sat_{crit})$	sat_{crit}，a，b 可设定，默认 $a=1$，$b=3$，$sat_{crit}=1$	在超饱和状态下，时间是流量的单调递增线性函数

EMME 中路段阻抗和延误函数的定义是它的一大特色，可以针对不同的路段类型、交通系统类型采用不同的自定义延误函数。只需要在函数编辑器中编写 VDF 函数，调用属性、运算符和内部函数的过程都较 Visum 简便，最后在路段属性中选择相应的函数编号即完成阻抗函数的调用。EMME 可以使用的路段属性如图 3-9 所示。

VDF 函数

关键词	描述
El1... el3	VDF 附加函数参数
Lanes	路段车道数
Length	路段长度
Ul1... Ul3	路段用户定义参数
Volad	路段附加流量(pcu)
Volau	路段附加流量(车辆)

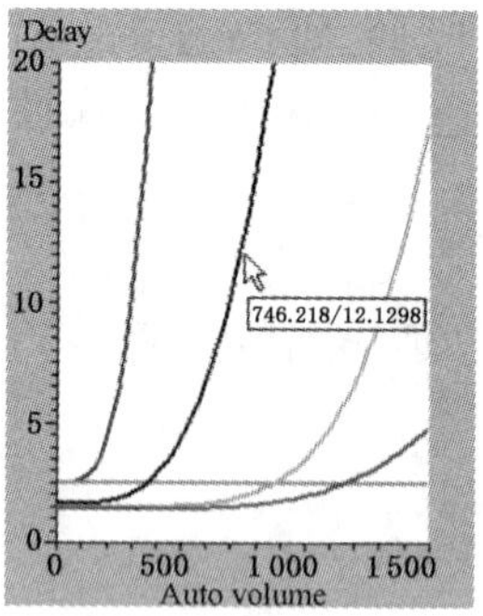

图 3-9　EMME 可以使用的路段属性

2）节点阻抗

不同于路段阻抗，节点阻抗一般只与流量有关，当然也可以考虑惩罚系数。Visum 的节点阻抗定义有三种方法，各自的特点如表 3-15 所示，三种阻抗定义方法的适用情况是不同的。对于大规模的城市交通模型而言，基于转向或者节点的 VDF 定义方式可以满足要求。考虑到所需的输入数据的可得性和可接受的模型计算时间，并不推荐 ICA 计算方法。只有当需要进行局部路网分析或者交叉口服务水平分析的时候，可以使用ICA。在Visum10版本中，ICA的运算速度和可靠性还没有稳定，仅在100个节点左右的路网中适用，并且建议使用Lohse均衡分配法可以更好地反映不同交叉口设计和信号配时影响。

表3-15　Visum三种层次节点阻抗定义特点

模　型	优　点	缺　点
转向VDF函数	输入数据简单(每个转向的通行能力和自由流时间)； 计算迅速； 分配收敛速度快	仅考虑转向流量，而无法考虑冲突车流的影响
节点VDF	输入数据较复杂(除了转向属性外，还有节点的通行能力和自由流时间，以及相连路段的定义)； 计算迅速； 转向延误不仅和流量有关，还受到节点通行能力的限制，可以反映冲突流量的影响	分配收敛速度较慢； 转向建模较ICA方法粗糙
交叉口通行能力分析ICA	阻抗计算精确考虑车道分配和信号控制	输入数据复杂； 计算时间较长； 分配收敛速度较慢，甚至无解

EMME中除了可以自定义路段延误函数外，也可以定义转向惩罚函数(turn penalty function)。用户除了可以构造如BPR函数、双曲函数、Logit选择函数以外，还可以自由地编写满足运算要求的函数形式。

3）小区连接线阻抗

连接线上的阻抗是不受通行能力限制的，仅与流量有关，当然也可以与其他连接线属性相关联。Visum和EMME都提供了自定义延误函数，方法同上。

3. 费用阻抗

阻抗定义中除了由延误函数计算的出行时间阻抗外，很多情况下还需考虑费用因素。Visum和EMME都可以方便地实现基于路段的费用定义。但是，很多情况下路径费用并不是路段费用的线性叠加，现有的宏观仿真软件，无论是Visum还是EMME的费用函数都是基于路段或者转向实现的，无法直接实现基于路径的费用定义。

4. 分配模型分类

Visum和EMME都有一个共同的特点，就是将分配模型作为软件的标准模块提供给用户，其算法是封装的，用户可以灵活选择或组合各种模型，或者修改预定义的模型参数。表3-16为Visum分配模型的适用条件，表3-17为EMME分配模型的适用条件。

表3-16　Visum分配模型适用条件

编号	分配模型	路网规模	路网状态	优　点	缺　点	路径选择
1	增量分配	不限	高饱和度	能够考虑路网容量的限制	分配终止条件为预定的阶段数，很可能最终并不能达到路网均衡	最优路径
2	均衡分配	不限	高饱和度	能够实现用户最优的均衡状态	前提条件为用户掌握所有路网信息，尤其在低饱和度路网中，分配流量较集中，与实际不符	最优路径(集)

续 表

编号	分配模型	路网规模	路网状态	优 点	缺 点	路径选择
3	Lohse 均衡分配	不限	低、高饱和度	适用于用户对路网信息掌握不完全的情形，即使在低饱和度路网中也能寻找到多条路径，分配效果更加符合实际	需要记忆所有路径及其被选择次数，占用内存较大，计算时间较长	多路径
4	TRIBUT 分配	不限	非超饱和度	通过变化的 VOT 反映用户对通过收费来减少出行时间的接受程度，即收费弹性，适合道路收费研究；通过有效路径边界的方法可以尽早排除次优的路径选择，减少占用的内存和提高计算速度；可以获得 OD 之间多条较优路径	对于外部路网的分析不能使用与内部路网相同的时间价值分布曲线；不能分析超饱和路网状况；相对于单标准的均衡分配法，计算量较大速度较慢。	最优路径（集）
5	随机均衡分配	不限	低、高饱和度	可以模拟道路用户对路网信息掌握不完全或者有某种偏好的情况；在低饱和度路网中也可以加载多条路径	需要保存多条路径，占用内存空间较大，计算时间长	多路径
6	回堵模型	5 万条路段以上规模也适用	高、超饱和度	弥补了静态分配没有任何时间参照的弱点，也不像动态分配那样占用大量内存和长时间的计算	仅作为静态交通分配的补充，不能单独使用	—
7	动态用户均衡分配	上百个小区、上万路段和节点、长达一整天	高、超饱和度	克服静态交通分配的不足，能够分析不同时段的交通运行状况，尤其是能够分析拥堵路网的形成和消散过程	内存占用空间较大，计算时间较长	最优路径
8	动态随机均衡分配		高、超饱和度	能够分析过饱和路网随时间变化的特征	内存占用空间更大，计算时间更长	多路径
9	线性用户费用均衡（LUCE）			收敛速度更快	是分配分析工具尚未完善，以及需要储存每个小区、每个需求单位（demand segment）的路段流量，占用内存空间较大，尚需完善	多路径

表 3-17　EMME 分配模型适用条件

编号	分配模型	路网规模	路网状态	优 点	缺 点	路径选择
1	固定需求的小汽车分配		高饱和度	能够处理背景流量问题，能够考虑路网容量限制	当不同车辆不同函数比较复杂时，会产生非对称问题，收敛速度较慢	最优路径（集）
2	可变需求的小汽车分配			能够将公交和机动车两种方式划分和分配过程联合考虑，形成互动的多模式交通系统；能够评价由于交通状况变化对出行者出行与否和选择方式的影响	所需要的相关变量矩阵较复杂，数据要求更为严格	最优路径（集）

续 表

编号	分配模型	路网规模	路网状态	优　点	缺　点	路径选择
3	基于路径的梯度投影			收敛速度较快,并且可以保留所有使用的路径	需要穷举网络中大部分路径,甚至是所有路径,G 收敛速度并没有 LUCE 快	最优路径(集)
4	并行交通分配			对传统的串行算法的改进,利用多处理器环境加快标准均衡分配(FW 法)的计算速度	内存占用空间较大,计算时间较长	最优路径(集)

Visum11 共提供了 9 大类的分配模型(除了 Metropolis)。

(1) 增量分配:分阶段加载路网流量,根据前一阶段的分配流量更新路径阻抗,代入下一阶段的分配过程中,直至所有流量加载完毕。

(2) 均衡分配:在增量分配的基础上,分内外两部分循环计算,内部循环根据 Wardrop 用户最优原则分配流量,使得所有路径上阻抗相同;外部循环寻找更低阻抗的路径。收敛条件为相对误差达到预定要求。

(3) Lohse 均衡分配:在全有全无分配的基础上,更新阻抗进行分配。不同的是新的路径阻抗是根据此次路径流量和之前确定的路径阻抗来共同决定的,也就是所谓的能够通过对路径的"学习"来进行下一次的路径选择。最后所有 OD 按照路径被选择的次数进行分配。

(4) TRIBUT 分配:又称为"双标准"的分配方法,不仅考虑时间,还着重考虑收费的影响。在路径选择中每一辆车都有各自的时间价值,因此采用随机分布的时间价值作为变量。在路径搜寻中采用有效路径边界来寻找最优路径集,然后,根据均衡原则将 OD 流量分配到路径上。其中,最优路径的阻抗计算可以是均衡分配法,也可以是 Lohse 均衡分配法[9]。

(5) 随机均衡分配:除了搜寻最小阻抗的路径以外,也搜寻其他较小阻抗的路径,然后根据 Logit, Box-Cox, Kirchhoff Lohse 或者 Lohse 模型分配流量。

(6) 回堵模型:是动态交通分配和静态交通分配之间的妥协产物,这个模型可以在其他静态分配模型之后使用(不影响路径选择),也可以和静态模型结合使用(作为外部循环,影响下一次迭代的路径选择),主要作用是修正静态分配后超饱和路网内的流量、进口道排队长度和等待时间,可以适用 50 000 条路段以上规模的路网。主要分为两个阶段:①以路段通行能力和排队容纳能力为限制进行流量的传递;②当下游路段饱和后不再加入新的流量,直到下游路段的流量释放完毕。此模型仅对私人交通开放,忽略公交产生的拥堵和排队。

(7) 动态用户均衡分配(DUE):反映流量、通行能力、出行时间随分析时段变化而变化的特点。适用于大规模拥堵路网(上百个小区、上万路段和节点、长达一整天的分析时段),反映由于拥堵或事故引起的排队蔓延和消散过程。优点是克服静态交通分配的不足,能够分析不同时段的交通运行状况,尤其是能够分析拥堵路网的形成和消散过程[10]。

(8) 动态随机均衡分配:引用公交分配中的通路(connection)概念,不仅分配流量到路径上,还要确定每一个通路相应的与时间相关的属性,然后根据随机分配的原则进行多路径的流量分布。

(9) 线性用户费用均衡(LUCE):适用于固定需求的、确定性路径选择和独立弧段费用函数的均衡分配。与其他经典静态分配模型的本质区别是 LUCE 寻找一个中间点到下一个点之间所有的路径,进行均衡计算,得到的路径是树状的路径簇(bush),而不是像均衡分配法那样寻找从出发小区到目的地小区之间的路径,并进行均衡计算,得到一组路径组。

以上这些分配方法不仅适合一种类型的机动车分配,也同样适用于多车种机动车的同时分配(simultaneous assignment)。可以是同一交通系统中不同需求类型的同时分配,比如不同出行目的的需求单位,此时分配过程没有任何不同;也可以是不同交通系统同时分配,如小汽车和 HGV 车辆一起分配,由于这两种车辆可以通行的网络可能有所不同(部分路段采取的禁货管理措施)、高速公路收费标准、延误函数不同等,分配前需要详细定义。但是在分配过程中,必须将所有车辆都转换成小汽车当量(PCU),同时车道/路段的容量也是小汽车当量。当所有车辆有相同的延误函数时,理论上用线性逼近(frank-wolf)可以保证收敛性[11]。

相比较而言,EMME 并没有提供像 Visum 多的模型选择,而只是专注于均衡分配一种,但是根据需求是否可变、多车种如何同时分配等问题展开了较深入的研究。EMME 的标准分配模块中提供了固定需求小汽车分配方法和可变需求小汽车分配方法。

1) 固定需求的小汽车分配

EMME 分配模型的发展经过了 30 多年的历史,在这个过程中不断引入最新的研究成果,因此在分配模块的名称中也可以略见一斑,如单车种或多车种分配、综合费用分配、附加分配功能等。现在 EMME3 将所有这些分配方法归为一种,即附加路径分析功能的综合费用多车种分配方法(generalized cost multiclass assignment with path analysis)。

这种分配方法仍是基于经典的 UE 均衡理论,均衡分配的结果就是所有 OD 间的路径阻抗(generalized cost)相同。其次,multiclass 是指多种类型的机动车需求可以同时参与分配。这一部分与 Visum 的 Simultaneous Assignment 一样,EMME 也可以针对不同类型的车辆设定可以通行的子路网、分类收费、分类延误函数等,并且在标准的分配模型中,也采用换算为标准 PCU 单位的车辆进行分配。这主要基于以下两点考虑:①建立不同车辆的不同延误函数需要大量的数据和研究;②当不同车辆不同函数比较复杂时,会产生所谓的非对称问题(asymmetric problem),这种问题用线性逼近算法来解是不合适的[12]。EMME 没将这种可能的非对称问题作为标准分配模块。这可以避免一些难以解释的结果,比如总流量和运行时间的不唯一性、收敛速度很慢等。但用户可以应用 EMME 提供的模块和宏指令,完成这类研究和应用。

此外,EMME 的固定需求分配可以处理背景流量问题,比如把公交分配流量作为背景流量,在机动车分配过程中考虑它对路段容量的限制作用;又如在交通影响分析中将现状流量作为背景流量,将新设施激发的流量作为分配流量;等等。背景流量影响 VDF 和 TPF 函数,可以和新分配流量一起进行分析和制图。

2) 可变需求小汽车交通分配

由于 EMME 函数编辑和矩阵编辑的强大功能,可以提供可变需求的小汽车交通分配模型。所谓可变需求,是指 OD 需求不再以固定的 OD 矩阵输入,可以针对每个 OD 对设置相应的函数。适用情形包括:将公交和机动车两部分的方式划分和分配过程合并考虑,形成互动的多模式交通系统;评价由于交通状况变化对出行者出行与否和选择方式的影响。同样的功能在 VSIUM 也可以实现,但是需要建立分配→方式划分→分配的循环计算模型。其中,可变需求是通过需求函数 f_a 实现的。需求函数必须是阻抗的非增函数,自变量可以包括阻抗(upqau)、6 个参考矩阵(mat1, …, mat6,表示与可变需求相关的变量,如社会—经济变量矩阵、其他方式的阻抗矩阵、总需求矩阵等)、起终点小区 p 和 q 以及需求函数索引(index)。

3) 基于路径的分配(梯度投影法)

基于路段的算法能够非常有效且方便地求解出交通网络的路段交通量,但是却不能求解出交通网络的路径交通量。随着计算能力的不断提高,对存储空间要求更高的基于路径的算法逐渐成为可行。这方面的研究主要集中在非集合单纯型分解法和梯度投影法[13, 14]。EMME 在 3.2.1 版本中提供了新的模块 5.25,即基于路径的梯度投影(projected gradient algorithm)分配法,配合 mod 6.16 可以执行复杂的路径分析和指标计算:

(1) 计算 OD 对之间所有路径的平均费用;

(2) 减少费用高于平均值的路径流量,增加费用低于平均值的路径流量;

(3) 只保留具有正值流量的路径;

(4) 添加小于均衡解的路径。

梯度投影法收敛较快,并且可以保留所有使用的路径。但是值得注意的是,分配结果仅保证流量和分车种(class)阻抗的唯一性,而其他结果可能与 FW 方法计算结果不同。事实证明,两者的结果相差并不很大。此外,该方法中每一车种的流量在不同的分配设置条件下可能不同,因此在具有反馈机制的迭代过程中平滑的应该是分车种阻抗,而不是分车种流量。已有研究也指出,虽然能够求解出路径交通量,但是这些算法仍然需要穷举网络中大部分路径,甚至是所有路径,在之前 Visum 的 LUCE 研究中可以看到梯度投影法的收敛速度并没有 LUCE 快。

4) 并行算法

并行计算与并行算法是计算技术与新一代计算机相结合的产物,是大规模科学计算的理论基础和支持工具[15]。交通分配并行算法的研究主要有两种途径:①对传统的串行算法进行并行化改造;②结合并行机模型,从问题本身出发研究和设计新的并行算法。事实上,现有的交通分配算法虽然大多是串行的,但是这些算法本身具有很好的并行结构(如 OD 对的相对独立性、最短路径搜索的并行特征),对其进行适当修改就能得到不错的并行版本。除了对传统算法进行并行化改造这一途径外,也有人从问题本身出发研究交通分配的并行算法,即并行分解(parallel decomposition)算法,包括 Jacobi 方法和梯度投影法。

EMME 在 3.2.1 版本中增加了新模块 5.22——并行交通分配(parellel traffic assignment),从本质上来说是对传统的串行算法的改进,利用多处理器环境加快标准均衡分配(FW 法)的计算速度。Visum 暂时还没提供并行算法。

5. 分配案例比较

以 Visum 为例进行机动车交通递增式分配法、平衡分配法、随机分配算法的比较。建立有 8 个交通小区的基础网络模型,假设交通小区 1 至交通小区 4 的小汽车交通量为 2 000

pcu，其他小区之间交通量均为 0。

1）递增式分配法

递增式分配法是按预先设置的比例逐步将 OD 分配到当前阻抗最小的出行路径上，每步都是“全有全无”分配（即同一对 OD 关系上的所有 trips 均选择阻抗最小的路径出行），从图 3-10 的分配结果来看，所有 2 000 pcu 全部分配在中间最短路径上，其他路径流量均为 0。

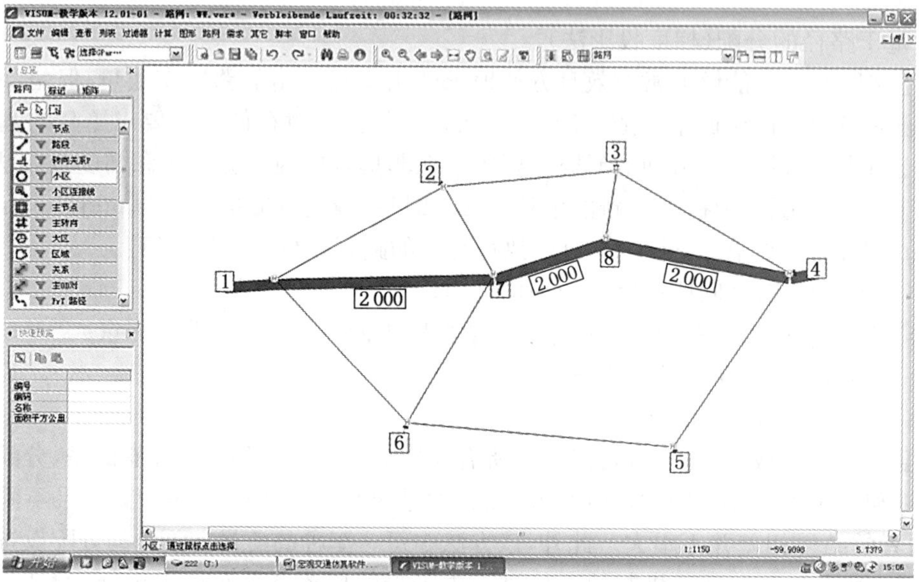

图 3-10　递增式分配法分配结果

2）平衡分配法

平衡分配法的一个重要思路就是假定所有出行者都对出行的路网情况有足够准确的预测，因而，所有的出行者都以路网的最终平衡为目的来选择自己的出行路径。对同一个 OD 关系所有被选择的路径最终阻抗均相同。出行者任意更换一个路径都将导致其他行程阻抗的增加。在平衡分配法中将利用递增式分配后的路网状态作为初始路网状态。从图 3-11 的分配结果表明，所有 2 000 pcu 被分配到两条路径上，一条路径交通量为 1 608 pcu，另一条路径交通量为 392 pcu，两条路径阻抗相等且最小。

3）随机分配法

随机分配法通过设置多次迭代，每次迭代都会找到一条最优路径，即形成最优路径集，最后通过这些路径上的阻抗关系采用 logit，kirchhoff，BoxCox 等模型将 OD 分配到路网中，从图 3-12 的分配结果来看，2 000 pcu 分配到所有可能的路径上。

3.4.3　公共交通分配模型

1. 分配模型发展概况

最初道路交通分配理论被照搬应用于公交分配，但是公交系统的固有特性，使这些模型的实用性受到了质疑，人们逐步开始根据公交系统所呈现的不同问题，研究形成了错综复杂

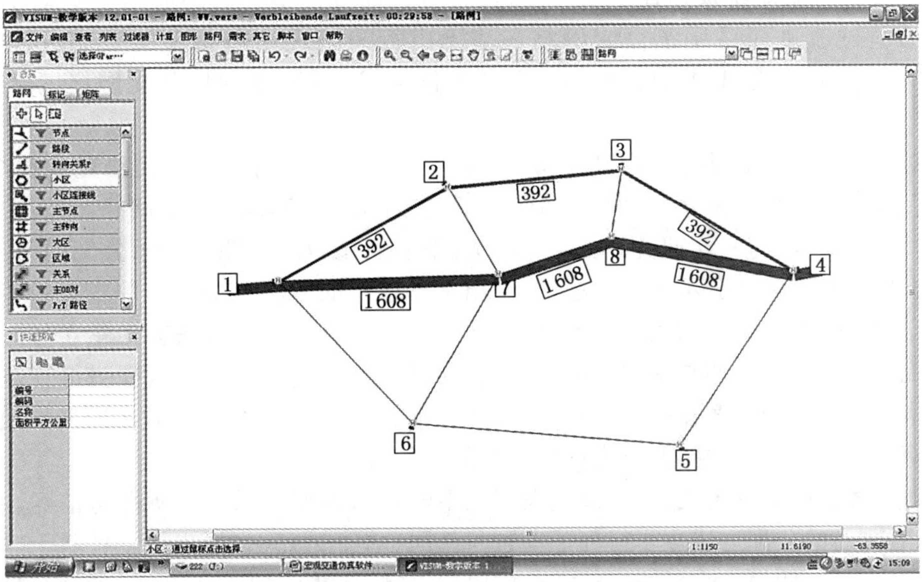

图 3-11　平衡分配法分配结果

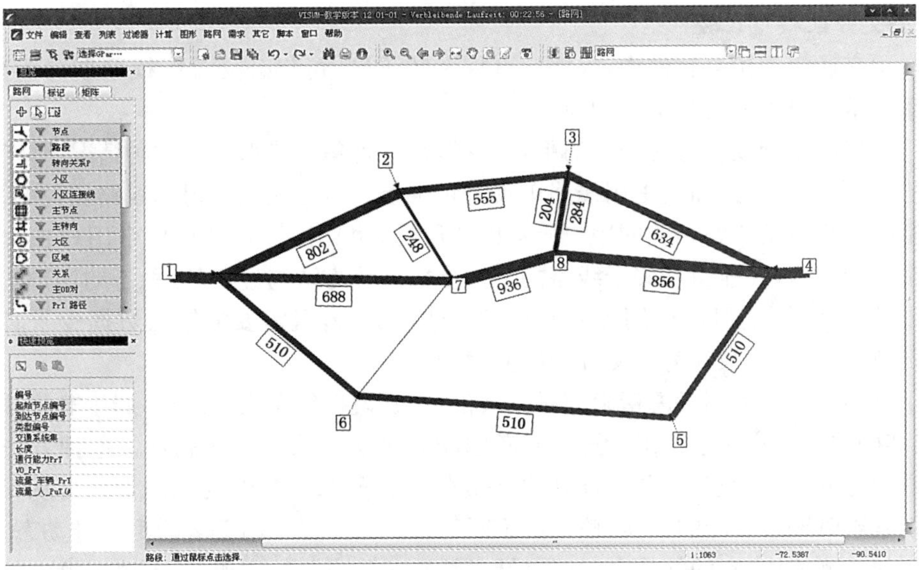

图 3-12　随机分配法分配结果

的公交分配理论系统[16]。最早进行公交分配技术研究的是 Dial,共线问题的提出是公交分配模型发展的开端。共线问题是指选择相应线路集中的第一辆到达的车辆,还是等待更具有吸引力的线路车辆。通过提高乘客获取精确信息的能力,可以避免这一问题。在模型中,Dial 将共线线路合并成一个路段,共线线路的发车频率是其包含线路发车频率之和。同年 Dial 还对标准模型做了改进,提出了 Logit 递推模型,逐个弧段进行计算和分配。LeClercq[17]提出了一种与传统的节点弧段表示法不同的节点-线路表示方法,拉开了公交分配模型研究的序幕。20 世纪 80 年代公交客流分配技术的最大进展是出行策略理论的提出。出行策略不仅抓住了乘客出行的特点，而且使得已有的适用于机动车的均衡分配模型通过改进而适用于公交网络。基于出行策略理论最典型的客流分配模型是Spiess & Florian[18]提出的以优化出行策略为目标、适用于非拥挤公交网络的客流分配方法。

针对传统网络表示方法的不足，Nguyen&Pallothino[19]引入了超级路径的概念。Wu Jiahao[20]给出了公交平衡分配模型的简化分解算法，其网络基础是超级路径，算法的收敛性较好。Wu Jiahao[21]进一步研究了公交均衡分配模型，他以超级路径表示公交网络，将公交均衡分配模型转变为变分不等式问题，并给出两种求解的算法。Lam[22]等提出一种适用于拥挤公交网络的随机用户均衡分配模型，并给出了相应算法。该方法首先建立与拥挤公交网络随机均衡模型等价的数学规划模型。当线路流量达到容量限制时，证明得到该规划模型的拉格朗日乘子同乘客在网络过载下产生的延误是等价的。模型能较为准确地模拟乘客在拥挤网络下选择最优线路的行为和估计总的出行时耗。

随着计算机能力的突飞猛进，以及人们在不断追求模型结果的真实性与精确性的推动下，基于时刻表的分配方法逐步得到了发展与认同。Tong(1984)提出了一种基于时刻表的公交分配模型，在假设公交系统运行完全按照预先制定的时刻表的基础上，通过分枝定界算法计算网络中的OD对间的与时间关联的费用最小路径，并且按照乘客总是搭乘时刻表中的第一辆到达的车辆，将随时间变化的乘客出行需求分配到这些最短路径上去。

2. 公交分配模型比较

在常用交通规划仿真软件中，根据运算特性的不同，可将公交分配模型划分为两大类：基于频率与基于时刻表的公交分配模型。

基于频率的模型仅仅考虑服务的平均频率，是一种集计模型。在这种情况下，车次预定时间无法得到精确考虑，而是采用线路车头时距求得。该方法只能得到线路相关的平均值，而无法精确计算单条线路相关的用户所考虑的属性；也无法清晰计算单个用户在出行线路选择中考虑的要素，仅能得到关于线路的平均参数。该方法与经典的、稳态的用户均衡道路交通分配法一致，因而可以运用类似的技术来建模分析，且需要的输入数据少于时刻表方法，故基于频率的模型被视为公交分配经典模型。

基于时刻表的模型则考虑精确的时刻表信息，并模拟每车次的运行，属于非集计模型范畴，可以准确评估用户在进行出行选择时考虑的几乎所有服务水平属性。这种方法可以同时考虑供给与需求的动态性，并且计算线路负荷与服务水平属性的动态性。自从Tong发表了关于基于时刻表分配的论文，该方法不断普及。由于基于时刻表模型的准动态特性，与基于频率的模型相比，它的优势在于可以针对特殊时间点的特殊服务，预测车辆负荷。但这并不表示在任何情况中基于时刻表的方式是最好的。如果乘客到达或车辆出发的变化显著，基于频率的方法可以得出更加现实的结果。此外，对于高频率系统，并不需要基于时刻表方法中过于详细的数据和计算。

在确定型均衡分配中，假设乘客对于到达终点的总出行费用持有相同的感知度，且一致选用费用最小的线路，在不考虑拥挤的前提下，基于频率的确定型分配模型将乘客按照相应线路的频率分配到可接受路径上去。大多数情况下，只有一条路径会被考虑到，从而导致了全有全无分配。这对于减少运算时间具有吸引力，但会存在分配结果与实际偏差大的问题。

与此相反，随机分配考虑到了用户对于总费用感知上的不同，所有乘客仍然选择各自认为最小费用路径，但是由于他们在最小费用路径上的意见不一定相同，相应选择的路径也会不同。可在分配中增加一个随机因子，不仅可用来描述乘客在费用感知上的误差项，同时假设车辆出发时间具备一定的随机性。这两种假设都将导致交通流被划分到更多的路径上去，因而能更好地反映现实情况，在基于频率和基于时刻表的方法中都可以使用。

Visum 的公交分配模块提供了三种不同细致程度的模型选择，分别是基于交通系统的分配模型、基于频率的分配模型以及基于时刻表的分配模型（表 3-18）。

1）基于交通系统的分配模型

这一模型无法区分每条公交线路，仅仅考虑基础公交路网上的运行时间。分配采用最短路径搜寻，并且这种最短路径不包含换乘点上的换乘时间，但是可以考虑不同交通系统间的换乘时间，例如公交和轨道间的换乘惩罚。因此，这种分配方法无法计算时刻表、换乘次数、服务频率等指标，只能使用平均值表示共线线路、导致同一系统间不合理的多次换乘等，建议仅在新公交线网初步设计中使用。

表 3-18　　Visum 公交分配算法比较

分配算法	优　点	缺　点	适用范围
基于交通系统的分配模型	简化的公交分配方式；计算时间短	不考虑换乘惩罚；无法提供换乘次数、换乘所需时间、服务频率等信息；结果粗，与其他两种算法结果相差较大，不能替代其他两种算法的计算结果	公交线网总体规划的重点走廊确定以及布线等工作，查明公交需求的主要走向
基于发车频率的分配模型	搜索一系列足够好的路径，而不是最佳的一条路径，更符合实际情况；如果每条线路平均发车频率都较短，在换乘频率，出行时间以及车内时间方面模拟的精度是足够充分的；计算分配时间较基于时刻表分配模型少	换乘候车时间，没有太细的模拟；无法考虑票价	适合用于具有较高发车频率的公交路网分配，也就是说在城区的公交路网分配。对于郊区或者公交站间距非常长的路网并不适合，因为这些地方通常平均发车频率时间较长，而主要的规划任务是提供路线连接
基于时刻表的分配模型	可以精确地考虑换乘候车时间；在搜索阶段可以计算各种指标；与实际生活相匹配	计算分配时间较长	适用于拥有较为详细的公共运营数据的公交网络

2）基于频率的分配模型

这一模型比上一模型的描述更为细致，可以描述公交供应系统中的公交线路、线路站点间的运行时间、每条线路的发车间隔时间信息。这种模型适用于发车间隔较小且波动较小的情况（如城市公交系统，尤其适合小间隔的无时刻表的公交系统），可以计算换乘频率、出行时间等指标，可以粗略考虑换乘时间的影响。当然，相对于基于时刻表的分配方法模型细致程度较低，消耗的系统资源和计算时间也相对较少。

3）基于时刻表的分配模型

能够详细考虑线路每个站点的到发时刻表，详细计算各种运行指标。出行者会根据目标班次的到站时间来调整自己的期望出发时间。在这种详细定义中不再使用路径(route)的概念,而是通路(connection)的概念表示具有时间特性的有向路径。

EMME 的公交分配模块分为两种:基于频率的分配模型和基于时刻表的分配模型(表 3-19)。

1) 基于频率的分配模型(标准分配)

EMME 基于最优策略原则:在每个可能到达的车站,假设乘客在公交网络中利用策略所选择的公交线路集合能使自身的期望出行时间最少。其中,总期望时间是辅助公交时间、等待时间、上车时间和在车时间的加权值。在该原则中,假定乘客在某站点候车时,知道所有可乘坐的线路及相应线路的车头时距,用以估计等待时间,并决定是否乘坐到达的车辆。

在非拥挤状态下,乘客选择公交路径的原则可描述如下:

(1) 从起始节点出发,确定下一个换乘节点或终点。

(2) 从吸引线集中选择第一辆到达的车辆上车。

(3) 如果到达终点,则结束;否则,令到达节点为起始节点,转到第(1)步。

表 3-19　　EMME 公交分配算法比较

分配算法	优　点	缺　点	适用范围
基于频率的分配模型(标准分配)	提供更灵活的车头时距(频率)计算方法,可以为定值、基于线路属性、基于线路路段属性值等,且可以设置公交路段阻抗,对于出行者及车辆到达车站上的规律模拟提供了更开放灵活的操作环境与条件;对于拥挤公交的模拟更为准确和真实	无法直接考虑车票费用,需要通过线路属性设置等方法来间接实现;阻抗设置中无法对初始等待时间与换乘等待时间分开控制;无法对路径的搜索程序进行分控制	适用于需求量较高的公交网络
基于时刻表的分配模型(确定性分配)	能通过函数更灵活地模拟需求在时间上的变化;可以将需求定义为时间点上出行,模拟如固定的瞬时大客流发生的情况(如与轨道交通相连接的线路)	单条线路固定车头车距,难以模拟真实情况下车头时距差别大的时刻表情况	适合用于发车频率较为一致的公交路网分配;存在局部瞬时大客流的公交网路

在拥挤状态下,乘客会因为公交车满无法上车、无法忍受拥挤或过长的等待时间而采用非最短路径,从而使得路网中的更多线路得到利用[23]。故相对于非拥挤状态,乘客选择公交路径的原则发生变化,突出表现在步骤(2)中,即选择属于吸引线集中第 1 辆到达该节点的公交车,如果第 1 辆到达的公交车已满,则等待属于吸引集的下一辆车或换乘另一条公交线。

2) 基于时刻表的分配模型(确定性分配)

在 EMME 中,时刻表信息作为线路的用户自定义属性,且仅提供车头时距与相位差两项输入。单条线路使用固定的车头时距来计算时刻表,难以模拟真实情况下车头时距差别大的时刻表情况，限制了其功能的发挥。

在需求的时间分布方面，EMME 中可以通过函数来模拟需求在时间上的分布，能更灵活地模拟需求在时间上的变化，且可以将需求定义为时间点上出行，从而可以模拟如固定的瞬时大客流发生的情况（如与轨道交通相连接的线路）。

EMME 中各子时间段内的流量仅可分布到该时段内的最短通路上[24]。而 Visum 中各子时段内搜索到的最短路径在整个分析时段内有效，通过提前、滞后时间项控制，使得最短通路在不同的子时间段内具备不同的阻抗，再通过分布模型，将各子时间段内的流量分配到各通路上去。

3. 公交阻抗

在公交分配模型中，最为关键的仍然是构建公交阻抗函数。公交阻抗是指在公交网络上出行时间、出行费用、方便性等综合费用的效用函数，是乘客公交出行路径选择的依据。公交阻抗与出行策略具有紧密的相关性，出行耗时、出行费用以及系统服务水平的量化是模型按照出行策略模拟公交出行路径选择标准的基础。

同机动车分配模型一样，公交乘客在制定出行策略时，会受到费用（如车票）、时间、距离、舒适度、服务水平等各方面因素影响。通用的做法是，选择影响力最大的数个因素，构成阻抗函数，来近似表现乘客对于时间和费用的感知特性。它是数个加权或赋有系数的不同路径属性的组合。这些系数将各元素转换为相同单位（通常为货币单位），并且保证体现各因素对于乘客的重要性。这些属性通常为下列因素的子集：

（1）步行进入时间（从出行起点到公交站点）；

（2）步行离开时间（从公交站点到出行终点）；

（3）步行换乘时间（公交站点之间）；

（4）初始等待时间（路径上等待第一次服务的时间）；

（5）换乘等待时间（用于等待后继服务的时间）；

（6）行车时间（方式/车辆类型不同加权值可能不同）；

（7）车票；

（8）换乘惩罚值（基于换乘的次数乘以固定惩罚值，可能在不同换乘类型间不同）；

（9）距离；

（10）过载。

4. 时间阻抗

乘客在公交出行过程中，出行总时间包括步行到站时间和离站时间、起点站候车时间、车内时间以及不同线路间的换成步行时间、换乘候车时间，这些不同部分组成的整体定义为出行时间链[25]，乘客每次公交出行包含一个完整的出行时间链。

乘客在公交出行过程中，出行感知时间链 PJT（perceived journey time）包括预计初始步行到站时间 t_{pa}（perceived access time）和预计离站时间 t_{pe}（perceived egress time）、预计起点站候车时间 t_{pow}（perceived origin wait time）、预计车内时间 t_{pv}（perceived vehicle time）以及不同线路间的预计换乘步行时间 t_{ptw1}（perceived transfer walk time）、预计换乘候车时间 t_{ptw2}（perceived transfer wait time）、换乘惩罚附加值 P_t、换乘次数 N_t（number of transfers），这些不同部分组成的整体定义为预计出行时间链。分别用 α_{pa}，α_{pow}，α_{pv}，α_{ptw1}，α_{ptw2}，α_{pe} 表示各自的惩罚系数，通常以 α_{pv} 值为 1 对各惩罚系数进行标准化，这些惩罚系数是影响分配

结果与分配精度的重要参数。

$$PJT = \alpha_{pa} \cdot t_{pa} + \alpha_{pow} \cdot t_{pow} + \alpha_{pv} \cdot t_{pv} + \alpha_{ptw1} \cdot t_{ptw1} + \alpha_{ptw2} \cdot t_{ptw2} + \alpha_{pe} \cdot t_{pe} + P_t \cdot N_t \tag{3-8}$$

需要注意的是，换乘惩罚附加值产生于换乘阶段，但不隶属于出行时间的范畴。而换乘所带来的出行阻抗包括两个方面：广义换乘时间（广义换乘步行时间与广义换乘等车时间）与换乘惩罚附加值。换乘惩罚附加值 P_t，指出行者在出行过程中，为了实现不同交通模式或不同线路间的转换，因为换乘所产生的额外心理负担的量化。它不包含换乘步行时间费用，也不包含因为换乘环境的舒适性、安全性等客观环境所产生的影响，是一种因换乘所引起的纯粹的心理负担。例如，对于在车上看书的乘客来说，他们往往不愿意将已经拿出的书放好，换一辆车再将书拿出来继续阅读，而更愿意选择不换乘的方式。为了将这一心理负担体现在方式划分或客流分配的计算中，可以用出行广义费用的度量方式（时间或费用）对这一心理负担进行量化。

换乘惩罚附加值是广义出行费用的一部分。图 3-13 清楚地表述了公共交通出行中这一概念与广义出行费用其他组成部分之间的关系。根据这一组成关系，换乘惩罚附加值可以表示为当两条路径（换乘路径与直达路径）的选择概率相同时，两条路径的广义出行时间之差 ΔT 及广义出行费用（资费）之差 ΔC 的和。用公式可以表示为 $P_t = \Delta T + \alpha \cdot \Delta C$。其中，$P_t$ 表示换乘惩罚附加值；α 表示货币的时间价值，单位可以是小时/元。

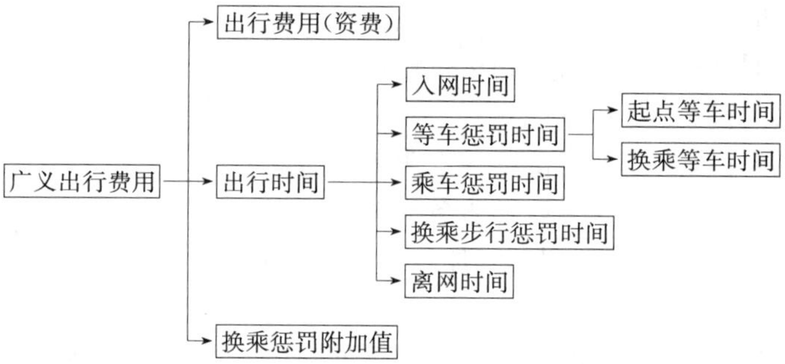

图 3-13　出行时间组成结构图

出行过程中，舒适性、安全性等影响体现在各个出行时间段。例如等车环境的舒适性对广义出行费用的影响体现在等车时间段。通常可以通过将实际等车时间乘以一个惩罚系数扩大等车时间影响的方法来体现等车环境等因素的影响。国内外出行感知时间研究成果汇总见表 3-20。

表 3-20　**国内外出行感知时间研究成果汇总**[26]　单位：min

研究者编号	被研究国家或城市	车内拥挤	步行到站	初始等车	换乘步行	换乘等车	换乘附加值	离站步行
1	巴黎	1～2.36	2	2	2	2	—	2
2	巴黎	—	—	—	—	—	5，3.5	—
3	巴黎	—					2～3.5	—

续 表

研究者编号	被研究国家或城市	车内拥挤	步行到站	初始等车	换乘步行	换乘等车	换乘附加值	离站步行
4	法国	1.5	2	2	2	2		2
5	法国	—					4(R—R)	—
6	法国	—					10	—
7	法国	1.3，1.9	1.5～2	2	1.5～2	2	—	1.5～2
8	法国	—	2.5	1.5	2.5	1.5	10	—
9	法国	—					8，2.5	—
10	德国						2	—
11	荷兰	—	2.09	0.58	—	2.07	12.8	1.05
12	波士顿	—	0.79	1.31	—	—	12～15	—
13	斯德哥尔摩	—					4(R—R)，5(B—R)	—
14	埃德蒙顿	—					18(B—R)	—
15	爱丁堡	—					8(R—R)，5(B—R)	—
16	瑞典	1.25～1.55	2.1	3.6	—	3.6，4.5	—	2.1
17	苏州	—	1.38	1.17	—	—	2.75	—
18	京沪通道	—	2	2	2	2	—	2
19	深圳	—	车外时间 0.36～1.96				—	0.36～1.96
20	上海世博游客调查	—	车外时间 1.4～1.9				7.9～11	1.4～1.9

注：R—R 指轨道与轨道换乘，B—R 指自行车与轨道换乘。

5. 费用阻抗

与机动车阻抗定义不同的是，公交更加强调费用的地位，因为公交出行者相比小汽车出行者更关心出行费用和出行时间之间的平衡。因此，公交阻抗需要能够较好地描述各种公交票制结构，反映票价对公交出行选择的影响。

目前单一公交网络中公交票价制度主要是单一票价制、计程票价制。而在多模式公交网络中，票制票价作为其不可缺少的一部分，是灵活多样的，公交票价制度除了单一票价制、计程票价制之外，区段票价制、基于时间票价制和基于空间票价制也不同程度上得到应用[2]，见表 3-21。

表 3-21　各种票价制度及其特征

票价种类	特　征
单一票价制	售票简单，效率高，进站检票，出站不检票，可减少车站管理人员，但不管出行距离远近，乘客支付相同车费，计费不合理
计程票价制	乘客根据出行距离或经过的车站数来支付车费，车票种类多，实际应用比较广泛
区段票价制	把全线根据距离分成若干区段，按区段内乘车和跨区段乘车发售不同票价车票，是单一票价制和计程票价制的折中

续　表

票价种类	特　征
基于时间票价制	基于时间票价制有多种形式，可在高峰、平峰实行两种票价，吸引客流在平峰时段出行，避免高峰时间车站过于拥挤；也可设置 2 小时票价制或如 8:00—10:00 票价制，即规定乘客必须在两小时内乘车，避免乘客在系统内滞留时间过长，基于时间票价制又可分为区段票价制和区域票价制
基于空间票价制	把由多条线路、多种交通方式组成的交通网分成若干区域，按在区域内乘车、还是跨区域乘车发售不同票价车票，基于空间票价制又分区域单一票价制和区域计程票价制，基于空间票价制更有利于吸引客流，便于乘客在多条线路间换乘

现有的宏观仿真软件基本上都能够模拟基于距离的计价方式，比如 Visum 中的 Distance-based fare 和 EMME 中基于 link length 的 ttf 函数都可以做到。但是，对于其他类型的票制结构，两款软件模拟的能力有所不同。

Visum 为每条线路、每个需求单元提供不同类型的票制票价，这些票制在公交分配中直接反映到阻抗函数中。其中，区段票价制是与经过的收费分区数（fare subzones/zones）相关的函数，可以是非线性的；而计程票价制则根据经过的收费点（fare points）的数量计算，也可以是收费点数量的非线性函数。

目前公交票价制度主要是单一票价制度和计程票价制度。Visum 中对于公交费用阻抗的表示方法如下。

（1）对于单一票价制度，乘客公交出行阻抗可以表述为

$$R = PJT + \frac{P}{Ctv} == PJT + \frac{(P_1 + P_2 + \cdots + P_n)}{Ctv} \tag{3-9}$$

（2）对于计程票价制度，乘客公交出行阻抗可以如下函数式计算：

$$R = PJT + \frac{P}{Ctv} = PJT + \frac{(l_1 \cdot p_1 + l_2 \cdot p_2 + \cdots + l_n \cdot p_n)}{Ctv} \tag{3-10}$$

式中　R——乘客公交出行阻抗值(min)；

PJT——乘客预计出行总时间(min)；

Ctv——时间价值(元/min)；

P——乘客公交出行总费用(元)；

p_1，p_2，…，p_n——公交线路 1，2，…，n 的票价(元/km)；

l_1，l_2，…，l_n——公交线路 1，2，…，n 乘坐距离(km)。

考虑票价因素后最关键的问题是确定乘客公交出行时间的价值，即确定参数 Ctv。

而单程票和月票制相当于固定票价作用于每次公交出行，但是至于换乘优惠只能通过换乘惩罚的修正来实现。

EMME 中没有专门的公交收费模型，像车票或者换乘惩罚等非时间元素要转化为阻抗可以有以下几种方法：

（1）采用平均值分配到各个车站或线路的 boarding time 上；

（2）详细定义复杂的票制结构，如基于站点的票价、基于收费区域的票价或者站点间的票价结构。

基于站点的票价可以使用拆分现有站点、添加虚拟节点(dummy node)和在虚拟路段上添加延误函数的方法实现换乘优惠。如果该站点换乘线路较多,则需要针对每对换乘线路拆分一个虚拟节点和一条虚拟路段,因此整个换乘站点的定义会显得较为繁复,通常可以使用宏命令实现。基于收费区域(fare zone)的票价则可以通过定义收费区之间的公交线段(line segment)的阻抗为收费区差值来实现。基于站点间(station-to-station)票价由两部分应用,一是计算一个票价查询表,但是这个表格只能用于方式划分或者收益分析,无法直接用于分配模型,具体可以使用 s2sfare. mac 实现。

另一方面,如果要在路径选择中体现这种定价方式的影响,只能使用间接的定义方法。而 EMME 中真正参与分配的阻抗必须是基于路段或者公交线段的。因此,在香港地铁的案例中为了解决这个问题,采用了基于路段的阻抗费用(segment based proxy fare),通过迭代计算使得基于路段的阻抗费用相加得到的 OD 对间总费用逐渐逼近实际费用。

6. 分配案例比较

以 Visum 为例进行常用的公共交通分配算法——基于交通系统的分配模型、基于发车频率的分配模型、基于时刻表的分配模型的比较。建立有 8 个交通小区的基础网络模型,假设交通小区 1 至交通小区 4 的公共交通客流量为 2 000 人次,其他小区之间客流量均为 0。

从基于交通系统分配模型(图 3-14)的计算结果来看,2 000 人次的公交客流全部分配到小区 1 到小区 4 的路径上。然而通过分析可以发现路段 1—7 上并没有布设公交线路,但是分配结果却将客流分布在该路段上,这说明了基于交通系统的分配模型是根据路段允许的交通系统进行分配的,只要路段允许公共交通系统运行,那么就有可能分配流量,与实际情况存在一定的差异,一般该方法用来进行公交客运走廊的确定。

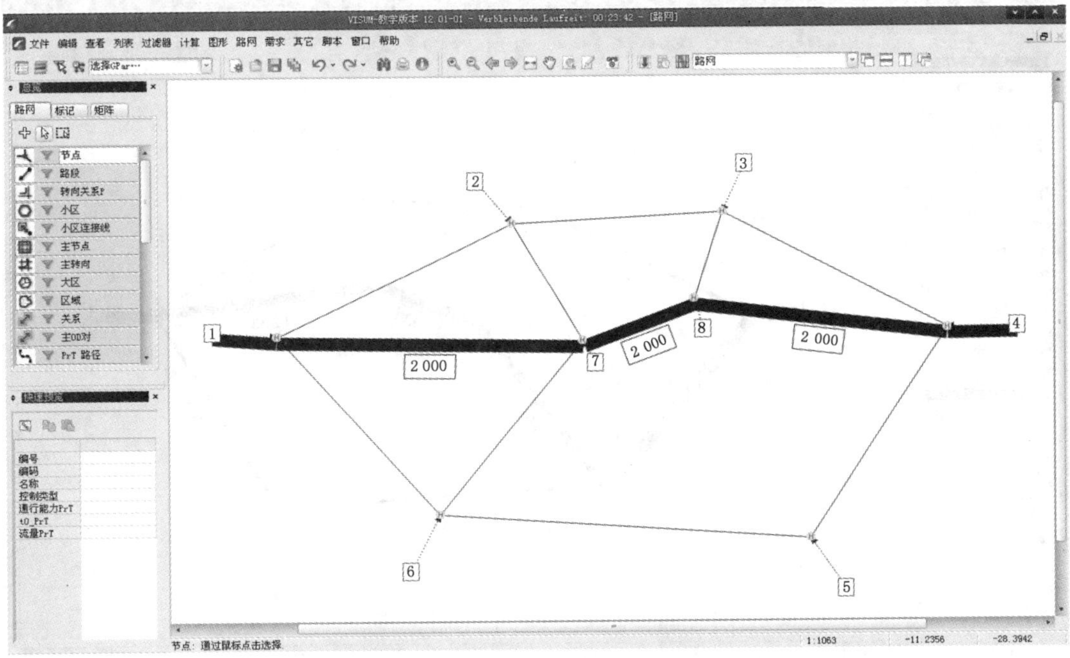

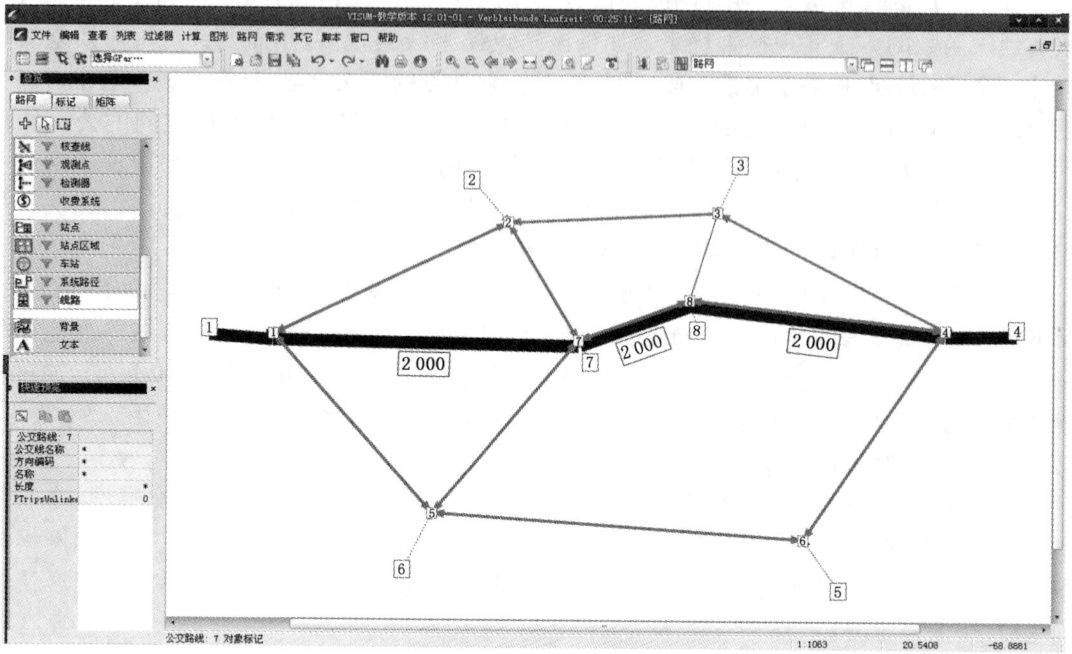

图 3-14　基于交通系统的分配模型

从图 3-15 基于发车频率的分配模型的计算结果来看，2 000 人次的公交客流较为均匀分配各条路径上。这主要是由于该方法是根据发车频率来进行公交客流分配，在该案例中，所有公交线路的发车间隔均被设定为相同。

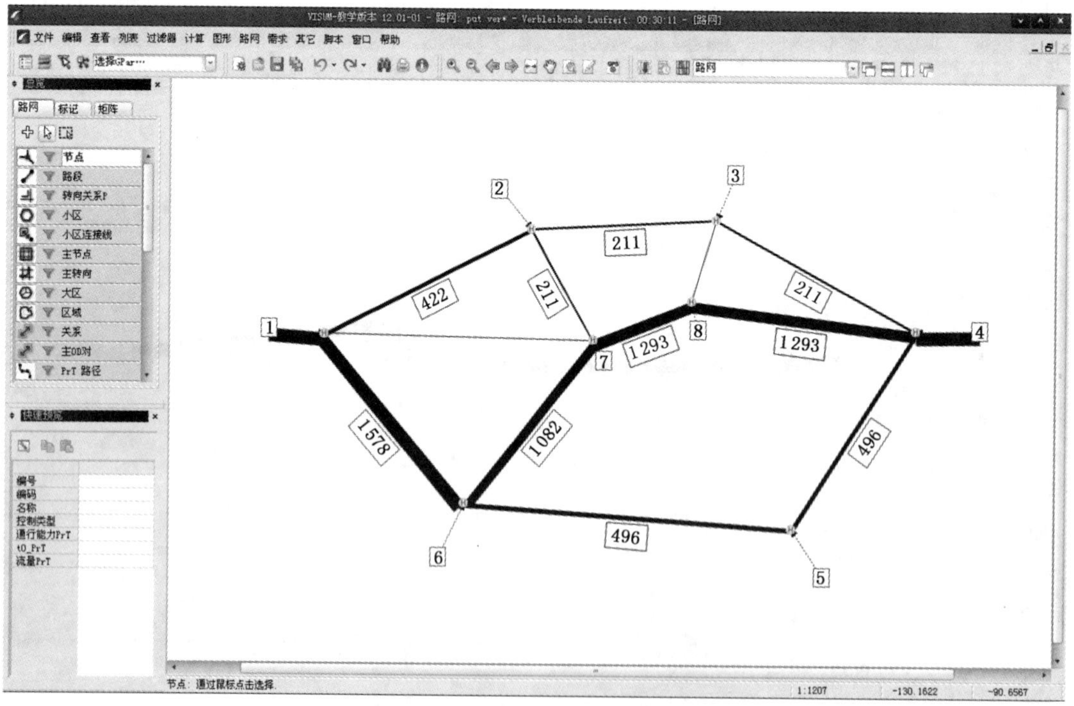

图 3-15　基于发车频率的分配模型

从图 3-16 基于时刻表的分配模型的计算结果来看，2 000 人次的公交客流分配到两条公交线路上。这两条公交线路是最优线路集，与实际情况较为相符。

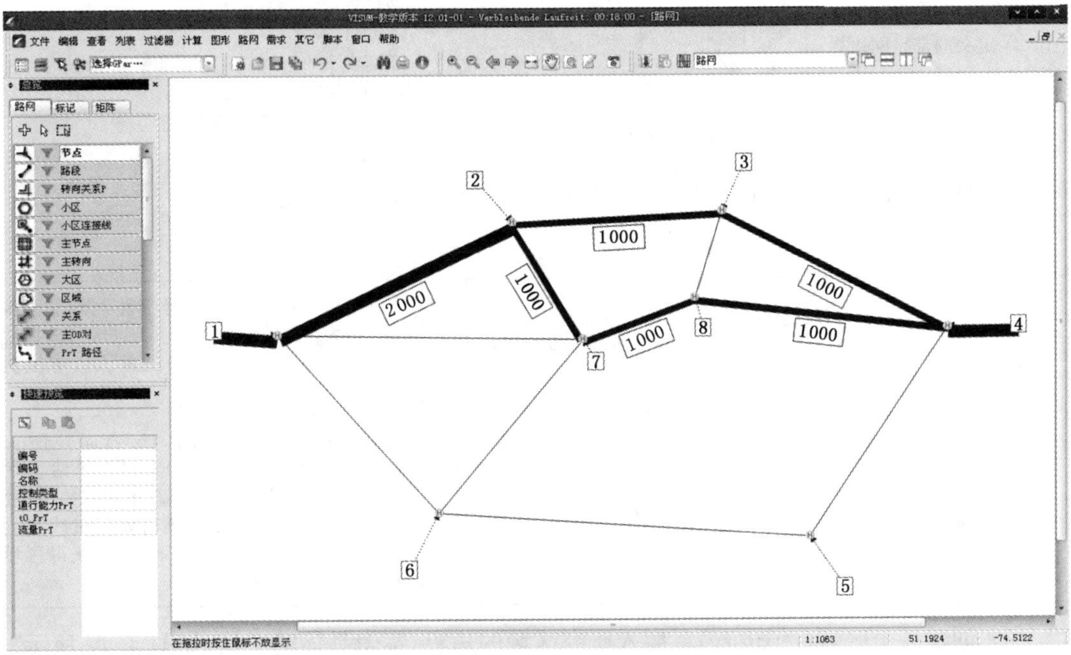

图 3-16　基于时刻表的分配模型

3.5　应用扩展功能

在宏观规划软件中常用的应用扩展功能包括局部路网拆分、OD 反推、编程扩展和 GIS 功能。

3.5.1　局部路网拆分

当需要对已有宏观模型的局部区域进行分析时，往往需要从现有模型中切出一个局部路网。现有的宏观仿真软件基本上都提供了拆分局部路网的功能，不仅能够拆分出需要的路网元素，还能拆分出局部公交线网、局部需求矩阵、局部路网和线网流量等，拆分原理相差不大，但是细节处理有所不同。

从原有模型拆分出的局部路网需要包含的信息有路段和公交线路、路段的前后节点、节点的所有控制数据、路段的所有转向、所有节点连接的连杆及其小区形心、公交线路上的站点、公交线段、公交路线时刻表，以及经过转换的需求单元、交通系统、路段类型、阻抗矩阵、程序参数、车型定义等。Visum 和 EMME 两款软件的关键步骤和处理过程比较见表 3-22。

以下为 Visum 应用举例。

通常，用于交通影响分析的路网模型是从区域模型中截取出来的。Visum 通过局部路网生成模块来支持用户完成这项工作。

表 3-22　　　　局部路网拆分比较

序号	重要步骤	Visum	EMME
1	定义局部路网边界	图形框选 条件过滤	图形框选 条件过滤 还需定义 in-gate 和 out-gate，可以使用 INRO 提供的 travgate. mac
2	选择公交切断方式	保留整条公交线路 区域内公交站点连成的部分公交线路 区域外公交站点连成的部分公交线路 基于 path-leg 基于 path	区域内公交站点连成的部分公交线路 区域外的公交线段作为参考(comment line)
3	新建外部小区	新建小区编号可以顺序编码，也可以在现有编码上偏移，还可以设定新建小区类型	内部小区编号不变，使用原有路网外部小区编号作为局部路网对外 gate 编号，可选择起始编号和顺序编号，需要注意该版本容量足够
4	计算局部路网和公交线路	完成一次完整的分配即可	使用 traversal 运算符计算 traversal matrix，即局部需求矩阵，使用 EMME 网站上的 traversal. mac 只能得到小汽车需求矩阵，要计算局部公交需求矩阵还需要定义线路的 gate，并且配合使用 indzmat. mac 获得区域内站间的需求矩阵

(1) 创建一个区域(territory)。插入研究区域的边界，编辑具体的形状，如图 3-17 所示。

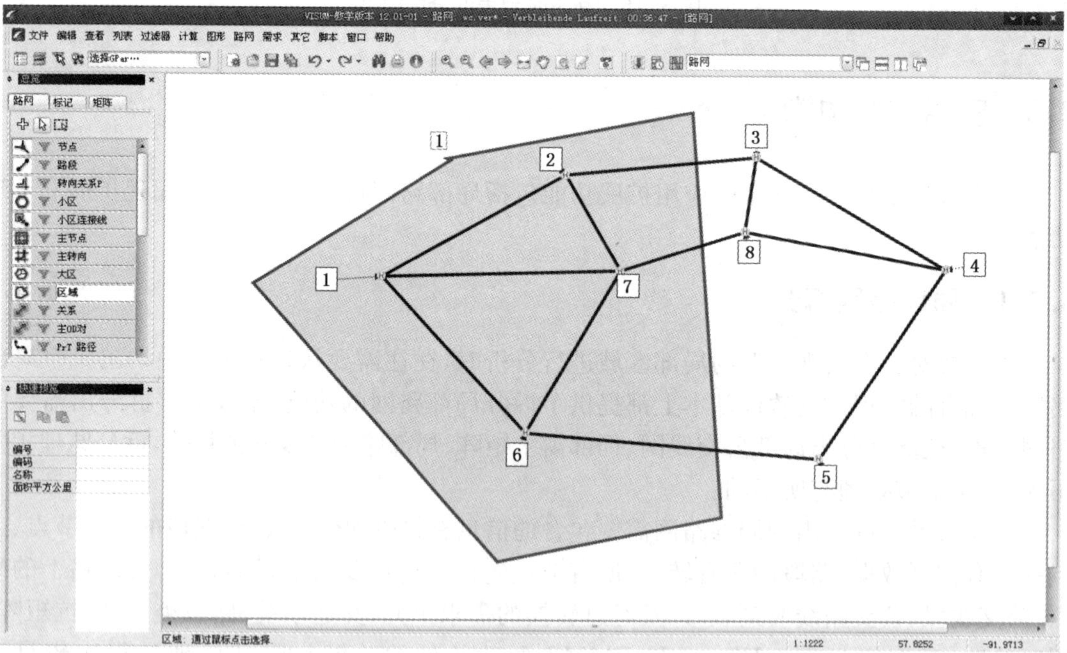

图 3-17　路网拆分区域编辑

(2) 切换到空间选择模式，点击按钮区域内的对象。

(3) 在路网对象工具栏里，确认所有路网对象类型的选择框都是激活的。

（4）在路网编辑窗口中左键点击该区域，则在区域内的所有对象将都激活了，而区域外的对象就变成不激活的，如图 3-18 所示。

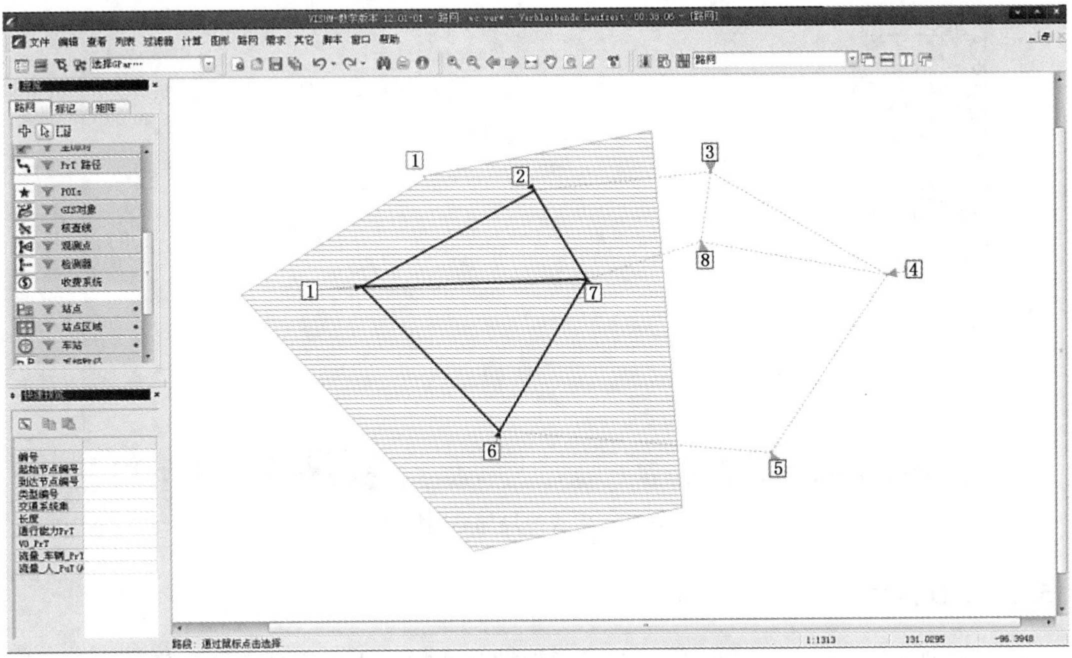

图 3-18　激活拆分区域内所有对象

（5）选择菜单：计算—局部路网生成器。

（6）生成图 3-19 所示的局部路网模型。

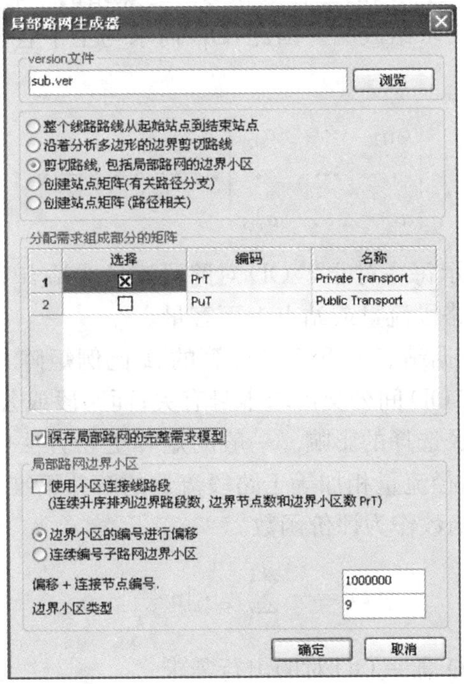

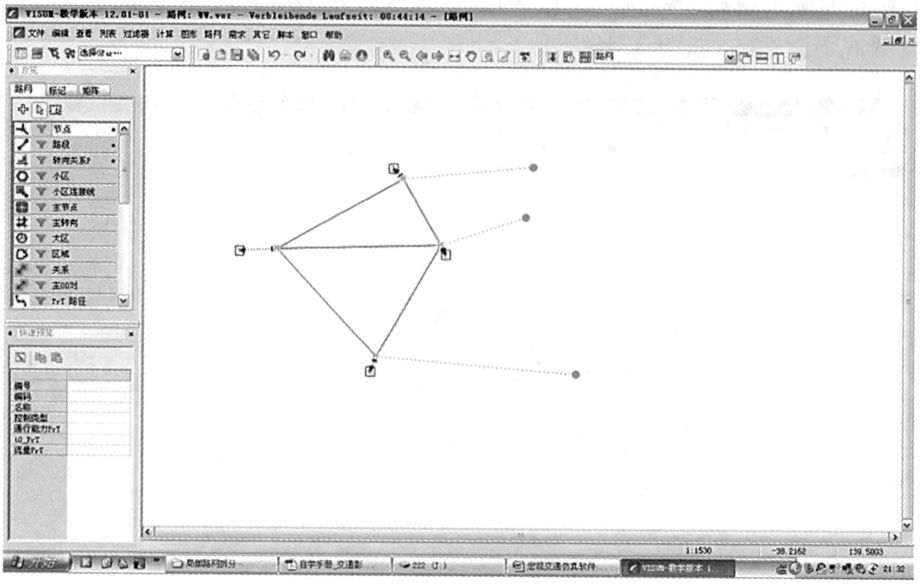

图 3-19　生成的局部路网模型

3.5.2　OD 反推

所有规划软件都提供了 OD 反推技术来帮助交通规划人员更新 OD 矩阵，需要的基础数据包括调查流量以及一个初始 OD 需求矩阵等。OD 反推的基本原理非常简单：认为每个路段或公交断面的流量是由经过该路段所有 OD 对间的出行需求组成的，因此，在 OD 需求和路段流量之间存在着线性关系。对于公交也同样适用，如果使用起终点站的调查上下客流量作为反推依据，每个起点站的上客量和每个终点站的下客量都有是由经过该站点的所有 OD 对间的公交出行需求组成的。因此，OD 需求与上下客量也存在着线性关系，可以用以下关系式表示：

$$\begin{pmatrix} a_{11} & \cdots & a_{1p} \\ \cdot & \cdots & \cdot \\ a_{m1} & \cdots & a_{mp} \end{pmatrix} \cdot t = \boldsymbol{A} \cdot t = \boldsymbol{v} \tag{3-11}$$

式中　$\boldsymbol{A}$——比例矩阵，表示每一对非零 OD 对路段流量或站点上下客量的贡献比例；

$\boldsymbol{v}$——向量，为调查路段流量或站点上下客量。

但是需要注意的是，根据站点上下客量计算的 $\boldsymbol{A}$ 比例矩阵与公交供应条件如时刻表、公交线路分布等无关，仅与 OD 间公交需求本身有关；而路段或公交断面 $\boldsymbol{A}$ 比例矩阵必须考虑公交供应对乘客出行路径选择的影响。一般的矩阵更新方法中，已输入的数据远远少于实际矩阵规模，所以符合路径流量相加等于路段流量的解并不唯一。因此，提出了以最大程度保留初始 OD 形式的 q 函数作为评价函数。

$$q(t) = -\sum_{k=1}^{p} t_k \cdot \ln \frac{t_k}{\hat{t}_k} - t_k \tag{3-12}$$

式中　$\hat{t}_k$——初始矩阵中任意一 OD 对的出行需求；

t_k ——推算出来新矩阵中对应 OD 对的出行需求。

以往 OD 反推技术中假定输入的调查数据是准确的，但是实际情况并非如此，由于检测技术的不完善、检测时段缺乏代表性，调查数据往往是不可靠的，完全依据这些数据反推 OD 矩阵，肯定达不到预期的效果。因此，Visum 采用了 ROSINOWSKI 提出的模糊算法 TFlowfuzzy 解决这一问题。需要的输入数据包括：路段观测流量或者转向流量、初始机动车 OD 矩阵；公交断面流量、公交站点上下车客流量、初始公交 OD 矩阵。TFlowfuzzy 在原有算法的基础上将初始 OD 矩阵作为新矩阵的权重，引入模糊集的概念定义松弛变量 s，通过迭代计算尽可能地减少新矩阵的变化。其中模糊集指的是所有可能值的集合，而隶属度函数可以描述“该调查数据在多少程度上可以被接受”，0 表示不可接受，1 表示可以完全接受。当然，为了简化计算，Visum 实际采用的是对称三角形的隶属函数形式，如图 3-20 所示。

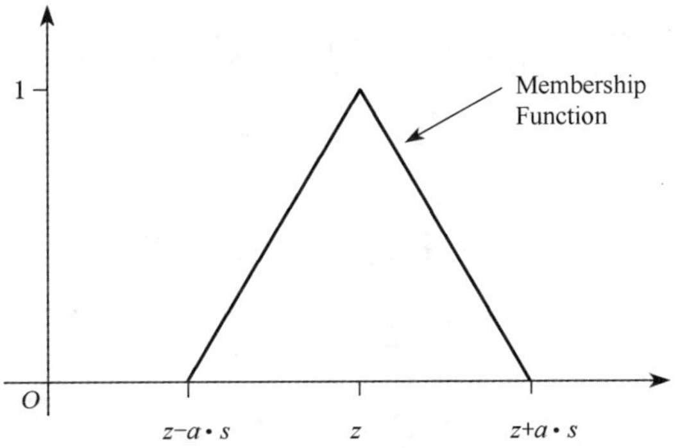

z	The count value itself, where the membership function assumes its maximum
$a \cdot s$	The distance between the count value, where the membership function drops to value 0
a	A predefined scaling factor($a>0$)

图 3-20　Visum 采用的隶属度函数形式

对于 OD 反推技术最大的问题就是是否能够鱼与熊掌兼得？即分配流量与观测流量更接近，同时反推 OD 与初始 OD 也更接近。Visum 与 EMME 重点略有不同，Visum 更加注重解决调查数据可靠性的问题，而 EMME 更加注重寻找最接近原始矩阵的方法。无论是在分配流量和反推流量的比较中，还是在 OD 矩阵的变化中两款软件的差异都不是很明显。Visum 的反推流量略好于 EMME 值，说明 TFlowFuzzy 算法相对与普通 OD 反推技术能够更好地适应调查数据的失真问题。同时，实验还发现增加反推的迭代次数有利于提高精度。

以下为 Visum 应用举例。

TFlowFuzzy 通过比较观测得到的交通流量数据和分配得到的交通流量数据更新和修正 OD 矩阵。使用 TFlowFuzzy 的前提是模型中已经进行了交通分配。整个计算的过程如图 3-21 所示。

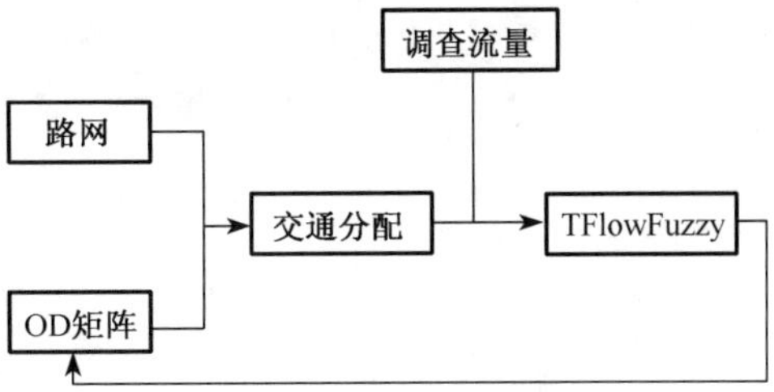

图 3-21　TFlowFuzzy 计算过程

案例模型共有 8 个交通小区，为了简化计算，假设小区之间的交通量均为 200 pcu，区内交通量为 0，如图 3-22 所示，小汽车的 OD 矩阵如图 3-23 所示。

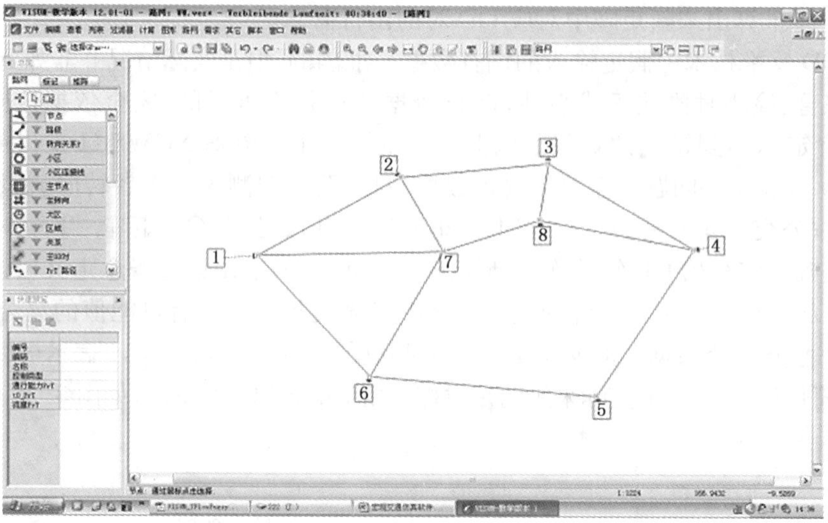

图 3-22　基础路网模型

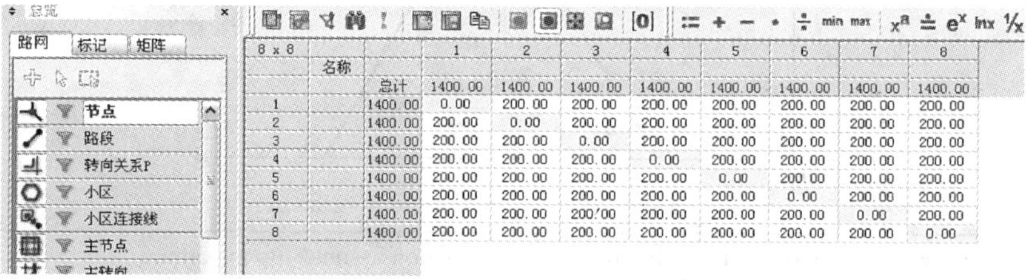

8 x 8	名称		1	2	3	4	5	6	7	8
		总计	1400.00	1400.00	1400.00	1400.00	1400.00	1400.00	1400.00	1400.00
1		1400.00	0.00	200.00	200.00	200.00	200.00	200.00	200.00	200.00
2		1400.00	200.00	0.00	200.00	200.00	200.00	200.00	200.00	200.00
3		1400.00	200.00	200.00	0.00	200.00	200.00	200.00	200.00	200.00
4		1400.00	200.00	200.00	200.00	0.00	200.00	200.00	200.00	200.00
5		1400.00	200.00	200.00	200.00	200.00	0.00	200.00	200.00	200.00
6		1400.00	200.00	200.00	200.00	200.00	200.00	0.00	200.00	200.00
7		1400.00	200.00	200.00	200.00	200.00	200.00	200.00	0.00	200.00
8		1400.00	200.00	200.00	200.00	200.00	200.00	200.00	200.00	0.00

图 3-23　小汽车的 OD 矩阵列表

1）对模型进行交通分配

在使用 TFlowFuzzy 之前，首先需要对模型进行交通分配，得到一个分配结果。采用平衡分配计算方法，分配结果如图 3-24 所示。

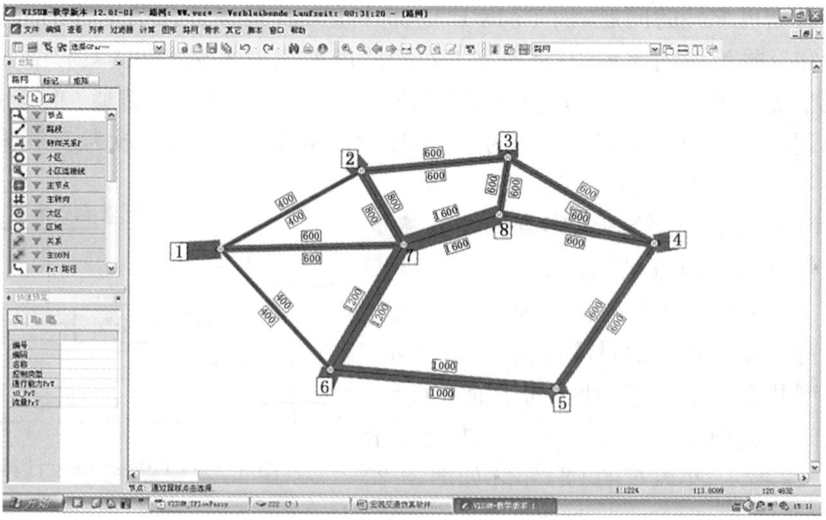

图 3-24　初始平衡分配结果

2）交通观测数据输入 Visum

在使用 TFlowFuzzy 时，用于更新矩阵的观测数据可以取自以下任意类型的对象或是其组合：路段、转向和小区的交通量。一般选择对象是路段和转向数据，因为这些数据可以通过路边检测等方法获得，相对较为容易得到。假设现在取得路段 1（节点 1—节点 2）、路段 4（节点 1—节点 4）的流量观测数据，路段 1 观测流量为 1 000，路段 4 观测流量为 2 000，通过路段属性编辑将观测流量输入到对应路段的“附加值 1”中，如图 3-25 所示。

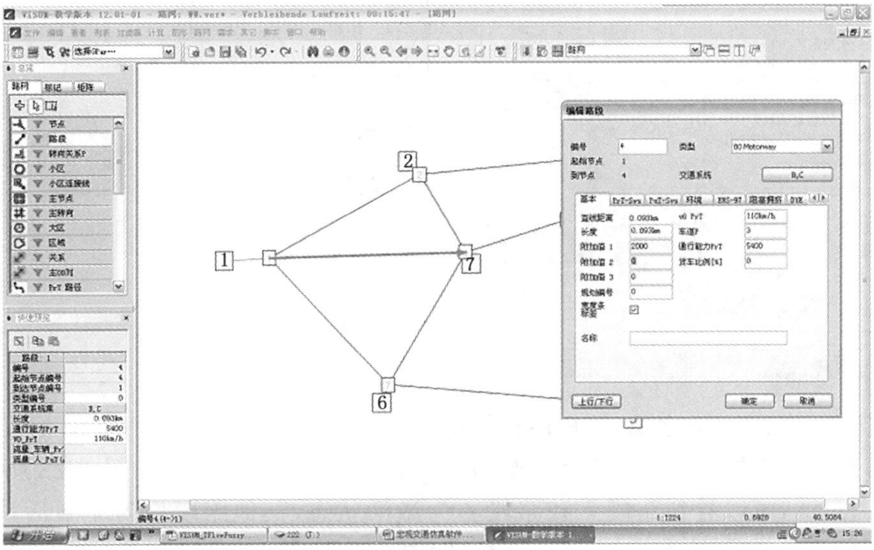

图 3-25　路段观测流量输入

3）设置误差变量

在路段的用户自定义属性中定义 TOLERANCE，储存用于定义目标变量的可允许误差范围：

（1）创建路段和转向的用户自定义属性 TOLERANCE，类型为整型，如图 3-26 所示。

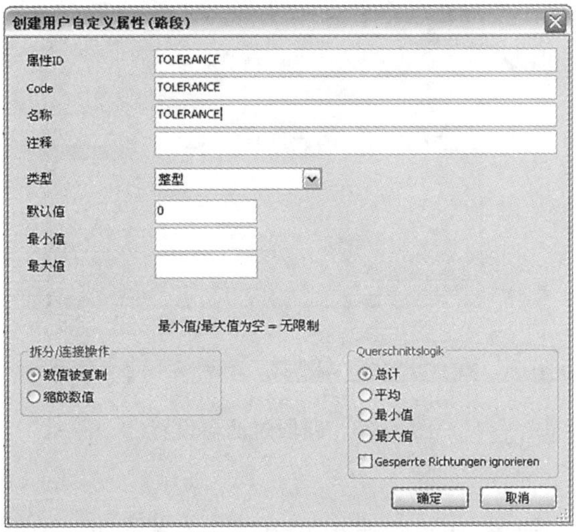

图 3-26　创建路段用户自定义属性 TOLERANCE

(2) 通过多重编辑—属性，将观测值的误差范围设为 10%，如图 3-27 所示。

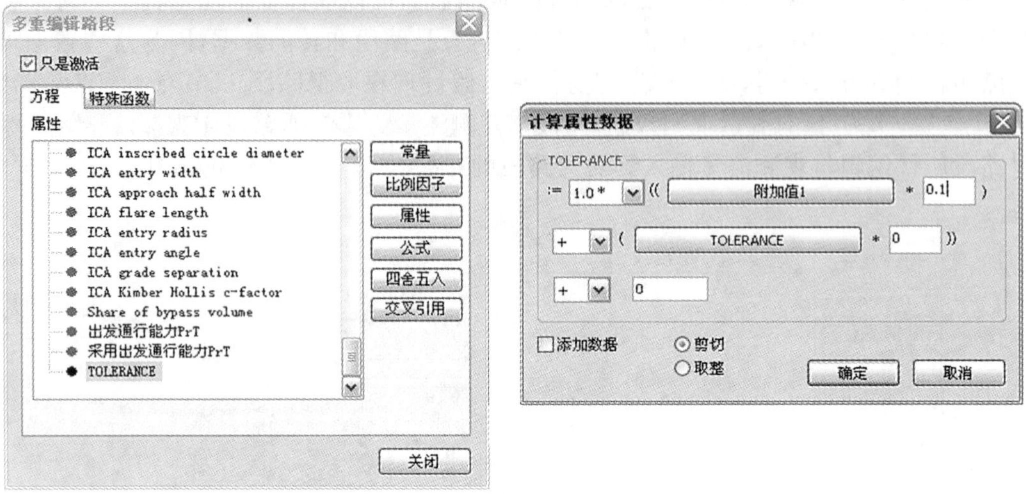

图 3-27 设置误差范围

4) 设置过滤器

在使用 TFlowFuzzy 之前，用户还必须将流量、观测数据和误差范围大于 0 的路网对象过滤出来，而等于 0 的路段则设置为非激活状态。路段的过滤器设置如图 3-28 所示。通过路段过滤器过滤，可以看到路段 1 和路段 4 为激活状态，其他路段均为非激活状态，如图 3-29 所示。

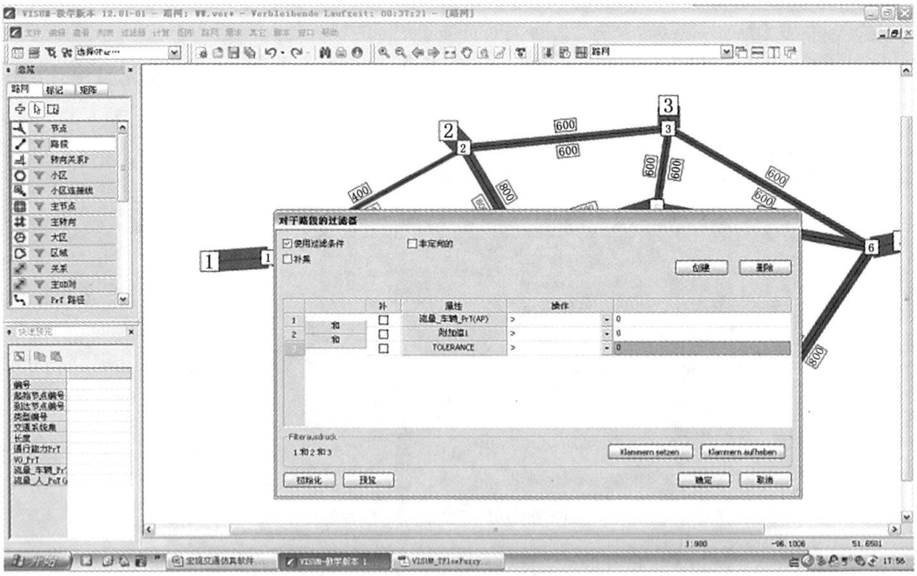

图 3-28 路段过滤器设置

5) 准备分配

在使用 TFlowFuzzy 之前，用户需要先获得一个分配结果。因此需要为 MM. VER 创

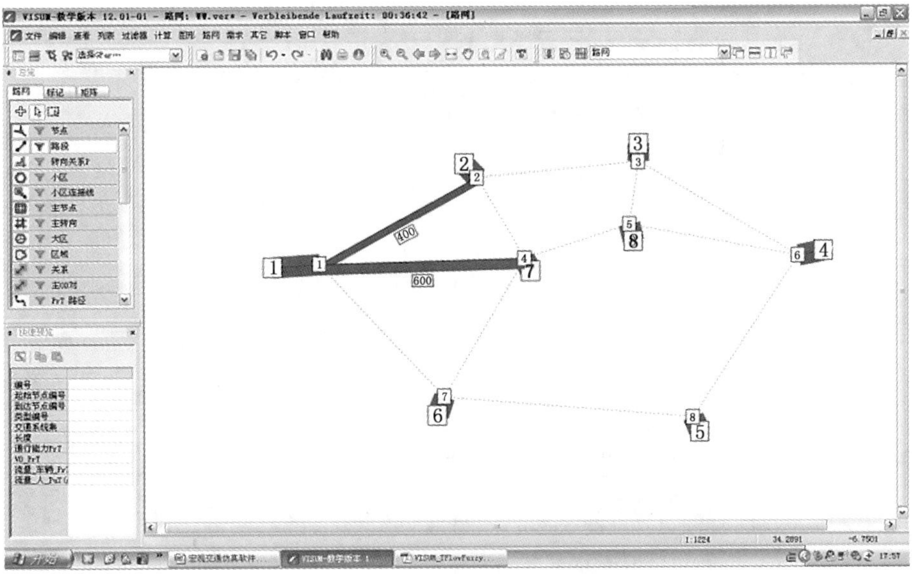

图 3-29　过滤后的基础路网模型

建一个新的程序单元组：

(1) 通过菜单：**计算＋程序**，删除所有现有的计算程序。

(2) 添加**初始化分配**程序单元。

(3) 添加**PrT -交通分配**。选择需求组成部分 **C Car**，选择平衡分配的计算方法(此时分配中涉及的其他参数可以暂且保持不变)。

(4) 添加路段的**分配分析**。该计算可以帮助用户分析分配流量和观察/观测流量之间的吻合度。分配分析设置如图 3-30 所示。

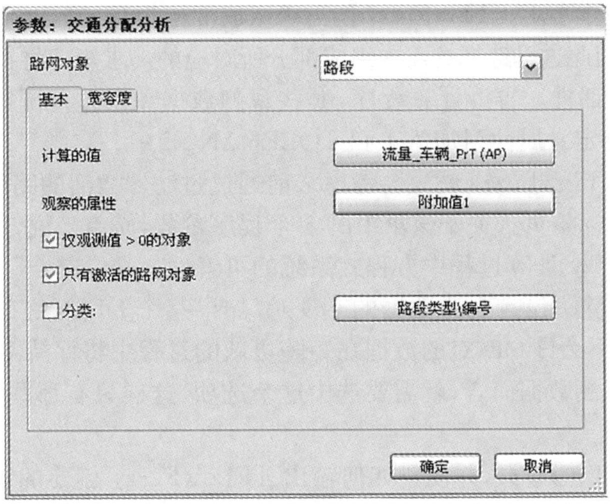

图 3-30　交通分配分析设置

到这一步为止已经完成了 TFLowFuzzy 的准备工作，接下来是设置计算程序，如图 3-31 所示。

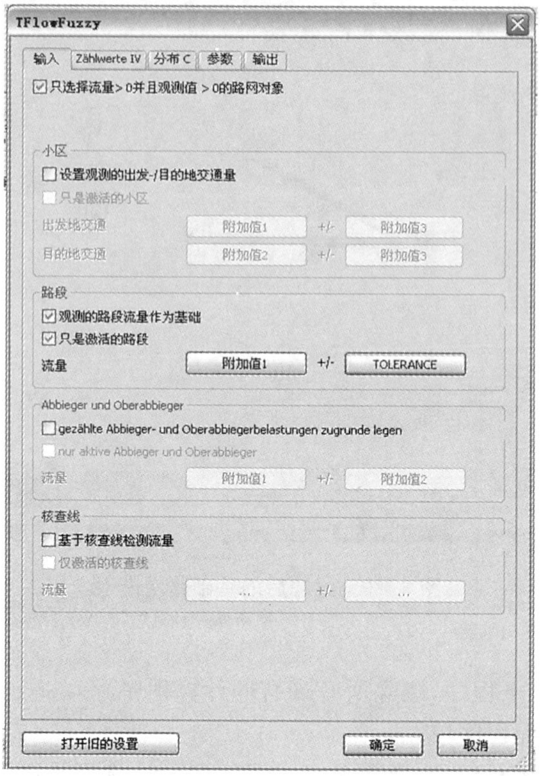

图 3-31　TFlowFuzzy 的计算程序设置

6）设置 TFlowFuzzy 的计算程序

（1）在程序组的最后添加需求矩阵标定（TFlowFuzzy）计算程序。

（2）点击按钮，选择执行 TFlowFuzzy 的需求组成部分为 C Car。由于每个需求组成部分对应一个需求矩阵，因此这里选择的需求组成部分所对应的需求矩阵将在计算程序中被更新。

（3）打开编辑对话框。告诉计算程序，哪些观测数据和误差范围需要用于路段。而这些数据此时预存在自定义属性附加值 1 和 TOLERANCE 中。

（4）激活选项，TFlowFuzzy 就只会考虑之前通过过滤器激活的路段。

（5）查看[参数]标签页。关于该页中的 5 个程序参数，简单来说，这些参数影响着计算速度，以及 TFlowFuzzy 计算过程中方程式系统的可解性。

（6）激活选项。除去没有观测数据的 OD 对，如果某个 OD 对之间的交通量没有经过有观测数据的路段，那么该 OD 对的数据在矩阵更新的过程中将保持不变。例如，对于延伸路网过境通道上的观测数据而言，就需要选中这个选项，这样只有那些经过过境通道的 OD 对才会进行更新。

（7）切换至[输出]标签页，并设置如何输出 TFLowFuzzy 创建的矩阵。这里可以选择是否替换现有矩阵还是将矩阵输出至外部文件。本例中选择替换现有矩阵。

（8）执行该程序组，结果如图 3-32 所示，路段 1 的流量显示为 1 089，路段 4 的流量变为 1 915，满足设定的误差范围。重新计算之后的小汽车 OD 矩阵，如图 3-33 所示。

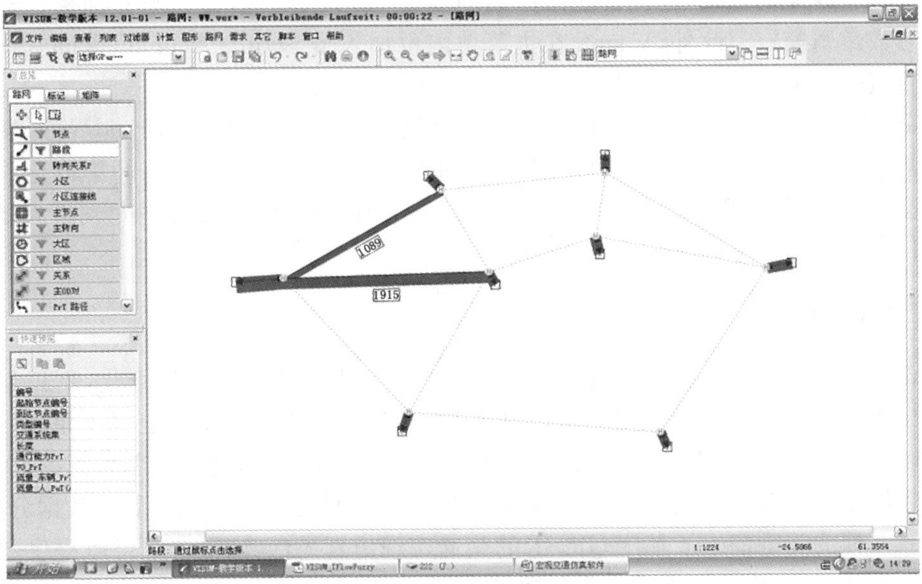

图 3-32 运行结果

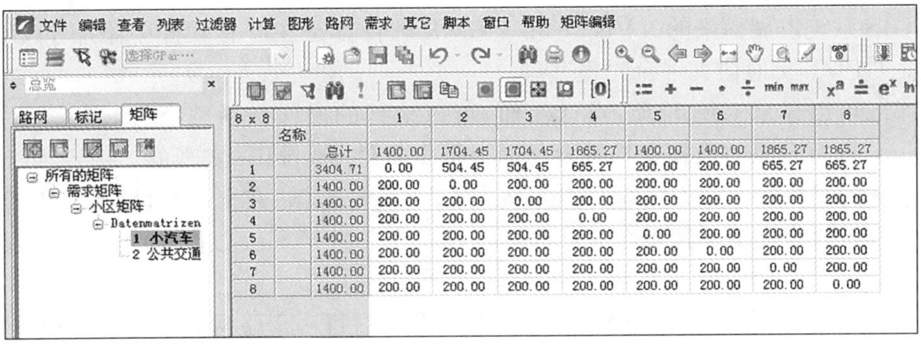

图 3-33 TFLowFuzzy 计算后的小汽车 OD 矩阵

3.5.3 编程扩展

对于交通宏观仿真软件的应用和开发用户来说，比较关注的扩展性能包括：

(1) 能否提供普通用户阅读和修改程序脚本的方法？

(2) 能否提供高级用户基于通用编程语言和开发环境的编程方法？

(3) 能否在模型计算中直接调用脚本程序？是否会影响模型本身的运算速度？

Visum 在不断完善自身功能配备的同时，也提供了高级用户基于 MS Windows 技术上的 COM 界面，该界面可以与其他符合 COM 界面的产品如 MS Office、ArcGIS 结合一起使用，对于编程语言没有任何限制，可以使用常用的 Visual Basic(VBA, VBS, VB)语言、C 语言、C++语言，以及视图界面更为优秀的 Python 语言来开发和运行自定义的预处理和后处理程序，也允许用户控制高级多阶段的模型运行。

在最新版本的 Visum 中考虑到普通用户也希望能够参与编程，并且经常需要在已有脚本上做一些个性化的修改,因此程序菜单内新增了 Add-in 功能,提供与其他模型建立步骤类似的参数编辑窗口。此外,Visum 在主菜单内也加入了 Scripts 项目,可以同其他常用菜单一样直接执行编写好的脚本程序。

而 EMME 和 Visum 不同,它的数据系统相对独立,并不提供外部控制界面,所有的扩展功能都必须使用 Macro 语言实现。因为 Macro 带来的不仅仅是操控的集成化或者重复步骤的标准化,如果使用得当的话,还可以结合 EMME 本身的标准程序完成更为复杂和个性化的计算和分析任务。

3.5.4 GIS 功能

随着宏观仿真模型路网规模的不断扩大和路网元素描述的不断精细化,不仅基础数据量成级数增长,而且这些数据来源不同,如何进行数据格式的统一输入已经不是以往的手工输入可以满足的了;另一方面,模型维护人员还面临着如何存储数据、更新数据的问题,而模型应用人员则面临着如何处理模型的输出数据,采取何种方式更生动地展示数据分析结果。

这一系列的问题催生了基于 GIS-T 的交通宏观仿真平台,该平台既可以提供数据交换和共享的有效方式,也可以提供安全的数据存储、维护方式,甚至提供更加丰富的基于地理图层的数据展示和查询功能。

正是基于 GIS-T 的这些特点,大部分宏观仿真软件都加入了 GIS 接口,有的甚至完全是基于 GIS 系统发展而来的。Visum 和 EMME 软件都是在原有软件中添加了 GIS 接口,具有建立 GIS-T 交通仿真平台物理基础。

Visum 可以显示 GIS 对象:点、线、面,可以执行的操作包括选择、标记、修改属性、显示。Visum 与 GIS 系统数据交换主要是通过数据文件 shapefile 实现的。由于 Visum 内部数据库系统的结构和存储方式与 GIS 系统(以 ArcGIS 为例)完全一致,因此 GIS 系统中所有的要素或者要素类型及其属性信息都可以对应导入到 Visum 数据库中,并且在图形界面进行展示。

而 EMME 的内部数据库与 GIS 不同,并没有针对每一个路网元素建立相应的层,尤其是公交线网,其属性仍然无法实现 GIS 输入功能,因此 shp 文件导入仍然需要借助 EMME 专有输入文件. in 实现,然后读取相关几何数据和属性数据。EMME 现在提供两种路网导入方式,即 node/link 导入或者 polyline 导入。node/link 导入是将 GIS 路网按照节点和路段属性分别写入 d211. in,而 polyline 导入方式则只需要导入 link 即可,无法区分普通节点和形心点。

与 Visum 差别较大的是,EMME 中暂时还不能显示能够隐藏中间点的 polyline 线,其曲线是通过一系列折线段表示的,新版本 3.3 中可以解决这个问题,虽然导入过程中可以控制中间点生成数量和规则,但是其编号是自动顺序生成的,无法与 GIS 路网一一对应。

除了可以提供数据交换的接口,两款软件还内置了一些 GIS 功能,如拓扑运算、图形显示等。如 Visum 中可以直接实现交集拓扑运算,对象包括点、线、面或 GIS 对象。交集拓扑运算加上缓冲区参数控制可以实现很多功能,如小区土地利用信息的汇总、公交线路覆盖人口数、区域车公里统计等。EMME 可以在 Worksheet 中添加 ESRI ArcGIS Layer,显示 GIS 地图、各种要素层,利用 worksheet 设计功能更好地观察路网的地理特点和统计各种信息。

参考文献

[1] 张福勇. 三大交通规划软件的比较分析研究[D]. 西安：长安大学，2004.

[2] 陈雪明，贾旭东. 对 TRANPLAN，CUBE 和 TransCAD 的技术比较分析[J]. 城市交通，2006，4(6)：15-21.

[3] 童毅，刘琪，杨锦冬. 基于 Visum 宏观仿真的交通影响分析方法及实例[J]. 中国市政工程，2007，(4)：15-17.

[4] 刘敬青，郭继孚，攀怀玉. 城市交通规划软件包(Trips)的应用与思考[J]. 城市交通，1999，(2)：37-39.

[5] 姚智胜，熊志华. TransCAD 软件及其在交通影响分析中的应用[J]. 交通与计算机，2003，21(6)：119-121.

[6] 任敏. 交通规划软件 TransCAD、CUBE/Trips 和 Visum 的比较分析[J]. 交通与计算机，2008，4(26)：125-127.

[7] Paul Timms，Transport models. Philosophy and language [J]. Transportation，2008，35：395-410.

[8] 许佳. 宏观仿真软件 Visum 和 EMME 比较研究[D]. 上海：同济大学，2010.

[9] Barbier-Saint-Hilaire，Friedrich，Hofsäß，Scherr. TRIBUT—a bicriterion approach for Equilibrium Assignment. PTV AG，2000.

[10] Martin Fellendorf. Static Assignment versus Dynamic Simulation [C]. Presented at the Conference on Computational Engineering in Systems Applications'98，Hammamet，1998.

[11] Guido Gentile. Linear User Cost Equilibrium：a new algorithm for traffic assignment [C]. TRB conference，2009.

[12] Michael Florian，Wu Jiahao，He Shuguang. A Multi-Class Multi-Mode Variable Demand Network Equilibrium Model With Hierarchical Logit Structures. INRO Solutions Inc，1999.

[13] Michael Florian，Shuguang He. Changing assignment algorithms：the price of better convergence [C]. TRB Planning Applications，Houston，2009.

[14] 李峰，王书宁. 基于终点的路径交通量求解方法[J]. 清华大学学报(自然科学版)，2006，46(1)：149-152.

[15] 任刚，刘晓庆. 关于平衡交通分配研究中若干问题的探讨[C]. 2007 第三届中国智能交通年会，2007.

[16] Wolfgang Scherr，Dick Adams，Thomas Bauer. An Integrated Model for Planning and Traffic Engineering [C]. The Ninth TRB Planning Methods Applications Conference Baton Rouge，Louisiana，2003.

[17] Leclercq F. A public transport assignment method[J]. Traffic Engineering and Control，1972，14：91-96.

[18] Spiess H，Michael Florian. Optimal Strategies：A new assignment model for transit network [J]. Transportation Research，Part B 23，1989：83-102.

[19] Nguyen S，Pallotino S. Equilibrium Traffic Assignment for Large Scale Transit Networks Model [J]. European Journal of operation research，1988，37：176-186.

[20] Wu Jiahao，Michael Florian. A simplicial decomposition method for the transit equilibrium assignment problem [J]. Annals of operations research，1993，44：245-260.

[21] Wu Jiahao，Michael Florian. Transit equilibrium assignment：A model and solution algorithm [J]. Transportation Science，1994，28(3)：193-203.

[22] Lam W H K，Gao Z Y. A stochastic user equilibrium assignment in public transport networks under congestion [J]. Transportation Research ，Part B 33，1999：352-368.

[23] Cepeda M，Cominetti R，Florian M. Frequency-based assignment model for congested transit net-

works with strict capacity constraints: characterization and computation of equilibria [J]. Transportation Research Part B, 2006,40:437-459.

[24] Michael Florian. Deterministic timetable transit assignment [C]. First Asian EMME/2 Users Group Meeting, Shanghai, 1999.

[25] 吴娇蓉,王昊,梁丽娟.上海轨道6号线客运走廊出行方式转移和出行者效用变化分析[J].城市轨道交通研究,2010,(2):33-38.

[26] 王昊.多模式公交分配模型阻抗函数研究[D].上海:同济大学,2011.

[27] 汪洋.多模式公交网络客流分配技术方法研究[D].上海:同济大学,2007.

第 4 章　微观交通仿真理论与技术

微观交通仿真系统可以对城市道路改造、交叉口的渠化设计、交叉口控制方法、交通信号配时和公交专用道系统中公交车辆的运行情况等敏感性交通设施进行辅助评价分析，而这些均是城市交通中面临急需解决的问题。通过仿真交通流的实际状态，不仅可以利用各种原始数据在短时间内得到改善后的交通状况，也可以从系统的运行中得到其他方案所需的数据。在不同参数情况下，仿真系统的结果可以辅助分析造成交通拥挤问题的原因，而且可以模拟出各种假设交通管理和控制等改进措施对所研究信号交叉口的影响效果。微观仿真系统能在投入和时间相对少的情况下及时得到交通评估结果，更为重要的是对于一些有困难甚至不可能进行现场实验的交通管理和控制措施，可以利用交通流微观仿真系统进行优化和评估。

4.1　微观交通仿真系统的结构和软件简介

4.1.1　交通微观仿真系统的结构组成

城市道路微观交通仿真模型包含交通网络描述模块、交通需求模块、车辆行驶模块、交通控制管理方案生成模块、仿真输出模块五个基本模块，如图 4-1 所示。各模块的基本内容及功能描述如下[1]。

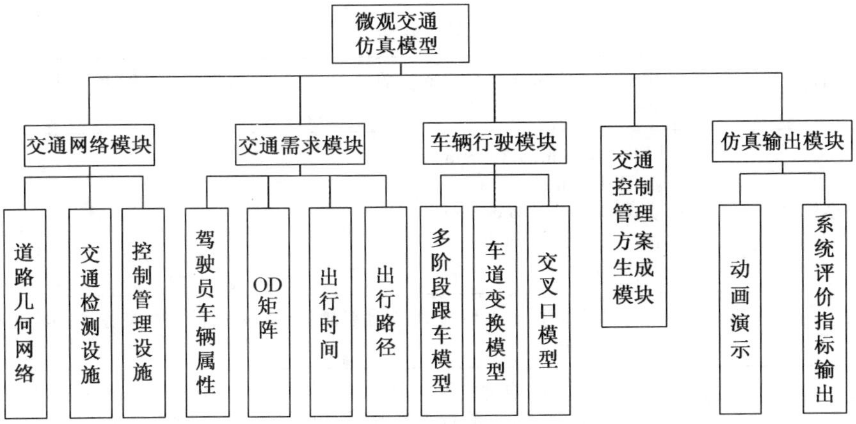

图 4-1　交通微观仿真系统

(1) 交通网络模块。是车辆运行的基本载体和平台，路网模块由道路几何网络、交通检测和控制管理设施组成。

(2) 交通需求模块。主要包含出行方式、出行时间、出行路径和 OD 需求。该模块的基本功能是基于 OD 矩阵的流量分配模型、路径选择模型，把 OD 表转化为路网流量，作为车辆行驶模块的输入。

(3) 车辆行驶模块。可分为多阶段跟车模型、车道变换模型和交叉口模型。

(4) 交通控制管理方案生成模块。该模块的主要功能为根据交通流仿真模块和交通检测系统产生的数据，生成交通控制管理方案，从而更新路网交通控制和管理设备状态。

(5) 仿真输出模块。该模块应包含仿真动画输出和评价指标输出两部分。通过动画演示模拟出进入路网的每一辆车的运动情形，用户可以点击车辆获取驾驶员—车辆属性和运动状态(当前速度、加速度、位置、OD 等)。

4.1.2 交通微观仿真系统的特点

交通流微观仿真系统具有以下优点[2]：

(1) 便于模拟分析交叉口中交通流运行情况，特别适宜于各种拓宽和渠化设计方案。

(2) 为各种信号控制方案提供预先仿真评价工作平台。

(3) 可仿真研究公交专用道的设计和公交车辆的运营状况，同时为公交线路、站点设计提供评价依据。

(4) 具有众多的仿真参数和功能，如可模拟路边停车场等。

(5) 把研究成果以动画形式形象地表达出来。

微观交通仿真系统也有不足之处，如对非机动交通流和混合交通流的仿真研究有待于进一步发展，系统开发和维护需要专业人士负责，不便于推广应用。

4.1.3 微观交通仿真系统简介

自 20 世纪 60 年代以来，国内外交通业界在微观交通仿真领域进行卓有成效的研究工作，开发了几十种微观交通仿真模型和多种交通仿真软件系统(表 4-1)，下文将对主要的 7 种微观仿真平台进行介绍[3]。

表 4-1　仿真软件概述

应用领域	定量化评价和分析 ITS 系统的效益，尤其是 ATMS/ATIS 系统中各类方案的效益评价
典型代表	美国：CorSim、TranSims 英国：Paramics 德国：Vissim、Microsim 法国：Nemis、Simdac 日本：Melrose
描述的交通现象和对象	车队排队及溢出、车辆交织、交通事故、公交运行、行人冲突、停泊车辆、天气状况、寻找停车场等
描述的交通控制和管理方式	固定信号控制、自适应控制、匝道汇入控制、静态路线诱导、动态路线诱导、事故处理、公交车优先控制、可变标志控制、收费口、自动道路系统、停车诱导系统
采用的评价指标	交通运行效益指标：速度、行驶时间、拥挤情况、行程时间变化性、公交运行正常率等。 安全性指标：车头时距、超车、车辆冲突次数、人车冲突等。 环境指标：废弃排放量、噪声水平。 舒适性指标：乘坐舒适度。 技术性指标：油耗

续 表

软件的输入输出界面	大部分软件采用文本输入格式描述节点、路段、交通信号、路径、车辆到达等。少数软件提供路网拓扑结构和几何数据的图形输入界面。大部分软件具有动画演示输出功能
硬件条件	大部分软件可在PC机或UNIX系统上运行
路网大小	从50个节点、1 000辆车,到200个节点、上万辆车,有的甚至可以处理3 000个节点、100万辆车,但采用的是并行处理机制
运行速度	取决于路网大小和计算机性能。一般来说仿真软件的运行速度为实际时间的1~5倍,更快一些的可达到15~20倍
基本的仿真技术	几乎所有软件均采用面向对象的编程技术,绝大部分采用了时间扫描的描述方式,大部分为微观模拟
现状的局限性	各仿真模型均各有其特点和优势,但也因其研究定位和重点的不同,不同仿真模型或多或少的存在不同的缺陷。主要表现为以下几个方面: ① 模型描述:没有描述超车现象,对车辆在近交叉口路段的描述较为粗略,没有描述行人和自行车,没有描述全程路线选择等。 ② 系统运行性能:大路网模型耗时太长。 ③ 输入输出界面:数据输入方式应得到改善,与GIS系统联接和互动需改善。 ④ 模型标定:模型未得到充分标定

(1) Synchro/Sim Traffic 最初是为交通建模和信号优化配时而开发的软件包,随着技术的发展,Sim Traffic 增加了对高速公路、匝道和环形交叉口的建模功能,逐渐发展成为一个功能全面的微观交通仿真系统。

(2) TSIS/CorSim(Corridor Microscopic Simulation)是路网评价强有力的工具,且能够模拟定周期的交通控制和匝道控制、感应式和协调的信号控制、随交通量变化的匝道控制、交通事件等。它综合了用于高速公路仿真的 Fresim 模型和用于城市道路仿真的 Netsim 模型,其中 CorSim 具有先进的跟车和车道变化模型,以 1 s 为间隔模拟车辆的运动。

(3) Vissim 可以建模和分析车道设置、交通信号、公交站点等设施在不同交通构成下城市交通的运行状况,是评价交通工程设计和城市规划方案的有效工具。Vissim 适合于模拟多种交通控制系统,可进行感应式信号控制的设计、检验和评价,并提供了与外部交通控制策略的接口,还可应用于公交优先方案的通行能力分析和检验、收费设施的分析、匝道控制运营分析等。

(4) Paramics 是英国 Quadstone 公司开发的能适应各种规模的路网(从单节点到全国规模的路网)微观交通仿真产品,能模拟复杂的交通信号控制、匝道控制、与可变速度标志相连的探测器、VMS 和 CMS、路径诱导、与 SCATS 的并行仿真等。可以实现单一车辆微观处理,支持多用户并行计算,具有功能强大的应用程序接口。

(5) AIMSUN NG 是西班牙 TSS 公司的微观交通仿真产品。AIMSUN simulator 可以处理各种类型的交通网络,包括城市街道、高速公路和一般公路,能处理环形道路、干线道路以及混合道路网络,作为有效的交通分析工具,AIMSUN simulator 能模拟自适应交通控制系统、先进的交通管理系统、车辆引导系统和公交车辆行程安排和控制系统,能对环境污染和能源消耗进行评估等。

(6) MITSimLab/MITSim 由美国麻省理工学院基于仿真实验室开发的微观仿真模型,可用于在操作级别上评估多种交通管理系统设计的效用。将其输出的仿真结果作为交通分配模型 TMS 的输入，可为路线引导和信号控制策略提供数据服务。

(7) TransModeler 是美国 Caliper 公司开发的，提供当今城市交通规划和仿真所需求的诸多功能，可用于城市规划中的交通影响分析，对备选方案进行科学评估。在继承 MITSimLab 模型合理结构的基础上，增加了一些新的功能。实现了微观仿真、准微观仿真和宏观仿真的无缝集成，可依据网络范围和仿真解析度选择合适的仿真模型。

4.2 微观路网模型

交通运行网络按照其服务对象可分为三大类：①机动车路网；②非机动车路网；③轨道交通线网。其中，机动车和非机动车路网以城市道路网为基础运行，而轨道线网以轨道需求节点为基础构建而成。机动车路网、非机动车路网共用同一道路路网，以单个车辆为基本单元，车辆在道路上的跟车、超车及车道变换行为等微观行为都能得到较真实的反映。微观路网构建主要包括：路段路口与宏观路网的映射定义；路段定义；车道定义；路口、径路及路口冲突点的定义。轨道交通线网的构建元素包括轨道路段和轨道站，独立于机动车和非机动车路网，线网形式单一，驾驶员行为模型单一。

4.2.1 机动车路网模型

道路网络是交通流运行的基础，微观交通仿真系统中网络定义由网络编辑器完成并写入数据库。最基本的网络数据包括节点(node)、链(link)、子路段(segment)和车道(lane)等信息。节点和路段是模型的基本组成部分。节点是指车道特征发生改变的地区，如交叉口、车道增加或减少的变化点、行人过街设施、弯道起终点等。路段则是把节点连接起来形成可供车辆行驶的车道，可以按照限速值、车道数量、主次干路等来分类。节点和路段在模型中用数字地图来定位。

1. 路网元素

实际的城市交通道路网络一般有方格网式路网、放射环式路网、自由式路网和混合式路网几种结构，主要由道路和交叉口组成。

1) 道路

城市道路分为快速道、主干道、次干道和支路四类。快速道是为机动车辆交通服务的，是解决城市长距离快速交通的汽车专用道路。快速道在与高速公路、主干道、快速道相交时必须采用立体交叉形式。主干道是以交通功能为主的连接城市各主要分区的干线道路，主干道上平面交叉口间距以 800～1 200 m 为宜。次干道是城市内区域性的交通干道。支路是以服务功能为主的，直接与两侧建筑物出入口相接的局部地区道路。

表 4-2　　各级道路主要技术指标如表

道路级别	设计车速/(km・h^{-1})	机动车道数	机动车道宽度/m
快速路	80	4	3.75
主干道	60～100	4	3.5 或 3.75
次干道	30～60	2 或 4	3.5 或 3.75
支路	15～25	2	3.5

2）交叉口

道路与道路相交的部位称为交叉口，是城市路网的重要组成部分。交叉口包括平面交叉口与立体交叉口两种类型。

（1）平面交叉口。指各相交道路中心线在同一高程相交的道口，主要有十字形、X形、T形、Y形、错位交叉和复合交叉等类型。交叉口形式的选择一般要遵循5个原则：①形式要简单；②尽量使相邻交叉口之间的道路直通；③对于斜交的交叉口，尽量使其为正交；④对于主流交通，道路线形尽量顺直，任一侧不宜有2条路段交汇；⑤尽量避免近距离的错位交叉。

（2）立体交叉口。指交叉道路在不同标高相交时的道口，由跨路桥、匝道、外环和内环、入口和出口等部分组成。当道路具有下述条件时，考虑采用立体交叉口：①交叉口的交通流量很大，采用平面交叉难以解决交通问题时；②行车速度达到80～120 km/h的高速道路与其他道路相交时；③干道与铁路相交且铁路的行车密度较大时。

2. 路网属性

机动车路网生成及初始化模块可以生成模拟所需的路网数据与图形环境，同时可以定义宏观路网（即相对于OD矩阵和行驶路径所采用的路网编码）和微观模拟路网的映射关系，描述路段及路段包含的不同车道的编码及特性、路口的属性、路口的直行及转弯径路，以及车道与路口径路的连接等。

1）宏观路网与微观路网描述差异

宏观交通模拟系统对交通系统的要素及行为的细节描述处于一个较低的程度。例如，交通流可以通过流量、密度和速度关系等一些集聚性的宏观模型来描述。像车辆的车道变换之类的细节行为不予以描述。宏观路网定义包括：①道路、节点定义；②道路、节点的插入、删除；③道路、节点属性的修改[4]。

微观交通模拟系统对交通系统要素及行为的细节描述程度很高。例如，微观交通模拟对交通流的描述是以单个车辆为基本单元的，车辆在道路上的跟车、超车及车道变换行为等微观行为都能得到较真实的反映。微观路网定义包括：①路段路口与宏观路网的映射定义；②路段定义；③车道定义；④路口、径路及路口冲突点的定义。

2）路段属性

在城市交通路网中，路段是具有方向和特定车道数的道路区段，路段连接相邻两个节点。一个路段包括一条或几条车道，这些车道被分为普通车道和边车道。边车道表示车辆产生的O点或消失的D点，一般代表道路两旁的停车场、商场、办公区和居民区等。路段至少包含一条普通车道。图4-2(a)表示包含3条车道的普通路段，图4-2(b)表示带D点的路段，图4-2(c)表示带O点的路段。

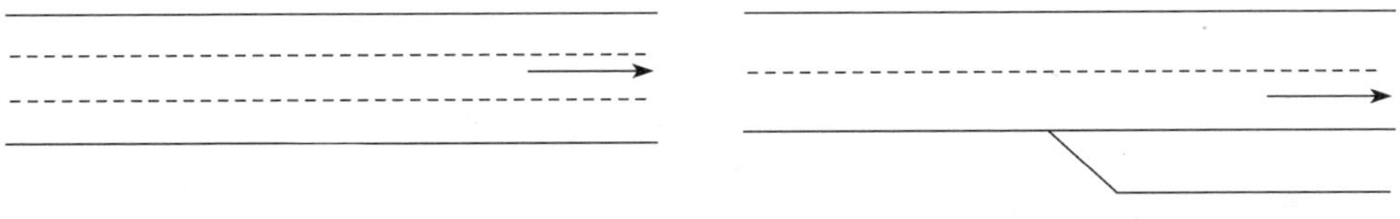

(a) 普通路段　　(b) 带D点路段

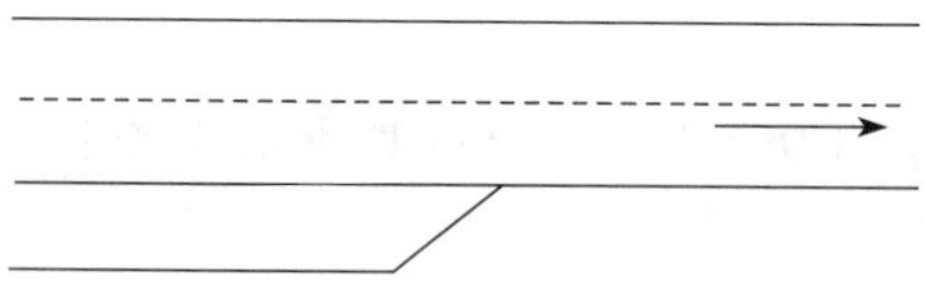

(c) 带O点路段

图 4-2　三种路段示意图

路段的主要属性有：路段编号，所含车道数，与本路段相连的前行直行路段编号，与本路段相连的前行左转路段编号，与本路段相连的前行右转路段编号，路段车辆限速。

3）车道属性

车道主要属性有：车道所属路段编号，车道编号，车道转弯属性（直行 SS，左转 LL，右转 RR，右转及直行 RS，左转及直行 LS），车道起点坐标，车道终点坐标，相邻左车道编号（若无左车道此项为本车道自身编号），相邻右车道编号（若无右车道此项为本车道自身编号）。

4）路口属性

路口是“段”与“段”之间的连接，路口主要属性有：路口上游路段编号，路口上游车道编号，路口下游路段编号，路口下游车道编号，路口限速，相互冲突的路口连线。

5）路段、路口、车道的关系

路段、路口、车道的关系参见图 4-3。图中的 A，B，C，D 表示路段；1，2 表示车道；a，b，c，d 表示路口连线。例如：路段 B 的属性为（B，2，H，D，E，80），表示路段的编号为 B，所含车道数为 2，与本路段相连的前行直行路段编号为 H，与本路段相连的前行左转路段编号为 D，与本路段相连的前行右转路段编号为 E，路段限速为 80 km/h。车道 B1 的属性为（B，1，RR，2，1），表示车道所属路段为 B，车道编号为 1，车道转弯属性为右转，相邻左车道编号为 2，无相邻右车道；路口连线 a 属性（B，2，D，2，30，b），表示连接的是 B 路段 2 车道与 D 路段 2 车道，路口限速为 30 km/h，与路口连线 b 有相交冲突点[5]。

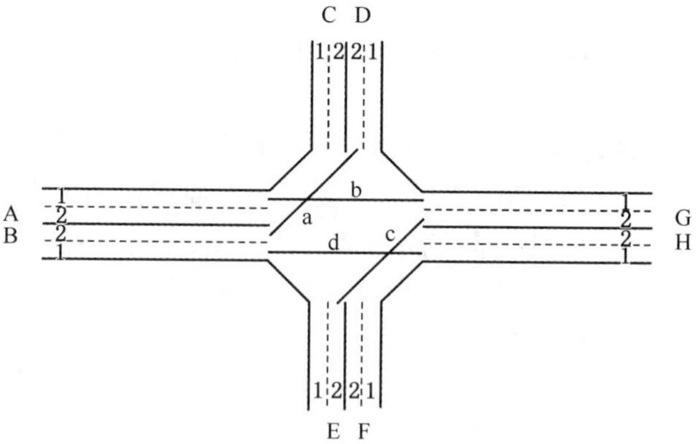

图 4-3　路段、路口、车道关系图

6）各软件路网建模对比

路网是交通系统的骨架，对路网描述的精确度会对交通仿真效果产生影响。Synchro/Sim Traffic、CorSim、Paramics、MITSimLab 和 TransModeler 采取“结点—弧段”结构描述路网；Vissim 与 AIMSUN 则采用”线—连接”结构描述。CorSim 对道路编辑可采用定义曲度的方式来编辑道路几何形状，Synchro/Sim Traffic 路网编辑功能最弱，只提供简单直线来描述道路，且当道路之间交叉时才能自动生成交叉路口（平面强化），难以直接构建立交桥、高架桥等立体道路。其他仿真系统都提供了精确的路网几何编辑功能（折线及弧线）。

在车道描述上，CorSim，Vissim，Paramics，AIMSUN，MITSimLab，TransModeler 都能创建高占有率车道（HOV）、公交专用车道、电子收费车道（ETC）、商务车道等专用车道，Sim Traffic 则在车道精细描述方面比较粗糙，不能模拟上述专用车道。

在道路交叉口描述上，由于 Synchro 存在平面强化的缺点，对道路交叉口描述具有一定缺陷。在这 7 个微观交通仿真系统中，只有 CorSim 没有直接实现对环形交叉口的模拟，需要应用其他工具开发实现。

7）路网属性设定案例

Vissim 软件中路段代表具有单条车道或多条车道、特定交通流向的道路区段。路段之间通过连接器相互连接，从而形成路网。只有连接的路段才可以实现交通流的连续运行，简单叠加起来的路段之间没有相互连通。用户可以在小汽车交通/公共交通路网的任何位置定义路网元素。Vissim 路网由静态数据和动态数据两部分组成。静态数据表示路网基础设施，包括：包含起点、终点和中间点（可选）的路段；路段之间的连接器，如建模车辆转向运行、车道数的增减；公交站点的位置和长度；信号灯/停车线的位置，包括相关信号灯组的参考项；检测器的位置和长度；公交车辆检测点的位置。动态数据包括：进入路网的所有路段上的交通量及其交通构成（如货车比例）；随时间和车辆类型变化的行驶路线的次序，行驶路径决策点的位置；停车标志的位置；公交线路、发车时间和停车时间。图 4-4 为 Vissim 中路段属性的设置，可对车道宽度、路段 3D 模式下外观参数以及坡度、改变行驶方向、评价、费用等其他参数进行设置。图 4-5 中的交叉口是一个设有信号灯和检测器以及优先规则的信号控制交叉口。图 4-5(a)为正常显示模式下的“T”形交叉口，相关道路显示为深灰色，具有两条人行横道；图 4-5(b)为路段中心线显示模式下的同一交叉口，只显示路段中心线和连接器的中心线。

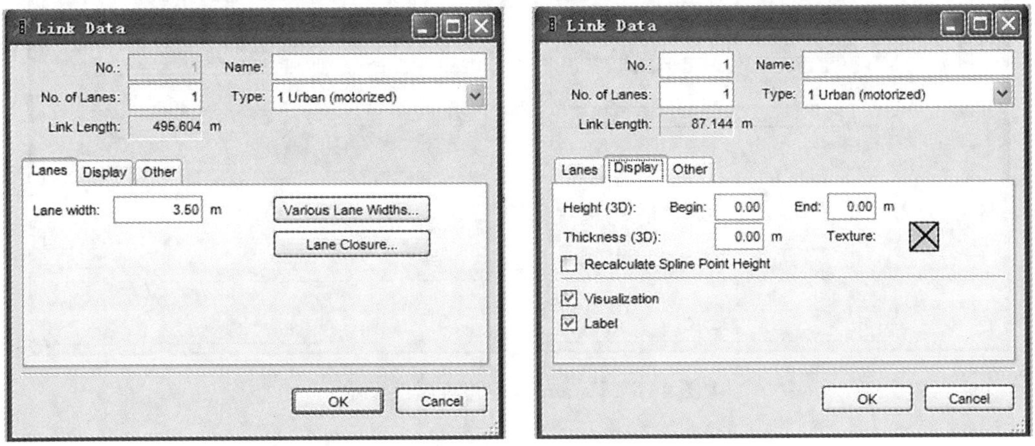

图 4-4 Vissim 中路段静态属性设置视窗

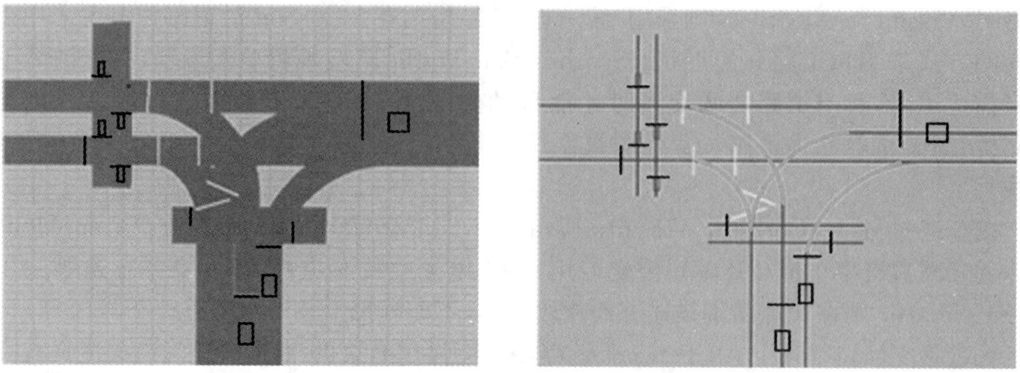

(a) (b)

图 4-5　Vissim 交叉口示例图

Paramics 软件将道路描述为单向路段对的集合，路段通过节点连接起来。路段包括速度、宽度、车道数、车道限制如公交专用车道等属性。节点表示路段连接后形成的交叉口区域，节点也可以是路段特征属性发生变化的地点，包括速度限制、车道数量、曲线与方向变化等属性。Paramics 的路段可分为主要路段（major link）和次要路段（minor link）两种，并以此控制车辆的路径选择。由主要路段构成的路线为主要线路，由次要路段构成的线路则为次要线路。驾驶员被划分为对路网熟悉和不熟悉两类，对路网不熟悉的驾驶员更倾向于使用主要线路。为了便于管理，Paramics 设置了路段种类集（road category），这一概念类似于 word 处理器的样式列表，软件中预先设置了一线路段种类，路段可按照路段种类进行修改[①]。如图 4-6 所示，Paramics 中可通过移动活动条设置路段车速、宽度以及车道数等核心参数，也可通过下拉框选择默认的道路类型，并进行路段修正。

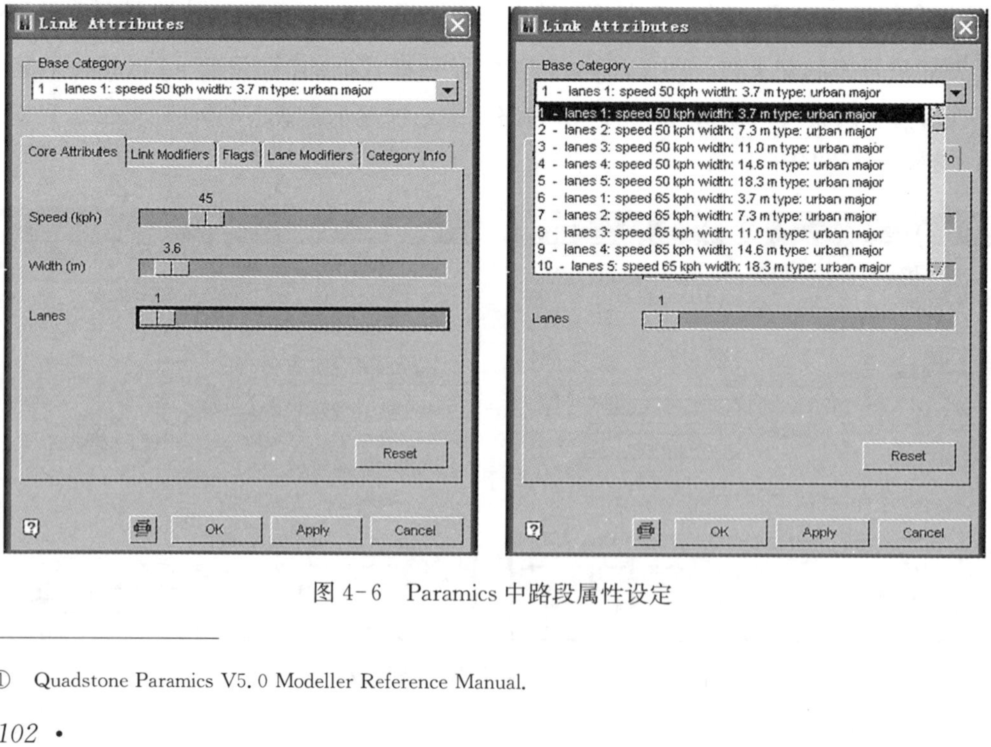

图 4-6　Paramics 中路段属性设定

① Quadstone Paramics V5.0 Modeller Reference Manual.

4.2.2 公共交通路网

1. 路网元素

公共交通系统是城市客运的主体，在人口密集的大都市尤其如此。公共交通系统主要由车辆、线路、站点设施和管理系统组成，并包括专用的停车场、维修厂、调度管理中心等。公交线网是由若干条、数百条线路组成的覆盖面广的线路网络，线网是解决一个区域乃至城市的居民公交乘车要求。线路是由几个或数十个站点串联而成的一段固定的营运路径，线路解决沿途的居民公交乘车要求。公共交通仿真路网模型的基本元素包括公交站点与公交线路。

1）公交站点

公交站点的形式可分为非港湾式站点和港湾式站点。非港湾式站点即公交车直接沿路边停靠，当车道数有限、交通量较大或有多条公交线路通行时，这种停靠站形式易造成道路的动态瓶颈；港湾式站点可以避免道路的动态瓶颈，但需要占用一定的土地，而且当容量及停靠线路数不能正确确定时，仍可能导致道路出现间断性瓶颈。

公交站点位置根据道路横断面形式不同可有多种不同设置方式。一块板道路多为机非混行道路，为改善公交靠站时与非机动车交通的严重交织，在有条件的时候尽可能利用人行道多余宽度设置公交停靠站。两块板或四块板道路路段公交站点根据其设置位置不同可分为路边式公交停靠站、路中型公交停靠站、外凸式港湾停靠站。三块板道路可借用分隔带或慢行交通空间设置港湾公交停靠站，或借用非机动车道设置公交停靠站，也可建设路中型公交专用车道，将停靠站设置于原机非分隔带上。

公交站点是提供车辆停靠和乘客上下车服务的设施，因此公交停靠站的形式与规模应满足公交线网的规划要求，同时需充分考虑道路性质、沿线两侧用地性质、换乘需求与便利性、相关交叉口交通状况及可能的用地等的约束条件。

2）公交线路

公交线路根据营运时间、选用车种的不同，可以分为以下几种类型线路。

按照营运时间的不同，可分为全日线、高峰线和夜宵线。全日线：营运时间从 4:00—24:00，连续营运 20 h 左右，营业时间长，服务范围广，通达程度高，是公共交通主要线路类型。全日线路网纵横贯穿，四通八达，担负着绝大部分的客运任务。高峰线：营运时间在早晚高峰数小时内，主要为工厂、企事业单位职工上下班乘车服务，客流特点是早晚两个高峰小时内乘客人次量大而集中，乘距长，适宜在大型住宅区、集散点通往市区和近郊工业区的干道上布设，线路较长，中途大站停车，远程直达，以提高车速，加快周转，对解决长距离的大客流、减少职工城市时间效果明显。夜宵线：营运时间在 24:00—4:00，主要链接火车站、码头、工厂、住宅区、医院等地点，满足职工中班下班和上夜班、旅客出行、居民就诊等夜间乘车需求，以保证城市居民昼夜不停的各类活动正常进行。

按照选用车种的不同，通常分为汽车线路和电车线路。汽车线路：汽车具有灵活机动的性能，可以在任何有市政道路的区域行驶，收到的限制和干扰相对较小，贯通性强，调整、新辟、延伸线路走向比较容易，因此，汽车线路是城市公共交通的主要组成部分。电车线路：电车通过电力能源，辅以一定的供电设备设施而有效正常运行。由于电车具有良好的启动、加速、过载、爬坡等性能，且操作简便，无大气污染，噪声小，节约能源，因而适应于在客流量大、站距较短、乘距较短的城市繁华地区行驶。

除了常见的定线、定站、定点的固定线路外，还有非固定线路的公交线路，成为需求—响应式公交。这种方式兴起于 20 世纪 70 年代，没有固定线路，不按照固定时刻表运行，对实时的出行需求进行响应式服务。订车通过电话等方式进行，车辆的形式线路由调度中心通过无线通信进行管理。这种公交线路在微观仿真中一般无法通过设置固定的公交路网实现，可通过需求分析根据其出行特征将其归类为普通交通的一部分。

2. 路网属性

1）公交站点

在进行公交站点设计时，应包括停靠站的位置、站台形式和站台规模（长度和宽度）、线路数以及站台附属设施设计。进行仿真时，对这些属性进行量化，主要包括：①每个公交站点对应的唯一编号；②公交站点名称，即其标识或注释；③公交站的长度；④公交站点所在车道；⑤公交站点的起始位置；⑥站点类型。

定义公交站点之前，应首先确认是否使用停车时间计算功能，即除站点自身固有属性，还需设定站点所对应的乘客相关信息，主要包括某一时段内从该站点上车乘客的流量，以每小时人数记，以及产生乘客的时间间隔，乘客所选择的线路。如果没有使用该功能，则需要自己定义停车时间分布。

2）公交线路

定义公交线路需先设置公交线路起点的路段，确定其起点后设置终点路段，而后进行属性设置。公交线路的属性主要包括：①公交线路对应的唯一编号；②公交线路名称，即其标识或注释；③公交车辆类型；④公交车辆的发车速度；⑤公交线路的始发站点处，公交车辆先于时刻表的发车时刻进入路网的时间差，即车辆进入路网的时刻等于始发站点的发车时刻减去这个时间差；⑥松弛时间成分，即乘客上下车结束后，公交车辆必须在站内的等待时间；⑦公交车辆的颜色，在部分国家会通过线路颜色区分线路性质，即市区线路或郊区线路等。

3. 路网构建

公交车辆可在一般道路或公交专用道上行驶，需独立进行定义，Vissim 中用户可在已有线路或在其附近创建沿线的所有公交/轨道站点。选择公交/轨道站点模式，选择需要设置公交站点的路段/连接器，港湾式站点只能设置在路段上，不能设在连接器上，然后在一个路段/连接器内选择好公交站起点，沿着路段/连接器方向，将其拖动到目标位置，与此同时定义站点的长度，长度值显示于状态栏的中间部分。图 4-7 为站点属性设置窗口，可对公交站点的编号、名称、长度、位置等参数进行设置，并可对乘客流量信息进行设置。

一般情况下，公交线路的编码方法类似于静态路径，但公交线路并不分配到达的车辆，而是产生车辆。在已创建沿线公交/轨道站点的基础上，激活公交线路模式，然后选择需要设置公交线路起点的路段，在选定路段内创建公交线路起点，而后选择需要设置公交线路终点的路段/连接器，创建公交线路终点，最后在公交线路上添加/删除公交站点，定义其属性。图 4-8 为公交线路属性窗口，可设置线路编号、名称、车辆类型以及期望车速分布等参数。

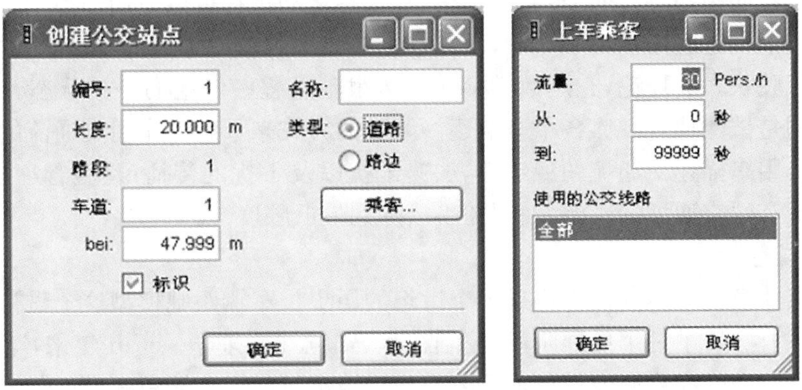

图 4-7 Vissim 中公交站点设置

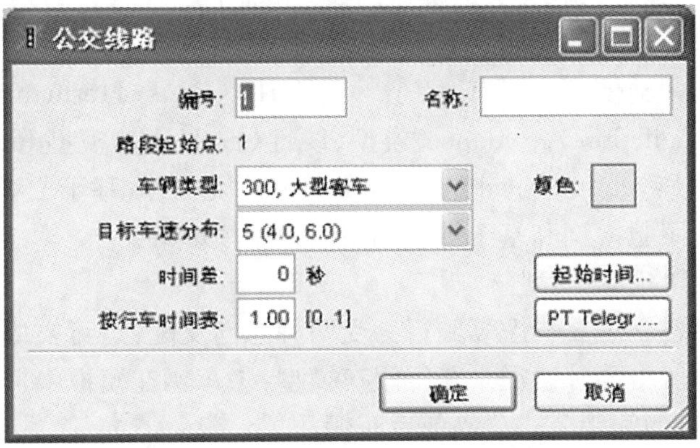

图 4-8 Vissim 中公交线路设置

4.3 驾驶员行为模型

微观仿真中驾驶员行为涉及跟车行为、换道行为、自由行驶行为、超车行为和停车行为等。

4.3.1 跟车行为

在道路上行驶的车辆,如果该车与前导车之间的距离没有足够大到驾驶员可以按照自己的意愿自由选择行驶速度,同时受道路条件限制或其他车辆的干扰,又不能进行车道变换时,则该车处于跟驰行驶状态。此时,车辆的行驶速度受到前面相邻车辆行驶速度的制约,驾驶员只能按前车提供的信息来决定自己的车速,其速度总是在前车速度附近波动,不会长时间超过前车速度。否则,由于车辆间距小于安全距离,紧急情况下来不及刹车,会导致追尾碰撞。同时,后车速度也不会长时间低于前车,否则延误增大。由于驾驶员从感觉到前车运行状态改变,经大脑作出相应的操作到实现相应的速度调整,需要一个过程和一定时间,即存在反应时间,造成后车速度具有滞后性。道路上一辆车跟踪另一辆车的追随现象非常普遍,前一辆车行驶速度的变化,影响后一辆车的行驶,后一辆车为了和前车保持具有最小安全距离或某种期望间隔，需要不断调整车速，这种运动过程可以应用动力学跟踪理论进行分析。跟驰理论就是运用动力学方法，研究在无法超车的单一车道上车辆队列行驶时，后车跟随前车的行驶状态的理论，它用数学模式表达跟驰过程中发生的各种状态。跟驰理论研究的主要目的是试图通过观察各个车辆逐一跟驰的方式来了解单车道交通流的特性。这种特性的研究可用来描述交通流的稳定性，加速干扰以及干扰的传播；检验管理技术，以便预测短途车辆对市区交通流的影响，使尾随事故降到最低限度[6]。

1. 跟车模型

对车辆跟驰模型的研究已有将近半个世纪的历史。车辆跟驰模型这个最初基于物理运动学的模型主要经历了三个发展阶段：控制工程、知觉和心理学。近几年来，车辆跟驰模型在交通工程和安全研究领域变得更加重要。相应地也可以把车辆跟驰模型分为基于交通工程的跟驰模型，主要研究交通稳定性；基于交通心理学的跟驰模型，寻找减少追尾碰撞的途径，从心理学的角度描述与跟驰有关的操作的实现；基于二者结合的跟驰模型，致力于减少单独应用交通工程或心理学的缺点。

基于交通工程的跟驰模型主要有[5, 7, 8, 10, 14]GHR(Gaizis-Herman-Rotherry)模型、CA(Safety Distance or Collision Avoidance)模型、线性(或 Helly)模型等，基于交通心理学的跟驰模型主要有 AP(Psychophysical or Action Point)模型等，基于二者结合的跟驰模型主要有基于模糊逻辑的跟驰模型和基于神经网络的跟驰模型等。

1) 基于交通工程的跟驰模型

此类跟驰模型的建立主要考虑驾驶行为受两种意向支配：运行要尽可能得快；不能同其他车辆相撞。所以一般由两种途径来获得跟车模型：①车辆在模拟中考虑前车的紧急刹车，避免碰撞；②根据一定的间距公式分隔前后车辆。

仿真模型 NETSIM 与 CARSIM 中的跟驰模型算法考虑的就是前车的紧急制动。INTRAS 与 FRESIM 的跟驰模型算法采用的是两种途径的结合。

(1) GHR 模型

最早是 1958 年由美国通用汽车研究小组的 Chandler, Herman 和 Montroll 提出的，又称为 GM(General Motors)模型。该类模型的公式原型如下：

$$\alpha_n(t) = cv_n^m(t)\frac{\Delta v(t-T)}{\Delta x^l(t-T)} \tag{4-1}$$

式中 T——驾驶员的反应时间；

C——驾驶员的敏感系数；

m, l——待标定的参数；

v_n, α_n——后随车的速度和加速度；

$\Delta x, \Delta v$——前后车的相对间距和相对速度。

GHR 模型主要有如下特点：

① 前车的刺激与后车的反应是一一对应的关系，而现实的跟车行为是随交通和流量条件的变化而变化的。

② 许多实验调查是在低速下或停车启动的条件下发生的，难以反映更普遍的跟车行为。

③ 后车能以确定性的方式对与前车的相对速度的微小变化作出反应，且后车对正负相对速度的敏感程度相同，即相同的相对速度绝对值下，后车的加减速度绝对值相同。而实际观测表明，当两车的距离增加或减小时，驾驶员的反应不相同。

基于以上原因，对于正确的 m，l 参数值的确定存在大量矛盾之处。20 世纪 70 年代末起，GHR 模型的研究和应用越来越少。

(2) CA 模型

这种方法的原始公式起源于 1959 年。最基本的描述不是 GHR 模型所提出的刺激—反应类的机能，而是指定一个安全的跟车距离，即前车突然制动，安全间距内可以避免碰撞，原始公式如下：

$$\Delta x(t-T)=\alpha v_{n-1}^{2}(t-T)+\beta_1 v_n^2(t)+\beta v_n(t)+b_0 \tag{4-2}$$

式中 b_0——常数；

α, β, β_1——待定系数；

其他符号意义同上。

(3) 线性模型(Helly 模型)

1959 年，Helly 提出的模型中采用的加速度根据前一辆或两辆车是否正在刹车增加了一些附加项。Helly 模型具有同 GHR 模型相类似的缺点，其简化的模型如下：

$$\begin{aligned}\alpha_n(t)&=C_1\Delta v(t-T)+C_2[\Delta x(t-T)-D_n(t)]\\ D_n(t)&=\alpha+\beta v(t-T)+\gamma\alpha_n(t-T)\end{aligned} \tag{4-3}$$

式中 D_n——后车的期望间距；

C_1, C_2, α, β, γ——待定系数；

其他符号意义同上。

上述跟驰模型是在一个模拟时钟内先移动前车(具有一定的车速和位置坐标)，然后再移动后车(以一定的加速率，通常这些跟驰模型的输出结果为后车的加、减速度)，后车的位置满足模型设计的约束，如 NETSIM 中的跟驰模型满足安全要求，INTRAS 和 FRESIM 中的跟驰模型符合一定的间距公式且移动的加速率受安全间距的约束。这些模型是基于离散的扫描时钟建立的，所以适合于在计算机上应用。但这些跟驰模型有如下缺点：

① 模拟的时钟长度在大多数情况下不易缩短。

② 驾驶员的制动反应时间受模拟时钟的限制，即反应时间应小于模拟时钟。

③ 驾驶员不能觉察很小的车速、位置变化，驾驶员的知觉阈在跟驰算法中没有给予考虑。

④ 先移动前车到一定位置，然后据此移动后车到一个安全位置，这种前后车的串行处理方法不适合于现实中支配智能车辆。

2) 基于交通心理学家角度的跟驰模型

交通心理学家角度的跟驰模型主要有 AP 模型。最早对构成 AP 模型相关因素进行探讨的是 Michaels(1963)，他提出了这样一个观点：驾驶员之所以能初步判断正在接近的前车，主要是通过相对前车的视角变化感知车辆外观大小的变化，察觉相对速度变化。知觉阈为 $\frac{\Delta v}{\Delta x^2}\sim 6\times 10^{-4}$。一旦超过知觉阈，驾驶员将选择减速直到他们不能再察觉到相对速度，当不超过知觉阈，驾驶员的动作回复正常行驶。以后又有其他人相继提出了一些知觉阈。最早把这些知觉阈结合起来形成模型的是德国的 IfV Karlsuhe 小组。在建模时使用与驾驶员知觉有关的变量，但这些变量主要被用作触发因素，对各个因素和知觉阈的标定由于缺乏相继的行为数据，AP 模型的有效性难以得出确定的结论，使这一方面的研究陷入困境。

3）基于二者结合的模型

二者结合的模型主要有基于模糊逻辑的跟驰模型和基于神经网络的跟驰模型。

（1）基于模糊逻辑的跟驰模型

许多研究认为在车辆跟驰过程中前导车的刺激和后随车的反应之间存在着确定性的联系，即前后车之间、动作之间存在一定的因果关系，但一个驾驶员对其他驾驶员的动作所作出的反应，可能不是基于确定的一对一的联系，而是基于由驾驶员经验积累而来的一系列驾驶准则[9]。这些准则应用的方式可能因驾驶员的不同而不同，甚至同一驾驶员也会随条件的不同而不同。例如，驾驶员通常不会这样考虑“因为运行速度是 A m/s，且和前车的间距是 B m，所以应以 C m/s^2 加速”。而是这样考虑“因为距离有点慢，两车间距相当大，所以让我加点速”。这样一些语言推理形式适合于用模糊逻辑和近似推理形式来分析。这类模型是把输入变量分为许多重叠的模糊集，每一模糊集描述一个变量适合某一描述术语的程度，如，两车的相对距离可分为远、较远、近、较近、太近等，那么 0.5 m 属于太近的程度，隶属度为 1；而 5 m 属于近的程度，隶属度可能为 0。同一变量隶属度的大小和所研究的问题有关。这一方法的最初应用是 1992 年，Kikuchi & Chakroborty 试图基于自然语言的模糊集用 Δv，Δx 和 α_{n-1} 作为输入变量模糊化传统的 GHR 模型。这类模型的代表是 FLOWSIM(the Fuzzy Logic Simulation Model) 车辆跟驰模型。图 4-9 为一车辆跟驰模型的模糊推断过程图例。图中 DS，DV 分别为前后两车的相对距离和相对速度，Acc 为后车的加速度。采用三角形隶属度函数，用去模糊化的方法（本图采取求几何重心的方法）从输出模糊集 C7 中提取加减速度的代表值。

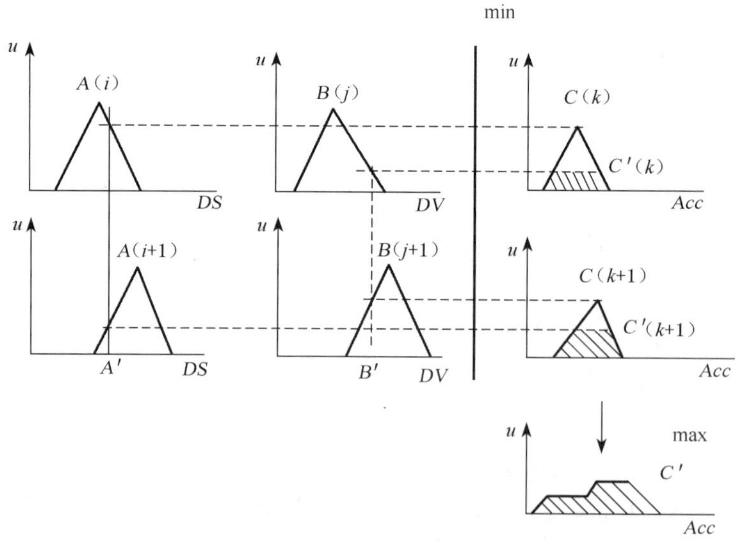

图 4-9　车辆跟驰模型的模糊推断过程图

此类模型具有以下特点：

① 可实现前后车的同步移动，输入变量值为现时值，对后车加速度作出判断后，同步移动后车。

② 这种算法需预先根据大量的实测数据，建立为数不少的模糊规则；不同的交通条件、不同的驾驶员，即使在相同的 Δv, Δz 下，动作也可能不同，输入变量难以确定，且要对每一驾驶员确定"期望间距"，模型的标定工作量大。

（2）基于神经网络的车辆跟驰模型

神经网络代表一种新的信息处理过程，它的主要特点是自学习能力强、适时性和容错性能好。近几年来，神经网络被越来越多地应用到交通研究领域，如交通预测、交通控制等。在建立车辆跟驰模型时，神经网络可望被训练来理解所研究车辆周围的各种条件，并在学习过程中联系相应的适当操作，以期能模拟驾驶员的知觉与决策过程的不确定性。如果研究的目的仅在于刻画驾驶员的行为并应用于交通模拟模型，神经网络模型可能是下一步的解决途径。但目前还没发现有关基于神经网络的车辆跟驰模型的详尽文献资料。

2. 关键参数的取值

跟驰模型中反应时间和安全间距是关键参数。

1）反应时间

对含有反应时间的车辆跟驰模型的标定，最直接的办法就是先标定反应时间这个参数，然后再进一步标定其他参数。估计反应时间主要有两类方法：一类是通过室内实验，模拟驾驶得到；另一类是通过分析跟驰数据得到[10]。

Ma 与 Andréasson 详细综述了第一类方法。Gazis 等提出了一种相关分析的方法来估计反应时间。相对速度与加速度的相关系数最大时的延迟时间被定义为反应时间。此方法中反应时间为恒定的。但 Castello 认为反应时间可能并非恒定，可能与交通流密度有某种关系。Gurusinghe 等假设只有当刺激超过跟驰车的感觉阈时，跟驰车才能感觉到，近一步利用瞬时相对速度与加速度来估计随时间变化的反应时间。但由于需要人工计算，显得比较繁琐，而且不能提供足够统计分析的数据。Daou 提到了车头间距与反应时间的关系，但并未研究二者详细的逻辑关系。早期的研究受限于缺乏高精度的车辆跟驰数据，由于 GPS 与高像素的摄像机出现，对反应时间的研究达到了新的水平。Ozaki 认为反应时间可能与车头间距、速度、前车加速度有关，根据相对速度差与加速度的图像，估计每个驾驶员的反应时间。Koppa 认为不同驾驶员的反应时间服从对数指数分布。Ranjitkar 等认为靠人工计算的图像法比较繁琐与费时，开发了计算机程序来计算相对速度差与加速度的图像上相邻极值点的时间延迟。估计每个驾驶员反应时间均值的范围为 1.27～1.55 s。Ahmed 计算了包括反应时间在内的车辆跟驰模型的参数，其中反应时间的均值为 1.34 s。Ma 与 Andréasso 采用的基于傅立叶分析的特殊方法估计出的反应时间的范围为 0.52～1.24 s。图 4-10 是最小二乘法标定所得反应时间分布图，反应时间的均值为 1.077 s，标准差为 0.504，不同驾驶员的反应时间差别很大。

Basnayake 与 Lachapelle 使用微分全球定位系统研究车辆跟驰过程中驾驶员的反应，在某个试验场进行了车辆跟驰试验，使用了 10 辆客车，头车试验了多种速度模式，如随机、恒定、正弦曲线等。跟驰车辆的反应通过安装在车上的 RTK GPS 接收器测得。出于反应时间会随时间不断变化的假设，研究车辆跟驰中的刺激—反应现象。修改后的图形

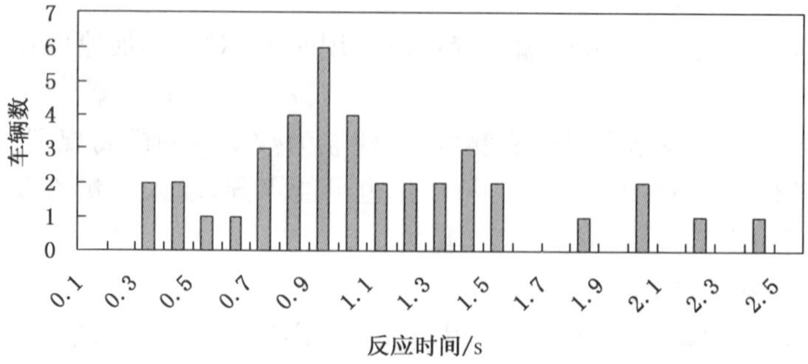

图 4-10　最小二乘法标定所得反应时间分布图

法用来估计时间变量——反应时间，使用李沙育图的新算法(Lissajou's diagram)估计相对速度与加速度之间的敏感度系数。统计分析显示，不同驾驶员间反应时间和敏感度系数的变化较大，同一驾驶员反应时间和敏感度系数的变化也较大，但前者的差异性要高于后者，且驾驶员在车队中的位置与头车不同的速度模式对驾驶员反应时间影响很小。采用相对速度与加速度对比图法标定反应时间得到反应时间的总均值为 1.123 s，方差为 0.325。

2) 安全车距

在同一条车道上，同向行驶的车辆以相同的速度、连续不断地行驶，各车辆之间保持着一定的车距，构成了稳定的交通流。如果跟驰车辆的车距过小，则容易发生追尾事故；如果车距过大，又会影响道路的通行能力。行车安全距离就是指在同一条车道上，同向行驶前后两车间的距离(指后车车头与前车车尾间的距离)，保持既不发生追尾事故，又不降低道路通行能力的适当距离。确定不同的车辆在不同的速度下，应该保持的合理安全车距，才能避免追尾事故的发生[11]。

张浩然等[12]认为，后车为小型客车时，当后车对前车的反应强度为 0.423 且车速较高，大于 5 m/s 时，与前车保持大于 2.58～3.23 s 范围内的某值的安全时距，可避免追尾事故的发生；当车速较低，小于 5 m/s 时，应保持更大的安全时距，才能保证跟驰行为是安全的。杨洪等[13]通过对 Vissim 软件核心模型的分析，建议在进行仿真实验时，安全车距参数值 bx_mult 取 3.5～3.75，bx_add 取 2.5～2.75 比较合理。

4.3.2　车辆换道行为

换道是一种驾驶行为，当前后车身航向角不变，而车身航向线不是同一条线，都称为换道，这样的换道称为理论换道。理论换道的起点固定，终点可以是除去换道前车身航向线上的任何点。并且任意给定起点 A、终点 B，车辆可以通过若干次掉头，实现理论换道。

正常换道(NLC)是对理论换道给以下三个实际约束条件形成的，即：①在换道中，不允许中途倒车；②在换道中，不允许瞬间航向角的绝对值大于 90°；③在换道中，除了终点以外，轨迹中不允许有车身航向角相同而车身航向线不重合的点存在。

实现换道的条件可分为基本条件和环境条件。环境条件是指符合相邻车道使用规定，具有足够的换道空档，换道中能做出后车会安全让车的判断。正常换道的可实现区间属于基本换道条件，是依据车身轴距，在无干涉的情况下，求解车辆在正常换道时换道目标点的可实现区域[14, 15]。确定方法为首先判断目标换道点是否在可实现区间内，如果在此区间内，则启动正常换道，包括进一步判断是否满足环境条件；否则，车辆将通过倒车配合实现换道。图 4-11 是对理论换道和正常换道的举例。在图 4-11(a)理论换道中，A 是起点，F 是终点。实现 $A\rightarrow F$ 换道，可以有多种方式，但是不可能实现任何一种正常换道。$A\rightarrow d\rightarrow F$ 路线，必须通过倒车实现，不满足条件①。满足条件①的路线是 $A\rightarrow B\rightarrow b\rightarrow F$，由半圆和直行完成。从 B 点开始车身航向角 $\alpha_1>90°$，不满足条件②。另外，在一个随意的轨迹 $A\rightarrow B\rightarrow C\rightarrow D\rightarrow E\rightarrow F$ 中，E 点不满足条件③。

图 4-11(b)是几种正常换道，如 $G\rightarrow H$，$G\rightarrow J$，$H\rightarrow I$。而 $G\rightarrow H\rightarrow I$ 也是一个换道，但由于中间的 H 不满足条件③，也不是正常换道。可以得出如下结论：在 XOY 平面上，换道起点固定为 $O(0, 0)$，换道前航向角为 0°，车辆最小转弯半径为 $R_{\min}$。如果 F 点满足正常换道终点要求，则 F 点坐标(x_{NLC}，y_{NLC})满足下式：

$$\left.\begin{array}{ll} y_{\mathrm{NLC}} \geqslant 2R_{\min}, & \text{当} \left|x_{\mathrm{NLC}}\right| \geqslant 2R_{\min} \\ y_{\mathrm{NLC}} \geqslant 2R_{\min}\sin\left[\arccos\left(1-\dfrac{x_{\mathrm{NLC}}}{2R_{\min}}\right)\right], & \text{当} \left|x_{\mathrm{NLC}}\right| < 2R_{\min} \end{array}\right\} \tag{4-4}$$

式中　x_{NLC}，y_{NLC}——F 点横、纵坐标；

　　　$R_{\min}$——最小转弯半径。

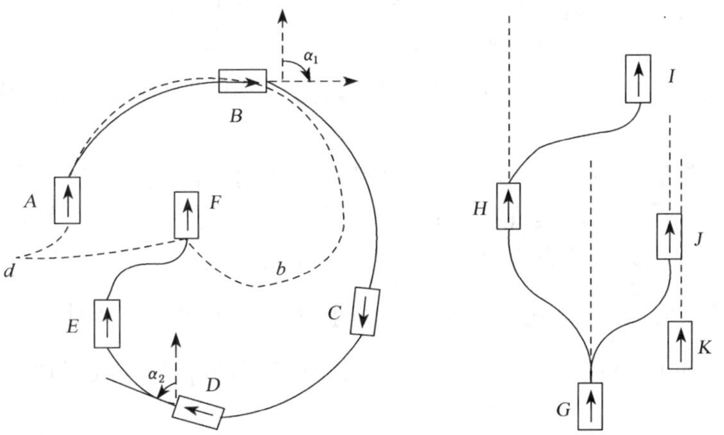

(a) 理论换道　　　(b) 正常换道

图 4-11　理论换道及正常换道示意图

图 4-12 中灰色区域是根据式(4-4)得到的满足正常换道条件的终点位置集合。其中上、左、右三个方向的锯齿线表示可实现区间没有边界。图中 D 点落在可实现区间之外，说明从 O 点到 D 点，无法实现正常换道。曲线 $OEGI$ 是最小转弯半径取图中所示的值时获得的可实现区间边界。曲线 OJ 是一个更大的最小转弯半径车辆获得的可实现区间边界。可以看出，最小转弯半径越大，正常换道不可实现区域就越大。由于车身轴距与最小转弯半径成正比，因此，车身轴距越大，换道越不灵活。这与现实是吻合的。

驾驶员换道时往往采取 4 个步骤：①通过方向盘转向将车身航向角扭到一个合适的角

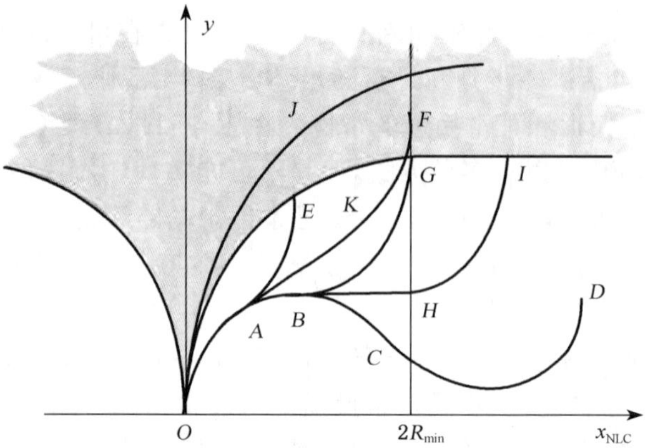

图 4-12　车辆换道终点位置示意图

度;②在前轮 0°转向的情况下将车辆移动到合适的目标换道位置;③通过方向盘反转将车身航向角回收到初始状态;④如果与目标位置有少量差异,可以通过方向盘抖动,进行适当调节。建模时相应可划分为 4 个阶段:扭角阶段、靠拢阶段、收角阶段和调整阶段。假设车辆换道是由左道换向右道,相反的过程除方向角正负区别外,有相同的分析结论。其中,车辆前轮转向角用 β 表示,正值表示右转;α 为车身航向角,正值表示右偏。

1. 扭角阶段

换道时首先使前轮转向角右偏一个角度 β,使车辆获得期望的车身航向角度。在车辆到达期望的航向角之前的阶段称为扭角阶段,如图 4-13 所示。本阶段结束时车辆将以期望的航向角度进入靠拢阶段,这个角度称为靠拢航向角,用 α_{close} 表示。在建模中,扭角阶段使用如下参数:

(1) 前轮转向角 β。这个角度的大小直接影响扭角阶段进入靠拢阶段的快慢。驾驶员必须转过一定的角度才可以实现换道;同时,驾驶员不希望做最大的转向动。最终的 β 是上述行为动力和行为阻力的合力决定的,最大值为 25.9°。

(2) 扭角持续时间 t。前轮转向角 β、车身航向角 α 通常是一个时变量,$\alpha=\int\beta\mathrm{d}t$。在进入靠拢阶段时,$\beta$ 回归到 0°。当靠拢航向角 α_{close} 确定,那么 β 与完成扭角的时间成近似的反比关系。

(3) 靠拢航行角 α_{close}。从图 4-13 可以看出,在靠拢阶段,车辆沿着靠拢航向角直线运行。

2. 靠拢阶段

车辆只需要沿着扭角阶段确定的靠拢航向角直行。换道间距越大,或者靠拢航向角越小,都可以产生或者延长靠拢阶段。在换道间距极小或者靠拢航向角极大,都会造成靠拢阶段的缩小或者消失。靠拢阶段消失的条件是:当驾驶员刚刚把车身扭到合适的角度,发现他必须立即反转方向盘,进入收角阶段。图 4-12 中,OAE、$OABG$ 都是没有靠拢阶段的换道轨迹。

3. 收角阶段

在靠拢阶段的后期,驾驶员左转方向盘,完成车辆航向的收角,使航向角为 0°,平行于

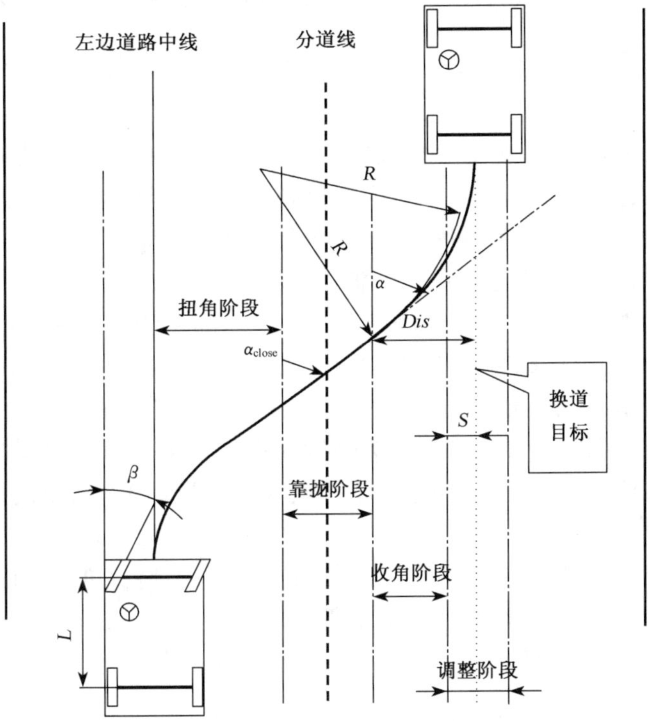

图 4-13　车辆换道分阶段示意图

运行航线，进入收角阶段。收角阶段的建模，只用到一个关键量——收角距离 Dis，它是收角开始的位置和换道目标之间的横向距离。收角距离 Dis 有一个最小值 Dis_{min}，其定义是：在距离换道目标 Dis_{min} 处，如果前轮转向角为最大值，刚好能够在换道目标处实现收角。或者说，当收角开始处与换道目标的距离小于 Dis_{min}，即便将前轮转到最大，也无法在换道目标前实现车身角度的归零。根据分析，当车辆轴距为 L，如图 4-13 所示，则转弯半径的简化计算公式为

$$R = \frac{L}{\tan\beta} \tag{4-5}$$

式中　R——转弯半径；

L——车辆轴距；

β——前轮与前进方向夹角。

取 $\beta_{max} = 25.9°$，最小转弯半径 R_{min} 为

$$R_{min} = \frac{L}{\tan\beta_{max}} \sim 2L \tag{4-6}$$

如图 4-13 所示，当目前车身航向角为 α，则与前轮转向角有关的收角距离为

$$Dis = R - R \times \cos\alpha = L \times (1 - \cos\alpha)/\tan\beta \tag{4-7}$$

当驾驶员期望以最大前轮转向角完成收角，则最小收角距离 $Dis_{\min}$ 为

$$Dis_{\min} = L \times (1 - \cos\alpha) P \tan\beta_{\max} = 2L \times (1 - \cos\alpha) \tag{4-8}$$

4. 调整阶段

对于驾驶员来说，换道目标是一个模糊的区间，这个区间的中线为换道目标线，宽度为 2 S。车辆一旦进入这个区间，则自动进入调整阶段。这个阶段，车身航向角可能已经归零，可能还没有归零，也可能为负值。因此，调整阶段的目的是航向角的归零和前轮转向角的归零。在微观模型中，调整阶段通常在几个步长内就可以完成。

换车道行为是驾驶员由自身的驾驶特征，针对周围车辆的车速、间隙等周边环境的刺激，调整并完成自身驾驶目标策略的综合过程，通常包括信息判断和操作执行两个过程。目前常用的换道模型是 Gipps 提出的，换道的计算主要以换道概率、换道加速度、可接受间隙等指标反映。换道根据需求和类型可分为强制换道和自由换道。强制换道包括：①通往下一目的地路径所需要的换道；②避免进入下一堵塞/ 封锁车道所需要的换道；③避免进入某一限制车道所需要的换道。

自由换道是指驾驶员为追求更高速度，绕过大型车辆，避免进入与匝道相连接的车道等而采取的换道行为。强制换道时，车辆 n 的驾驶员在离下一节点（或突发事件点、堵塞车道点等）距离 X_n 处的换道概率为

$$\begin{aligned} X_n > X_0,\ P_n &= \exp[\ (X_n - X_0)^2 / s_n^2] \\ X_n < X_0,\ P_n &= 1 \end{aligned} \tag{4-9}$$

式中 X_n——距下一节点或突发事件点或堵塞车道点的距离；

X_0——临界距离，与特定信息标志有关（如最后的出口标志）；

s_n——$s_0 + s_1 m_n + s_2 k$，其中，m_n 是车辆进入目标车道需要越过的车道辆数，k 为该路段的交通密度，s_0，s_1，s_2 为参数。

自由换道条件下，换道决策是以当前车道和邻接车道的交通条件为基础的，它要考虑期望车道（由驾驶员对速度的喜好等因素决定）、可接受间隙等因素。

4.3.3 超车行为

车辆在双车道公路上行驶，当不受周围干扰影响或干扰影响解除后，驾驶员有超车意愿而且满足超车条件的情况下，可以开始超车。可以将双车道公路上的超车过程划分为以下几个步骤：超车意愿判断；超车形式选择；超车条件检查；超车行为实施；超车中止强制回车。超车过程的流程图见图 4-14[16]。

(1) 超车意愿判断。自由行驶的车辆接近前车或者车辆处于跟驰状态时，如果车辆此时的速度小于它的期望速度，那么车辆会试图超车以改变其行驶状态。这种情况下车辆就具有了超车意愿。

(2) 超车形式选择。具有超车意愿的车辆将根据当前所处的行驶状态决定进入何种超车形式。如果车辆是以自由行驶状态接近前方车辆，那么属于等速超车形式；若车辆以跟驰行驶状态接近前方车辆，则是加速超车形式。

(3) 超车条件检查。具有超车意愿的车辆是否有可能进行超车，应该检查以下三个不

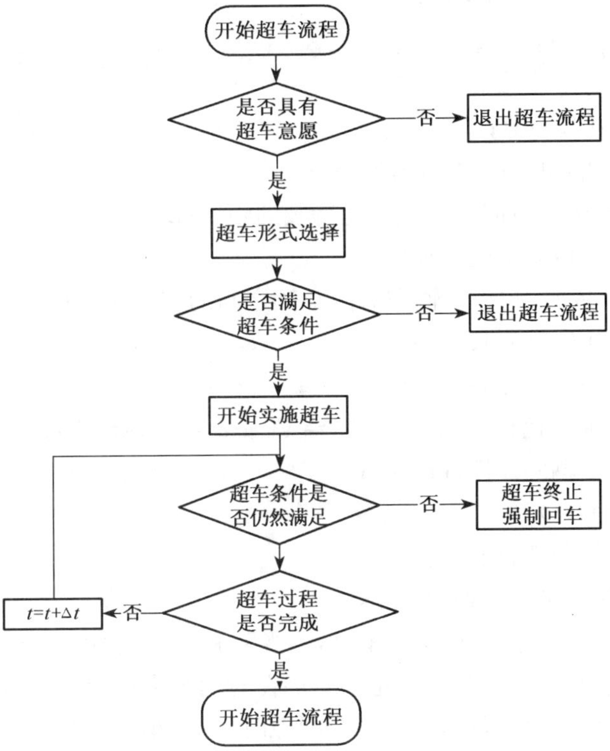

图 4-14　超车过程流程图

同的条件：①考虑超车是否存在限制，比如车道线的存在、禁止超车区域的存在等；②车辆是否能完成这个超车过程，即超车视距小于对向来车间距；③周围的环境是否允许超车，即同向车流中是否存在可回车间隙。

超车视距、停车视距和会车视距统称为视距。视距是指从车道中心线上规定的视线高度，能看到该车道中心线上高为 10 cm 的物体顶点时，沿该车道中心线量得的长度。停车视距是指驾驶员在行驶过程中，从看到同一车道上的障碍物时，开始刹车到达障碍物前安全行车的最短距离。例如，在双车道公路上，高速车辆利用对向车道超越慢速车辆：首先判断本车与对向车道上的车辆是否有足够的间距，不至于与对向车辆发生碰撞，才能超车。在这一段时间内，双向车辆同时驶过的路程长度之和，称为超车视距。《公路工程技术标准》规定：双向行驶的双车道公路根据需要，应结合地形在适当间隔内保证具有超车视距的路段。图 4-15 为超车视距示意图。

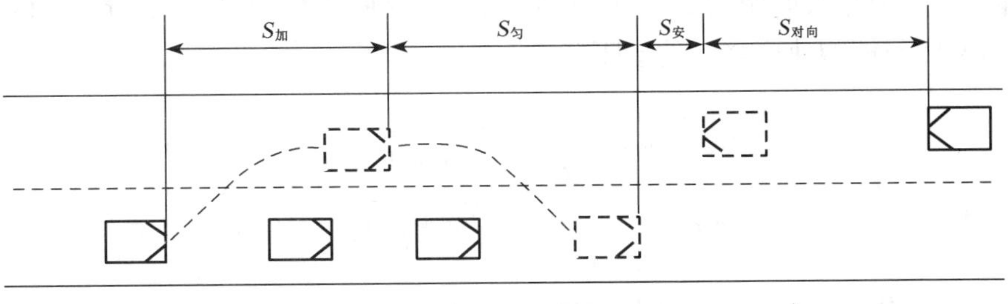

图 4-15　超车视距示意图

$$S_{超车}=S_{加}+S_{匀}+S_{对向}+S_{安}$$
$$=\left(\frac{V_0}{3.6}\times t_{加}+\frac{a\times t_{加}^2}{2}\right)+\frac{V}{3.6}\times t_{匀}+V_{对向}\times(t_{加}+t_{匀})+S_{安} \tag{4-10}$$

式中 $S_{超车}$——超车视距(m)；

$S_{加}$——超车车辆加速行驶的距离(m)；

$S_{匀}$——超车车辆在对向车道上匀速行驶的距离(m)；

$S_{对向}$——对向车辆的行驶距离(m)；

$S_{安}$——超车完成时，超车车辆和对向车辆之间的安全距离(m)，$S_{安}$取 30～100 m 范围内的值，通常取 40 m；

V_0——超车车辆超车前的速度(km/h)；

V——超车车辆匀速行驶的速度，$V=V_0+a\times t_{加}$(km/h)；

$V_{对向}$——对向车辆的速度(km/h)；

$t_{加}$——加速时间(s)；

$t_{匀}$——超车车辆匀速行驶时间(s)；

a——超车车辆的平均加速度(m/s^2)。

(4) 超车行为实施。在快车超越慢车时，当视距和对向交通流满足超车条件时，要借用对向车道超车。为了安全地实现超车，超车车辆在对向车道运行时，必须确保与对向来车有足够安全的距离。当原车道有足够的可回车间隙时，超车车辆驶回原车道，完成超车过程。

(5) 超车中止强制回车。如果在实施超车行为的过程中无法继续满足超车条件，则超越车中止超车，急减速返回本车道。这发生于超越车与对向来车的间距不足或可回车间隙太小的情况。由于超车行为和驾驶员特性的多样性，超车过程是复杂的，受道路环境、道路线形、视距、车辆类型、速度和驾驶员等多种因素影响。由于驾驶员作为交通系统中最活跃的要素，驾驶行为对整个仿真系统的运行有着很大的影响。因此，仿真系统中建立了专门的驾驶员模块，该模块考虑了驾驶员的性别、年龄、驾驶倾向性等因素对双车道公路交通流特性的影响。

4.3.4 其他行为

1. 自由行驶行为

车辆在道路上的行驶分为自由行驶和跟驰行驶。当车辆的运动不受前面运动车辆的影响时，称该车为自由行驶，反之则为跟驰行驶。自由行驶又有两种形式，即加速到目标车速稳速行驶和减速到将车停在既定的位置。当车辆处于头车位置或与同一车道的前车距离大于跟驰界限(一般取车头时距为 8 s)，车辆处于自由行驶状态。此刻车辆所采用的加速度由车辆的当前速度与期望速度之间的差距确定：

$$\alpha_{自由流}=\begin{cases}\min\left\{\alpha,\ \alpha^{+}_{\min}\left[1-\left(\dfrac{V}{V_{期望}}\right)^2\right]\right\} & (V_{期望}>V)\\ \min\left\{\alpha,\ \alpha^{-}_{\min}\left[1-\left(\dfrac{V_{期望}}{V}\right)^2\right]\right\} & (V_{期望}\leqslant V)\end{cases} \tag{4-11}$$

式中 $\alpha_{自由流}$——自由行驶状态下的加速度(m/s^2)；

α——跟驰车辆的当前加速度(m/s^2);

α_{min}^{+}, α_{min}^{-}——跟驰车辆的最小加、减速度(m/s^2);

V——跟驰车辆的当前速度(km/h);

$V_{期望}$——跟驰车辆的理想期望速度(km/h)。

2. 停车行为

在车辆行驶过程中,若车流中车辆正前方有车辆停车或有慢速车辆,或遇到停车标志时,必须停车或变换车道,描述这一现象的模型就是停车模型。该模型的基本思想是车辆在行驶过程中,首先要用停车视距扫描前方位置,若在停车视距范围内扫描到了停车标志,该车就要按一定的减速度停车;若在停车视距内扫描到了停止车辆或慢速车辆,就要运用变换车道模型判断能否变换车道,若不能变换车道,该车就要按一定的减速度停车。否则就保持一定的自由流速度或加速到自由流速度行驶。微观仿真模型中,除 Sim Traffic, AIMSUN 外,CorSim, Vissim, Paramics, MITSimLab, TransModeler 中均有停车模型。

4.3.5 各种微观仿真模型比较

车辆跟驰、换道、间距接受模型是交通仿真模型的核心[3]。CorSim 的跟驰模型使车辆之间保持理想安全的车头时距;CorSim 的换道模型中设置了三种换道策略:因前方紧急情况而进行的强制换道;因前面车辆低于车辆自由速度而进行的自由换道;因路口转弯而提前进行的预设换道。在换道模型中考虑了所换车道的可汇入车流间距;在 CorSim 的间距接受模型中,当车辆最小汇入车流间距小于车流中两辆车的间距时,即可进行车流汇入行为。Sim Traffic、CorSim 的跟驰、换道、间距接受模型基本相似,最大的差异在于跟驰模型。CorSim 跟驰模型中,车头时距总是保持 1 s,而 Sim Traffic 则随着道路状况、车辆性能和驾驶员性格改变而改变。MITSimLab、TransModeler、Vissim 采用心理—生理跟驰模型和与 CorSim 类似的基于规则的换道模型和间距接受模型。Paramics、Vissim 跟驰、换道、间距接受模型采用与 CorSim 类似的规则,但描述得更为精细。例如,在间距接受模型中,AIMSUN改进了 CorSim 的最小汇入车流间距随时间不变的缺点,随着时间的增加、驾驶员耐性的减小,最小汇入车流间距也会随之变化。

尽管车辆行为模型还包括其他各类细致的模型,但上述车辆行为模型基本能够真实细致地反映交通行为,多种微观交通仿真系统的车辆行为模型比较如表 4-3 所列。

表 4-3　　仿真模型对比

比较类别	仿真模型						
	Sim Traffic	CorSim	Vissim	Paramics	AIMSUM	MITSimLab	Trans-Modeler
车辆跟驰、换道及间距接受模型	有	有	有	有	有	有	有
交叉口转弯运动模型	有	弱	有	有	有	有	有
车辆排队以及排队消散模型	有	有	有	有	有	有	有
交叉口左转影响模型	有	有	有	有	有	无	不详
路口车辆行人相互影响模型	有	有	有	有	有	无	有

续　表

比较类别	仿真模型						
	Sim Traffic	CorSim	Vissim	Paramics	AIMSUM	MITSimLab	Trans-Modeler
转弯速度影响模型	有	无	有	无	无	有	有
停车影响模型	无	有	有	有	无	有	有
车辆转弯灯信号影响模型	无	无	无	无	无	无	不详
友好让车汇流模型	无	有	有	只存在于匝道控制	只存在于匝道控制	有	有
黄灯反应模型	依据驾驶员和车辆类型	依据驾驶员和车辆类型	依据驾驶员和信号控制	依据驾驶员	有	无	有
可变的驾驶员反应时间	无	无	无	有	有	无	不详

1. Vissim 中跟车、车道变换、超车行为设置方法

1）跟车行为设置

Vissim 中的跟车模型和车道变换模型使用了大量参数，经验丰富的用户可以对基本的驾驶行为进行调整①。驾驶行为通过路段类型链接到每条路段。针对每种车辆类别，可以定义不同的驾驶行为参数集合。依次选择：基础数据→驾驶行为，打开驾驶行为参数设置窗口，对参数集合进行编辑，见图 4-16。默认情况下，Vissim 预先定义了 5 个不同的参数集合，分别是：

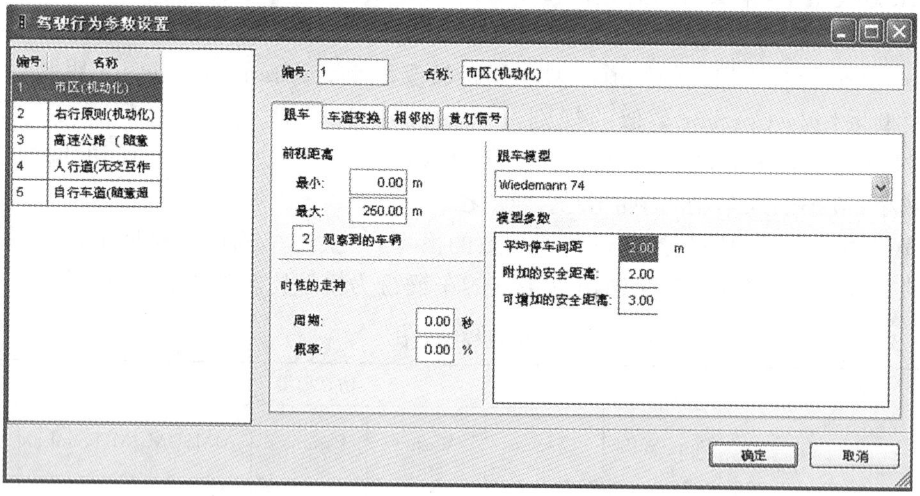

图 4-16　Vissim 中驾驶行为参数设置

（1）前视距离

车辆前方的可视距离，使得后车驾驶员能够对在同一路段内的前方或旁边的车辆做出

① Vissim 530 Manual.

反应。该参数是对观察车辆数量的补充。

① 最大前视距离。在少数情况下，需要增大该值，如铁道路线建模时，其交通信号和车站需及时验证。

② 最小前视距离。该值对侧向驾驶行为的建模非常重要，尤其多辆车辆接连排队时(例如自行车)，要增大该值。该值的大小取决于模型的速度，在市区取 20～30 m(60～100 ft)。

(2) 观察到车辆

前方可视车辆数，在路网中驾驶员预测其他车辆运行以及做出相应反应的能力。部分路网元素内部建模为车辆，如果路网中短距离内存在几个交叉口，有必要增加该数值。但是，数值越大，仿真速度越慢。

(3) 暂时性的走神(睡眠参数)

后车驾驶员在一段时间内不对前车的驾驶行为(紧急刹车除外)做出反应，即后车驾驶员处于"精神不集中"的状态。"精神不集中"的持续时间称为周期，"精神不集中"的发生频率称为概率。这两个参数值越大，相应路段的通行能力越低。

(4) 模型参数

根据选定跟车模型的不同，可以选择不同的模型参数。

(5) 跟车模型

车辆跟车行为的基本模型称为跟车模型，模型不同，模型参数也不相同：Wiedemann 74 主要用于城市道路交通；Wiedemann 99 主要用于城际公路交通。没有相互作用是指车辆间互不影响，可用于简化的步行行为。

① Wiedemann 74

Wiedemann 74 模型是 Wiedemann 于 1974 年提出的跟车模型的改进版本，参数包括平均停车间距和安全距离，这些是影响通行能力的主要参数。

- 平均停车间距(ax)：两停止车辆的平均停车距离，变化幅度为±1m。
- 附加的安全距离(bx_add)和可增加的安全距离(bx_mult)：这两个参数影响安全距离的计算，两车之间的距离 d 可以用以下公式计算：

$$d = \mathrm{ax} + \mathrm{bx} \tag{4-12}$$

式中 ax—— 停车间距；

bx——安全距离，$\mathrm{bx} = (\mathrm{bx\_add} + \mathrm{bx\_mult} \cdot z) \cdot v$，$v$ 是车辆速度，m/s；z 介于[0，1]之间的数值，是标准正态分布，标准差为 0.15。

② Wiedemann 99 模型

Wiedemann 99 模型是 Wiedemann 于 1999 年提出的跟车模型，参数包括：

- CC0(停车间距)：两停止车辆之间的距离，非变量。
- CC1(车头时距)：后车驾驶员期望保持的车头时距(单位：s)。该值越大，说明驾驶员越谨慎。当给定一个速度 v(m/s)时，安全距离 dx_safe 的计算公式为

$$\mathrm{dx\_safe} = CC0 + CC1 \cdot v \tag{4-13}$$

模型中定义的安全距离是指后车驾驶员跟车时保持的最小距离。当流量很高时，这个距离对通行能力的影响最大。

- CC2(跟车变量)：前后车的纵向摆动约束，是指在后车有意识地接近前车之前，后车

驾驶员所允许的车辆间距大于目标安全距离的部分。如果这个值设为 10 m，则跟车距离在 dx_safe 安全距离与 dx_safe ＋ 10 m 之间，默认值为 4.0 m，是一个稳定的跟车过程。

- CC3(进入跟车状态的阈值)：控制后车何时开始减速，例如后车驾驶员辨认出前车车速低于自己车速时，也可以理解为在后车达到安全距离之前多久，后车驾驶员开始减速。
- CC4 和 CC5(跟车状态的阈值)：控制“跟车”状态下前后车的速度差。该值越小，后车驾驶员对前车加/减速行为的反应越灵敏，前后车间的跟随越紧密。速度差为负时，使用 CC4；速度差为正时，使用 CC5。采用默认值，则跟车过程中前后车的跟随关系将十分紧密。
- CC6(车速振动)：跟车过程中，距离对后车速度摆动的影响。如果该值为“0”，则后车的速度摆动与前后车间的距离无关。该值越大，则随着前后车间距的增加，后车的速度摆动也随之增加。
- CC7(振动加速度)：摆动过程中的实际加速度。
- CC8(停车的加速度)：停车启动时的期望加速度，受加速度曲线中最大加速度限制。
- CC9：80 km/h 车速时的期望加速度，受最大加速度限制。

2) 车道变换设置

车道变换包括必要车道变换和自由车道变换。为到达下一个路径的连接器而进行必要车道变换时，驾驶行为参数包含了该车辆和新车道上最后车辆的最大可接受减速度，这个减速度取决于车辆与下一个路径连接器上紧急停车位置的距离。为获得更大的行驶空间或更高的行驶速度而进行自由车道变换时，Vissim 会检测新车道上靠后车辆的期望安全距离，这个安全距离取决于靠后车辆和想变换车道车辆的行驶速度。目前用户还不能改变车道变换的强制性。但是，改变期望安全距离的参数(用于车辆跟车行为)可以影响自由车道变换。

当驾驶员试图变换车道时，首先需要寻找合适的空档(车头时距)。空档的大小由变道车辆的车速、变换后车道上的紧随车辆的车速和强制减速度决定。车道变换参数设置视窗见图 4-17。

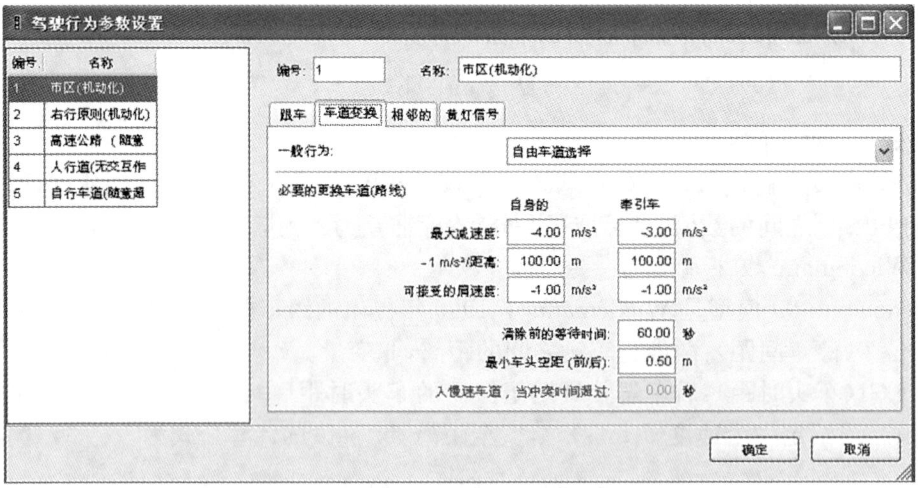

图 4-17　Vissim 中车道变换参数设置

3) 超车行为设置

一般行为可用于定义超车行为和必要车道变换行为。

(1) 超车行为

超车行为分为自由车道选择和右行规则、左行规则。自由车道选择是指允许车辆在任何车道上超车。右行规则、左行规则是指仅当快车道车速高于 60 km/h 时,允许快车道上运行的车辆超车;当慢车道上运行车辆的速度差最大为 20 km/h 时,允许慢车道上的车辆超车。

(2) 必要车道变换行为

对于行驶路径引起的车道变换,定义为强制性车道变换,需要设置变道车辆和变换车道上的紧随车辆的临界减速度。减速度的范围由最大减速度和可接受的减速度定义。此外,还需定义最大减速度的衰减率。例如,参数设置及其生成的曲线图见图 4-18。

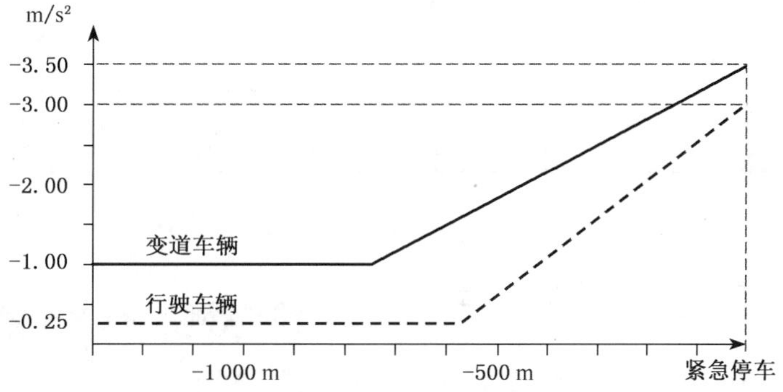

图 4-18　参数设置及其所生成曲线图

(3) 其他参数

① 消除前的等待时间:定义了车辆在紧急停车位置等待车道变换空档出现的最大时间。达到该值时,车辆将从路网中消失,错误文件中将记录车辆消失的时间和位置。

② 最小车头空距:前后车的最小车头间距。后车超越处于静止状态的前车时必须满足该条件。

③ 转入慢速车道的临界冲突时间:仅当车道变换行为设置为右行规则时使用。它描述了慢车道上前后车间的最小车头时距,使得快车道上的车辆可以变换车道到慢车道上去。

(4) 横向行为

默认情况下,Vissim 的车辆将占据整个车道的宽度。车辆的横向行为参数使得车辆可以在同一车道中的不同横向位置上行驶,而且只要车道宽度允许,可以在同一车道内超车,视窗设置见图 4-19。参数包括:

① 自由交通流中的期望位置:自由流状态下,车辆在车道中的目标横向位置。选项为车道中间、车道右或左。

② 在下一车道观察车辆:考虑相邻车道上行驶车辆的横向位置的影响。

③ 菱形排队:根据车辆的实际形状,允许车辆交错排队,如自行车。

④ 同车道超车:选择允许在同一车道内超车的车辆分类。用户也可以定义超车的方向(左、右或者同一车道上的左右位置)。

⑤ 最小横向间距:针对每种被超越的车辆类别定义同一车道内的最小超车横向距离。用户需要定义车速为 0 km/h 和 50 km/h 时的两个值。未定义该值的车辆类别,将使用默认值。

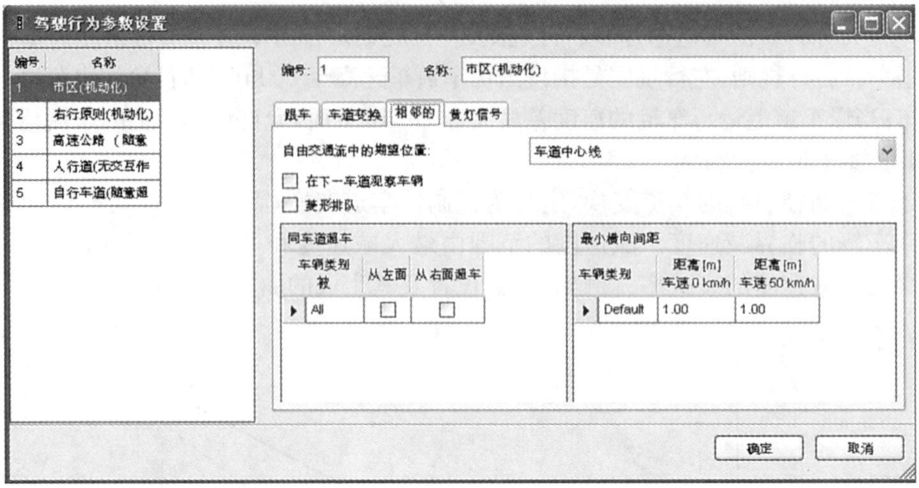

图 4-19　Vissim 中横向驾驶行为参数设置

2. Paramics 跟车行为和车道变换设置

1）跟车行为

Paramics 模型中的车辆有一个名义上的驾驶人，驾驶人被赋予了一定程度的“感知度”（awareness）和“急进度”（aggression），其值均在 1～8 之间。感知度用于控制该车辆与其他车辆的协作程度，如通过调整车头时距允许其他车辆变道；急进度用于控制驾驶人速度选择和道路使用、车辆超速或与前方车辆保持较小车头时距的可能性。图 4-20 为 Paramics 中驾驶人行为参数设置，有四种基本选项：

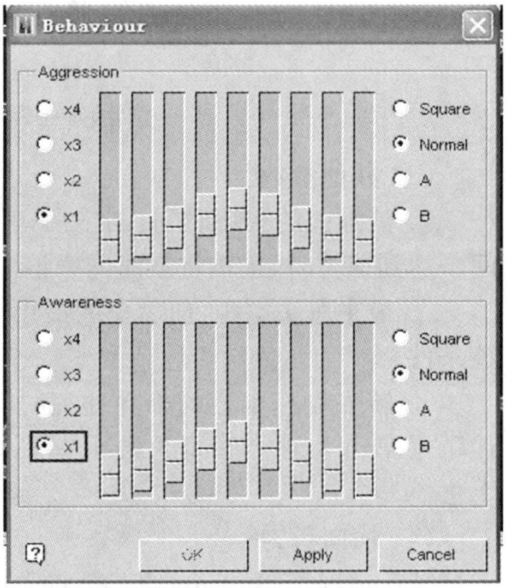

图 4-20　Paramics 中驾驶人行为参数设置

（1）平方分布（Square Distribution）：将值的分布变为平方分布，从而每个驾驶员有等同的可能性被分配为任一值。

（2）正态分布（Normal Distribution）：默认的分布设置。

（3）分布 A 与分布 B：其他可能的分布情况。

2）车道变换设置

Paramics 中车道变换的设置类似于前文提到的跟车行为的参数设置，通过“感知度”和“急进度”两个参数进行判断。Paramics 不需要用户描述不同地点分车道的车流量大小，如在接近交叉口处，Paramics 能定义驾驶人感知交叉口和决定变道的地点；每个车道的车流量取决于模型中驾驶人的决定。如果模型不能与观测数据相符，建模人员需重新检查对象车流、转向车流以及驾驶人决定变道的地点。

4.3.6 驾驶行为仿真模型未来研究方向

随着交通科技的进步，ITS、驾驶员信息诱导系统和车辆自动智能巡航系统(Autonomous Intelligent Cruise Control System)的开发建立，驾驶行为仿真模型的构建将在很大程度上有别于过去，模型大体存在以下发展趋势[17]。

1. 应用领域专门化

驾驶行为是多样化的，随机性大，影响程度难以度量，想构建一个“标准”的驾驶行为仿真模型是不现实的；相反，针对具体交通条件和用途建立特定交通状况下的驾驶行为仿真模型更有实际效果。

2. 研究手段多样化

(1) 信息利用深度化。随着交通科技的进步，大量采用先进的微波检测、视频检测等技术和信息处理方面的数字信号、图像、视频、语音、数据挖掘、人工智能等领域的前沿成果，充分实现信息的深度挖掘、集成和应用，可使复杂交通巨系统中多源信息和多源信息刺激下驾驶行为特征参数值的采集成为可能。

(2) 输入变量人性化。对车辆跟驰中驾驶行为的研究不再采用代表固定控制规则和最优性能的指标，而用动态变化的多规则、期望型感知变量。在模型构建过程中综合考虑主观知识和客观规律的结合，通过引用意识变量或无意识变量及匹配一些与交通状况密切相关的参数来提高驾驶行为仿真模型的性能。

(3) 多学科知识交叉化。未来对驾驶行为的研究将交叉、融合更多其他学科的知识，综合考虑主观知识和客观规律的结合、确定性模型和近似推理算法的综合运用。

(4) 研究过程阶段化。驾驶行为本身所具有的不确定性、多样性以及影响程度难度量性等特点使驾驶行为的研究非常困难，因此任何单一层次、几种方法的简单集成都难以奏效。针对驾驶员信息处理过程的四个阶段包括感知阶段、认识阶段、判断阶段和执行阶段，采用系统工程中大系统分解—协调的思想和多级划分的方法针对不同信息处理阶段采用不同的研究手段和方法，从而简化驾驶行为仿真模型构建的推理过程和复杂度，进一步提高系统的响应速度和控制效果。

3. 研究层次深入化

(1) 刺激反应深入研究。通过观察驾驶员的生理、心理反应特性(如驾驶员面部表情、血压、脉搏、心跳等)来指导车辆运动模型的选择，进一步深入研究多源信息刺激下跟驰过程中驾驶员的行为特性及综合认知拓扑结构。

(2) 多源信息融合。考虑复杂交通环境中信息刺激的多源性，开发能综合反映多种刺激因素的驾驶行为仿真模型，同时考虑多源输入信息的可变影响性。

(3) 协同驾驶行为研究。交通流中驾驶员个体追求的目标是一致或相近的——安全、快速、舒适、通畅，因而个体间存在相互合作、协同的关系，宏观上存在形成一种有序结构的可能性。因此，在模型构建过程中应充分考虑交通网络环境中驾驶行为影响因素的多样性、模糊性和驾驶员自适应性等特点，以驾驶员行为为核心，在网路层面进行集群分析和协同驾驶行为的研究。

(4) 多车型驾驶行为考虑。车辆类型对跟车状态及驾驶行为有一定影响，不同车辆类型对应不同的运动模式。例如，小车跟驰大车和大车跟驰小车的跟驰驾驶行为不同，因为在跟驰过程中不同车型的驾驶员对多源信息的获取度不同。

（5）本源问题探讨。充分理解造成驾驶行为可变性原因和与之相匹配的可接受性，找出造成抽象模型与实际驾驶行为之间误差的源泉及不同实验间模型系数可变性的原因至关重要。

（6）模型立体化构建。真实交通具有时间、空间两个变量，同时还受随机因素的影响，变化规律非常复杂。为描述真实的交通状况和驾驶行为，所构建的驾驶行为仿真模型应具备以下特点：①采用时间、空间双变量；②非线性；③随机性；④无穷维。

（7）驾驶行为个性研究。现有的驾驶行为仿真模型几乎都只考虑了驾驶员的共性，忽视了个性。如何突出驾驶员的个性是急需解决的问题。

（8）评价体系构建。对驾驶行为仿真研究须建立一个完善的评价体系，以此来指导驾驶行为仿真模型的设计。

（9）模型全面验证。包括：①模型验证互动化。利用虚拟现实技术进行模型验证，不仅让受测驾驶员对监视器上看到的交通状况作出反应，同时交通环境也要对受测驾驶员的行为作出反应，即受测驾驶员要与交通环境进行交互作用，以达到更接近实际的仿真场景。②模型验证全面化。驾驶行为仿真模型在微观仿真和宏观模拟中都不可或缺，从宏观和微观两个角度分别进行模型验证，同时微观和宏观的相互转换也是检验模型准确性的有效方法。由于实际条件的限制，对于驾驶行为仿真模型的检验目前只停留在仿真阶段。

（10）仿真时钟研究。考虑离散时钟与连续时钟的联系和切换机制以及仿真时钟步长的缩减策略。

4. 模型实用化

交通流理论是实践性很强的理论，建立驾驶行为仿真模型是为了解释交通现象和解决交通问题，因此在建立驾驶行为仿真模型时，不能脱离实际需要而只追求形式上的完整和数学上的完善。

（1）模型完善动态化。对驾驶行为仿真模型或算法采用动态调度和在线修改的编程思想，使模型具有自适应性和自动纠错能力，使其在运行过程中日趋完善，最终成为一个全面的、性能完善的仿真模型。

（2）模型简单适用化。简单适用是驾驶行为仿真模型构建的第一原则，有利于模型的推广。

（3）模型应用智能化。将数字驾驶、驾驶行为仿真模型及交通流状况进行有机结合，同时对模型的可扩展性、反馈性、自学习能力进行研究，使车辆具有人的知识和智慧，从而建立反映未来智能交通流的驾驶行为仿真模型。例如，将驾驶行为仿真模型与智能车辆控制系统进行有机结合，利用仿真模型对交通流稳定性进行分析，能在一定程度上揭示追尾碰撞事故的发生机理。利用多源信息，车辆控制系统能通过有效地选取车辆安全运行模式来实现主动安全防撞决策，从而避免交通事故的发生。

（4）交通环境治理方面的应用。驾驶员不仅是道路交通系统的信息处理者和决策者，同时也是调节者和控制者，因此研究驾驶行为对交通流的影响成为交通环境治理的核心问题。驾驶员是汽车操纵的主体，不同的驾驶员有着不同的驾驶行为、驾驶习惯，好的驾驶行为会降低汽车的燃料消耗和污染物排放。

（5）交通流诱导方面的应用。交通流诱导所产生的负效应“交通集聚”和“拥挤转移”若得不到及时有效地解决，势必对城市交通网络的性能、交通运输规划的实践以及ITS作用的发挥产生极大的负面影响。交通流诱导负效应的产生主要是由于信息条件下道路出行者路线选择行为的不确定性和出行者个人偏好引起的，因此对驾驶员行为多变性机理进行深入系统的研究，深刻认识和理解其不确定性及多变性，可以有效地处理驾驶决策过程中的非确定性问题，提出消除负效应的有效理论和方法。

(6) 交通安全方面的应用。驾驶行为因素对道路交通的正常运行起着关键性作用，为确保交通安全，需及时找出驾驶员行为因素对交通安全的影响根源和机制，开展以驾驶行为为核心，进行交通法规和人、车、路及周围环境四要素为一体的综合性交通安全措施等方面的研究。

4.4 非机动车车辆属性和骑行者行为

4.4.1 车辆基本属性

非机动车交通在我国的城市交通中占有独特的地位，是我国居民出行的主要方式。国内除不适宜用自行车的城市外，城市适宜骑车年龄的人口接近每人0.5～1辆非机动车。据统计，人口大于200万的城市，自行车出行量的平均值约为城市总出行量的35%，与公交车出行量的平均值之比约为62∶38；在人口为100万～200万的中等城市，自行车出行量约为40%，与公交车出行量的比值为72∶28；在人口小于100万的小城市，自行车出行量约占50%，公交车出行量平均只占4.72%，两者的比值为92∶8，居民出行基本靠步行与自行车。总体来说，城市中自行车的出行量，一般要占居民出行总量的40%～60%。

自行车的运动轨迹呈蛇形，而不是像机动车一样呈线形。据实测，自行车的速度一般在11～18 km/h，左右摆动范围各0.2 m，车把宽0.6 m，因此运动中需要占据1 m宽的空间；运动时稳定性差，行驶过程中相互干扰较大，易引起整个自行车流的波动；自行车在道路上横向移动灵活，是穿插行驶，而不是像机动车规则地按照车道跟踪行驶。自行车在运动时不像机动车一样严格地保持一定的间距、直线成队列行进，而总是成群地行进。自行车也不经常减速，更不喜欢停下来，当前方的自行车减速或停车时，后面的自行车会向旁边闪避并超越前车，因此自行车不存在跟车的概念。城市灯控交叉口非机动车骑行特性主要有以下几个方面[18-20]：

(1) 摇摆性。自行车在交叉口内由于与机动车处于同一运行平面，无任何隔离防护，骑行速度慢，自行车骑行人的畏惧心理使得车辆横向摇摆，容易偏离原骑行轨迹。

(2) 成群性。交叉口信号灯停车线处由于红灯聚集了大量的自行车，在绿灯开启时刻自行车成群地涌进交叉口内，交叉口短时间内进入的大量自行车对机动车运行带来影响。

(3) 多变性。由于自行车机动灵活，易于转向、加速或减速。而且骑行人差异较大，因而个体车辆的速度和方向常常突然变化，易于在交叉口内呈散点分布。

(4) 易出现违章性。自行车骑行人的心理状态是图省力、抄近路和从众行为，在通过灯控路口无警察和协勤人员管理时，易出现闯红灯和在交叉口内抢行的违章现象。

(5) 机动车与非机动车的不对等性与不融合性。非机动车的体量、速度、强度等都与机动车有着明显的区别，因此机非交通流具有明显的不对等性，在交叉口内部不同方向的车流相遇时，除密集的自行车队以外，在我国常见的交通现象是自行车个体寻找机动车流的可插入间隙通过，也即当机非交通流相交时，一般是非机动流被隔断。

微观仿真中非机动车车辆类型包括行人和自行车。仿真基本属性包括长度、宽度、速度分布，如图 4-21 所示为 Vissim 中非机动车类型设置。

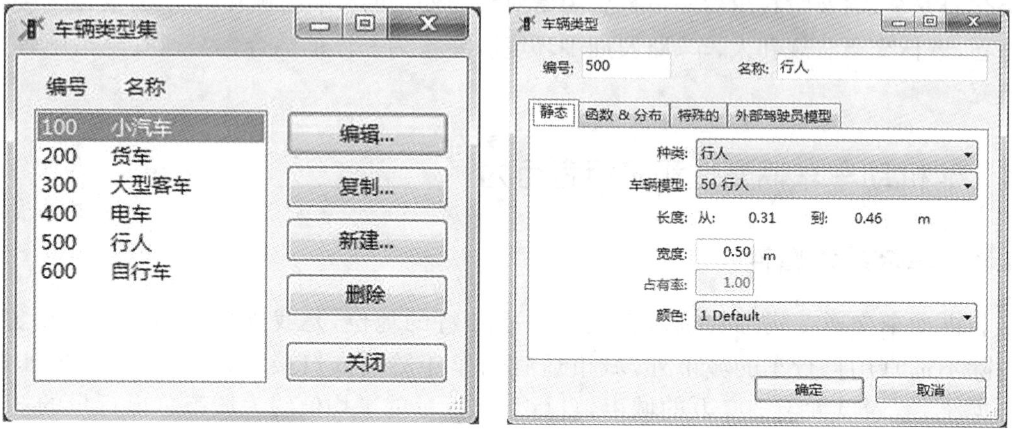

图 4-21 Vissim 中非机动车类型设置

4.4.2 骑行者行为模型

城市道路网中非机动车以自行车和电动自行车为主，非机动车骑行者主要行为有跟驰行为、转弯行为和机非干扰行为。

1. 自行车跟驰行为

1) 非机动车虚拟行车道定义及跟驰状态判定条件

非机动车具有动态曲线行驶、穿梭灵活、变道频繁等特性，导致非机动车无法像机动车那样设置单列车辆行驶的车道。为了便于对非机动车跟驰行为的界定和研究，参照机动车行车道的划分方法，根据非机动车的设计宽度、行驶时摆动的幅度和净空要求，将非机动车道看作由几条非机动车行车道组成，即虚拟行车道。

目前还没有非机动车跟驰行为的定义和判定标准，参照机动车跟驰行为的定义，将非机动车跟驰行为定义为：虚拟行车道内，在非机动车无法变换车道情况下，后车跟随前车行驶的一种行为，表现在后车要与前车保持一定的距离，并随着运行状态的变化而改变自身驾驶行为以适应前车的变化。对于跟驰状态的判断标准，根据相关文献的推荐标准，结合实验观测的非自由行驶状态下非机动车的临界跟驰间距分布，考虑到电动自行车的行驶速度较高，将非机动车临界跟驰车头间距设为 6 m[21]。

2) 模型构建

非机动车的跟驰行为类似于机动车，即两辆车之间需要保持足够大的安全距离，以便跟驰车辆在前导车突然变化驾驶行为的情况下，有足够的时间停下来，并保持一定的距离，不发生前后车的碰撞或刮擦。因此，以满足跟驰车辆间最小安全间距作为建模思路。跟驰车辆之间的最小安全车头间距，由前导车的长度、跟驰车辆在反应时间内行驶的距离、前导车

和跟驰车辆制动距离差和附加的安全停车间距组成，仿真模型为[22, 23]

$$H(t+T)_{\min} = L_l + L_r + \frac{V_l^2}{2d_{l\max}} - \frac{V_f^2}{2d_{f\max}} + L_s \tag{4-14}$$

式中 $H(t+T)_{\min}$——最小安全车头间距(m)；

T——仿真步长(s)；

L_l——前导车的长度(m)；

L_r——跟驰车辆在反应时间内行驶距离(m)，$L_r = V_f \cdot \Delta t$，其中，Δt 为反应时间(s)；

V_f，V_l——跟驰车辆和前导车在仿真步长终点时刻的行驶速度(m/s)；

$d_{f\max}$，$d_{l\max}$——跟驰车辆和前导车的最大减速度(m/s²)；

L_s——安全停车间距(m)。

考虑驾驶员生理—心理特性条件，不同驾驶员对前后车辆速度差和间距的敏感程度不同，表现出对行车间距心理阈值不同，即安全停车间距不同。非机动车由于横向移动灵活，前轮较窄，可以插入前车的横向空隙，因此停车间距可以为零甚至是负值，但实际上大部分的骑车者倾向于有 0～1 m 安全停车距离，该距离可以用随机函数来表示，即：

$$L_s = rand() \tag{4-15}$$

式中，$rand()$ 为产生(0, 1)均匀分布的随机函数。

此外，考虑自行车和电动车在减速度、车速等方面差别很大，其制动距离差可能小于 0，需要对式(4-14)进行修正，得到如下模型：

$$H(t+T)_{\min} = \max\left(L_l + L_r + \frac{V_l^2}{2d_{l\max}} - \frac{V_f^2}{2d_{f\max}} + L_s,\ L_l + L_r + L_s\right) \tag{4-16}$$

式中，各符号意义同上。

2. 其他行为

1) 自行车转弯模型

转弯路线采用了椭圆的思想，以南向右转的自行车为例，具体如图 4-22 所示。B 点代表车辆开始转弯的点，C 点代表转弯后到达目的车道停车线处所相应的点，且 A、B、C、D 都是有方向性的。AB 表示从 A 到 B，CD 表示从 C 到 D，即 AB 是进入交叉口的车道，CD 是驶出交叉口的车道。E 点代表模拟中车辆每一步的目的点，即车辆每一步运行位置就转化为求 E 点的坐标。

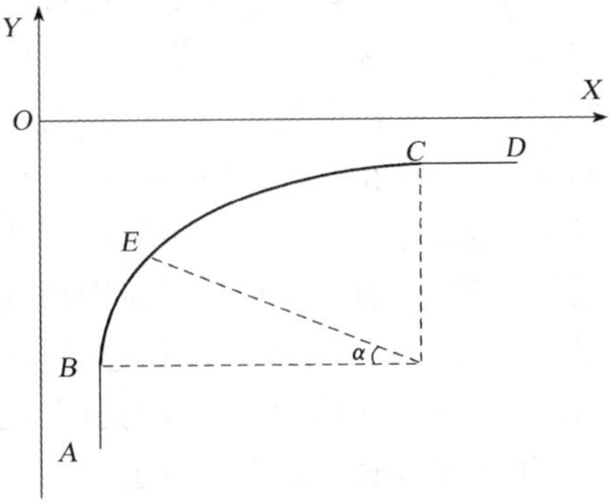

图 4-22 自行车转弯示例图

在程序中，可读取车辆转弯起点 B 的坐标(b_1, b_2)，C 点的坐标(c_1, c_2)是已知的，由此可计算出椭圆的长半轴 a 和短半轴 b，即可确定椭圆的方程。

$$\begin{cases} a = c_1 - b_1 \\ b = c_2 - b_2 \end{cases} \tag{4-17}$$

模拟车辆运行时，是将车辆行驶的路线分割成许多小步，一步一步模拟。由于每一步所对应的圆心角非常小，所以车辆每一步运行的长度可近似为一段直线，虽然车辆沿这个路径（一段直线）行驶，但是在整段 BC 圆弧上看来则是很圆滑的。

$$\theta = \frac{l}{\sqrt{\frac{a^2 - b^2}{2}}} \tag{4-18}$$

式中 θ——每一步转过的圆心角；

l——每一步的长度，为 $v \times t$。

然后根据转弯的角度 α，利用极坐标公式确定 E 点的左边（e_1，e_2）。

$$\rho = \frac{b}{\sqrt{1 - e^2\cos^2\alpha}} \tag{4-19}$$

则椭圆的离心率 e 为

$$\begin{cases} e_1 = \rho\cos\alpha \\ e_2 = \rho\sin\alpha \end{cases} \tag{4-20}$$

式中，ρ 为椭圆的极坐标方程。

最后，将极坐标转化为直角坐标，即为车辆顶点的位置坐标。

2）机非干扰微观行为模型

机动车—自行车干扰主要有两种：右转机动车穿越直行自行车和左转机动车穿越直行自行车[24]。

不受信号控制的右转机动车主要有三股冲突车流（图 4-23），而左转自行车相对于右转机动车而言没有优先权，对右转机动车的通行不会造成影响，但是当右转机动车与直行自行车流到达冲突区的时间差很小时，就有可能发生碰撞，此时，右转机动车必须减速或停车等待，等直行自行车流中出现可供利用的安全空隙时才能通过冲突区，右转机动车就产生了一个冲突，造成了一定的延误，通行能力自然也受到一定的影响。

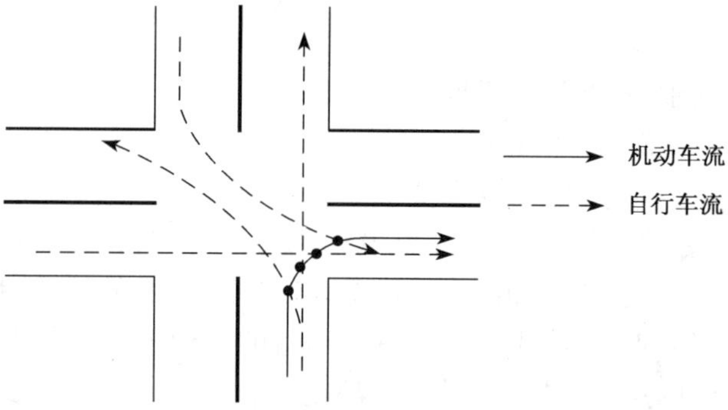

图 4-23　无信号控制右转机动车与自行车冲突示意图

建立相关模型时，以右转机动车与直行自行车冲突为研究对象，将直行自行车流看成主要车流，而右转机动车流看成是次要车流。只有当直行自行车流中出现足够大的空隙时，右转机动车才能通过交叉口。右转机动车穿越直行自行车有一个临界空隙，当空隙大于临界空隙时右转机动车才能通过。在这个时间空隙中包括真正被右转机动车利用的时间和两端的安全距离，由于自行车运行灵活，轨迹多变，在右转机动车穿越直行自行车流的过程中安全距离很小，在这里忽略不计，也就是假设空隙完全被右转机动车使用。

左转机动车与直行自行车的干扰采用左转车机动车与对向直行自行车冲突模型。由于每一方向的车辆都按车道的中心线行驶，所以路口形状给定后，冲突点和汇流点是若干个固定点。我们认为车辆离这些点一定距离时，就要根据其他方向来车的情况考虑避车。这个距离被称为冲突检测距离。

当车辆进入冲突检测距离内，车辆每走一步都要做如下判断：

（1）当该车到冲突点的距离小于自行车到冲突点的距离时，本辆车继续行驶，自行车减速行驶到冲突点附近停止，等待机动车通过。

（2）当该车到冲突点的距离大于自行车到冲突点的距离时，本辆车减速行驶到冲突点附近停止，等待自行车通过。

（3）当该车到冲突点的距离等于对自行车到冲突点的距离时，本着机动车优先的原则，加速通过冲突区。

3. 自行车流微观建模现状

近年来发达国家积极发展自行车交通，将自行车模型加入微观交通仿真软件已经成为一种趋势，同时也已成为评价软件优良的一项指标。荷兰的 FLEXSYT、芬兰的 HUTSIM、德国的 Vissim，还有美国的 CorSim 都先后在其仿真软件中加入了自行车模型。1988 年 Ramanayya 建立的 MORTAB 模型，Sutoma 进一步建立了 TraSmic 模型，1994 年英国南安普敦大学的 Hoque 发展 MixSim（Mixed Traffic Simulation）模型以及 1998 年同校的 M. Hossain 提出的 MixNetSim 模型展示出国外学者在此领域的一系列研究成果。2009 年，Gregory Gould 和 Alex Kamer 等试图通过自行车的微观建模进行仿真，进行自行车公共设施和服务等级的研究。他们以成熟的 CA 机动车模型为基础，采集了校园内的自行车数据，对模型参数进行校正，仿真结果和实际数据有一定的一致性。

国内以现实交通场景和数据采集作为支持，对人在骑车过程中接受信息、进行判断决策和最后执行决策的全过程做了较为深入的研究，从数学上分析关于自行车行驶速度、加速度等行驶特征参数的规律，也对转弯和躲避障碍物等抽象特性进行了考察，最终以自行车在交叉路口的行驶方式为例进行了建模。赵春龙[25]利用采集得到的数据，采用线性回归的方法得到了平面交叉口混合交通流自行车穿越机动车微观行为模型。董陈继[26]采用类似的方法得到平面交叉口机动车干扰下的自行车微观行为模型。黄玲[27]对混合交通流无信号交叉口提出了规范化自行车交通行为理论模型，对战术和操作层次行为模型进行理论建模。魏丽英，吕凯[21]提出了基于 BP 模型的信号交叉口处自行车跟驰模型，反映了信号交叉口处自行车群内前后车之间的刺激—反应关系。国内外的自行车微观模型大多仍以跟车模型为基础，辅以换道或横向移动模型，甚至部分模型是将自行车看成特殊的机动车或者行人，具有很大的局限性。由于自行车的灵活性和随机性比机动车要强，在机动车微观模型的基础上进行改进而来的自行车微观模型往往非常复杂，给模型校正带来了困难，也不利于大规模路网仿真的应用。

4.4.3 交叉口非机动车交通仿真设置方法

1. 运行管理方法

根据自行车交通的基础特性和自行车在交叉口的交通管理原则，从保障非机动车安全及交叉口通行效率的角度，应尽量将非机动车与机动车在空间和时间上分离，若无条件分离，也应给出适当的空间，且尽量让非机动车与机动车交通的冲突点远离机动车交通间的冲突点。在此基本原则的基础上，非机动车交通在交叉口的设置方法主要如下：

1）右转弯专用车道

利用现有的路面开辟专门用于右转弯的自行车车道。其优点是可以缓和交叉口的交通拥堵，有利于交通安全。右转弯专用车道要求交叉口较宽，要求骑车人严格遵守各行其道的原则。

2）左转弯专用车道

国外常用此法处理自行车在交叉口的左转弯问题。日本使用彩色（绿色或蓝色）路面标识自行车左转弯专用车道（图 4-24）。其优点是对左转弯自行车流做了限制，减少了左转弯自行车对直行机动车流的干扰；缺点是增加了自行车的运行路程，骑车人感到很不习惯，只适用于左转弯自行车交通流较小的情况，且无须加强对自行车的交通管理。

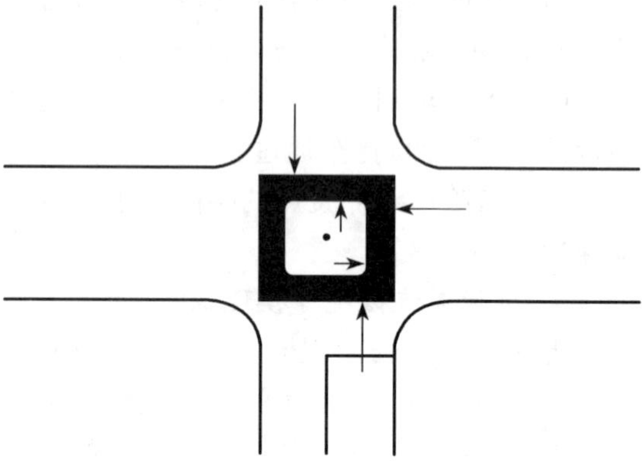

图 4-24　自行车左转专用车道设置

3）左转弯候车区

在交叉口自行车进口道的前面，设置左转自行车的候车区，绿灯时左转自行车随直行自行车运行至对面的左转候车区内，待另一方向的绿灯亮时再前进，即变左转弯为两次直行。

左转弯候车区的优点是：

（1）消除了左转自行车对机动车的干扰，因而可以提高机动车通过交叉口的运行速度及通行能力。对于交叉口范围较大者，一般都具备建立自行车候车区的条件。

（2）减少了左转自行车与执行机动车流的冲突点，有利于交通安全。

左转弯候车区的缺点与自行车左转弯专用车道的缺点基本相同。

4）停车线提前法

将自行车停车线画在前面，机动车停车线画在后面，当绿灯亮时，让自行车先进入交叉口，可避免与机动车相互拥挤。两条停车线之间的距离依自行车和机动车交通量大小及路口的几何尺寸而定。

此方法对提高交叉口的通行能力与交通安全都有利。但是，只有对骑车人加强管理与教育，使自行车做到合理停车，才能发挥此方法的作用。

5）两次绿灯法

在交叉口进口道处，机动车与自行车的停车线仍然在同一位置上，但考虑到自行车起动快而且总是成群地通过路口的特点，可使自行车交通信号的绿灯先亮，让自行车先进入交叉路口，然后再亮机动车交通信号的绿灯。前后两次绿灯时间一般可相差 5～15 s，具体根据交叉口的交通量大小与交叉口的几何尺寸来定。两次绿灯法的优点是缓和交叉路口内的交通拥挤，缺点是延长了交通信号周期时间。不过对于自行车交通量特大而机动车交通量较小的交叉路口或在自行车早高峰期间采用两次绿灯法是有利的。

6）自行车横道

在主干道上画自行车横道线，提示驾驶员注意横向自行车。如同斑马纹人行横道一样，在自行车横道内，自行车是优先的。机动车遇到自行车横道要减速行驶，当横道内有自行车时应暂停，让自行车先通过。自行车横道适用于支路(包括胡同、里弄等)与主路或次路的平面交叉处(图 4-25)，还适用于一些大建筑物出入口与主路的交叉处。

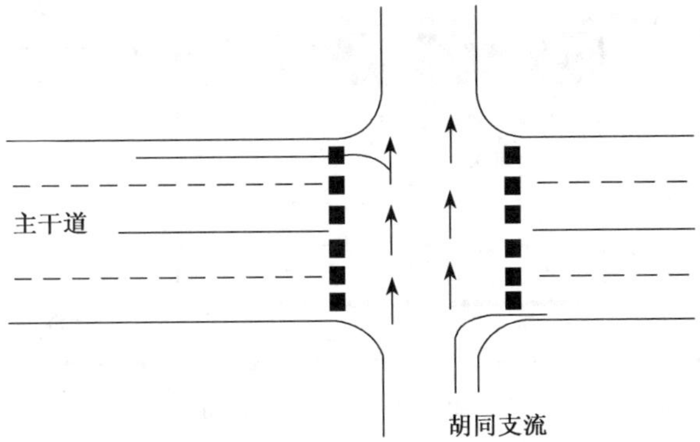

图 4-25　主路或此路的平面交叉处自行车横道设置

2. 仿真设置方法

对以上各交叉口非机动车设置方法进行微观仿真时，主要可以通过对信号周期设置以及路段设置两种方法实现。以 Vissim 为例分别进行介绍。

1) 信号周期设置

停车线提前法的实质与两次绿灯法相似，都是使自行车优先进入交叉口，所不同的是停车线提前法是通过调整停车线位置实现，但在进行 Vissim 仿真时停车线位置较难进行精确且复杂的设置，可将其转化为对信号相位的调整，因而与两次绿灯法类似，可单独对自行车道设置信号灯，且信号周期中绿灯相位较机动车绿灯相位有一定的提前。具体设置方法见 4.5.3 节定时信号控制的设置。

2) 路段设置

通过路段设置可实现交叉口自行车专用车道的设置，有两种方法实现：

(1) 交叉口处需要设置自行车专用车道的连接段对自行车以外的车型进行禁行，如图 4-26 所示，这样就可以实现自行车专用车道的效果。

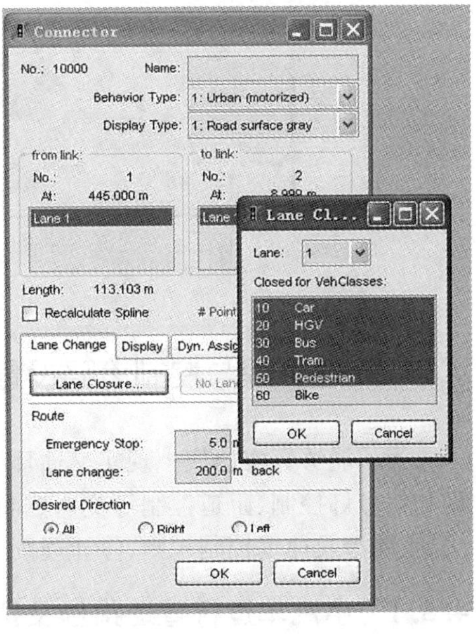

图 4-26　对部分车型进行禁行的设置方法

(2) 通过对路段交通组成进行设置。如图 4-27所示，可先在车辆组成设置框图内新建一种车辆类型，将自行车比例设置为 1。而后激活车辆输入模式，在如图 4-28 所示的框图中，将所需设置为自行车专用道的路段选择已构建的自行车比例为 1 的车辆类型，即可实现自行车专用车道的效果。

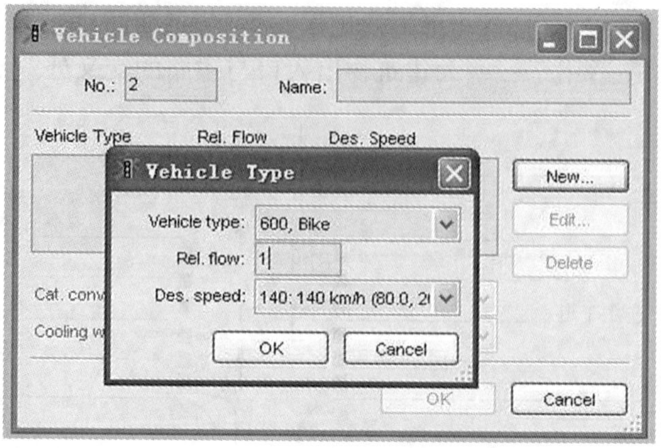

图 4-27　车辆组成设置框图

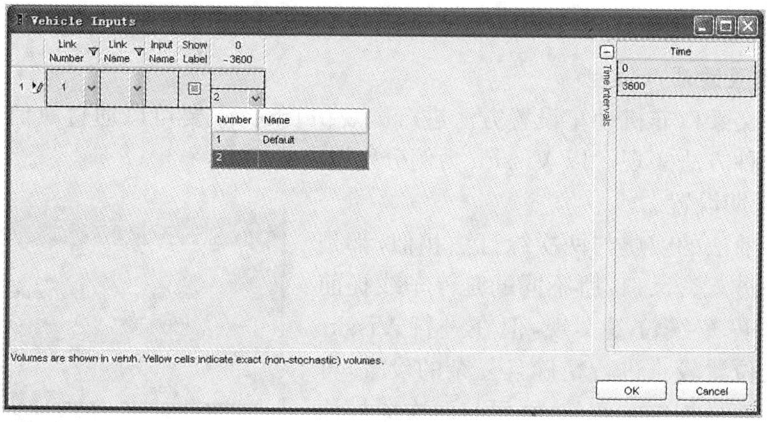

图 4-28　车辆输入

4.5　交通管理与控制策略设置方法

为了能够真实地模拟现实交通环境中经常出现的小汽车、公交车、非机动车运行交通管理和信号灯控制、匝道控制等交通控制措施，在微观交通仿真模型中必须考虑对应的设置方法，主要涉及速度控制规则、停让规则、优先规则、车道运行控制规则、信号灯控制规则等。

4.5.1　小汽车运行管理措施及仿真设置方法

小汽车运行管理主要包括车速管理、车道管理和禁行管理。

1. 车速管理

车速管理是指运用交通管制的手段，强制性地要求机动车按照规定的速度范围在道路上运行，以确保道路交通安全。在道路条件与交通条件的影响下，如交叉口、街巷、穿越铁路、下陡坡，通过窄路、窄桥、急弯路、车辆掉头、转弯、进出非机动车道等，对行驶车速应有一定的限制。而对机动车在没有限速标志、标线的道路上的最高行驶速度如表 4-4 所示。在特殊情况下，如遇风、雨、雪、沙尘、雾天、冰雹，能见度低于 50 m 时，或者在冰雪、泥泞的道路上行驶时，或牵引发生故障时，机动车的最高速度不允许超过 30 km/h[28]。

表 4-4　　机动车最高行驶车速

道路类型	最高行驶车速/(km·h^{-1})	
没有道路中心线的道路	城市道路	30
	公路	40
同方向只有 1 条机动车道的道路	城市道路	50
	公路	70

最高行驶车速的限制是指对各种机动车辆在无限速标志路段上行驶时的最高行驶车速的规定。它是由道路设计车速或实际地点车速的累计曲线上的 $V_{85\%}$ 值等因素确定的，图 4-29 为实测某一类道路不同车种地点车速累计频率分布曲线。

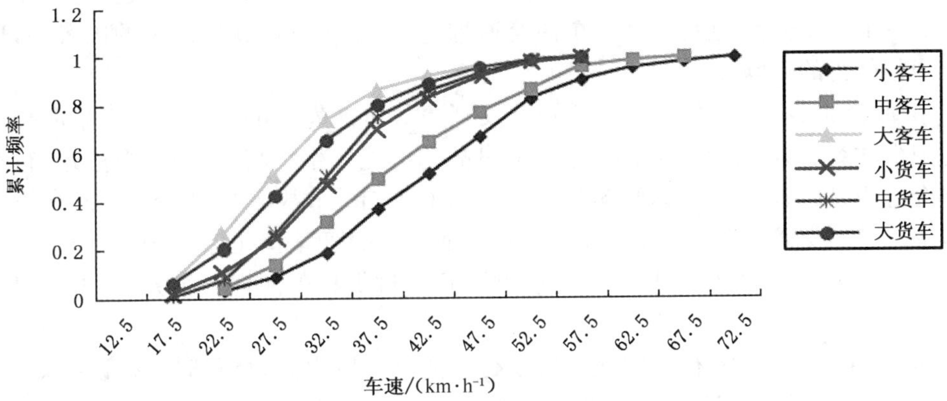

图 4-29　实测某一类道路不同车种地点车速累计频率分布曲线图

2. 车道管理

1) 单向交通

单向交通又称单行线，是指道路上的车辆只能按一个方向行驶的交通。

当城市道路上的交通量超出其自身的通行能力时，将造成交通拥塞、延误及交通事故增多等问题。此时，在道路交通系统中，若对某一条道路或几条道路，甚至对某些路面较宽的巷、弄，考虑组织单向交通，将会使上述交通问题明显地得到缓解和改善。故单向交通是在城市道路交通系统中，解决城市交通拥挤，充分挖掘现有城市道路网容量的一种经济、有效的交通管制措施[28]。

(1) 单向交通的种类

① 固定式单向交通：对道路上的车辆在全部时间内都实行单向交通称为固定式单向交通。常用于一般辅助性的道路上，如立体交叉桥上的匝道交通多是固定式单向交通。

② 定时式单向交通：对道路上的车辆在部分时间内实行单向交通称为定时式单向交通。如城市道路交通在高峰时间内，规定道路上的车辆只能按重交通流方向单向行驶；而在非高峰时间内，则恢复双向运行。所谓重交通流方向是指方向分布系数 $K_D>2/3$ 的车流方向。必须注意，实行定时式单向交通时，应给非重交通流方向的车流安排出路，否则会带来交通混乱。

③ 可逆性单向交通：是指道路上的车辆在一段时间内按一个方向行驶，而在另一段时间内按相反方向行驶的交通。可逆性单向交通常用于车流流向具有明显不均匀性的道路

上。其实施时间应依据全天的车流量及方向分布系数确定，一般当 $K_D>3/4$ 时，即可实行可逆性单向交通。同样，应注意给非重交通流方向的车流以出路。

④ 车种性单向交通：是指仅对某一类型的车辆实行单向交通的交通。这种单向交通常应用于具有明显的方向性及对社会秩序、人民生活影响大的车种，如货车。实行这类单向交通的同时，对公共汽车和自行车仍可维持双向通行，目的是充分利用现有道路的通行能力。

(2) 单向交通的优缺点

单向交通在路段上减少了与对向行车的可能冲突，在交叉口上大量减少了冲突点，故单向交通在改善交通方面具有以下较为突出的优点[28]：

① 提高通行能力。由于单向交通减少了对向行车的可能冲突及减轻了快慢车之间的干扰，故道路通行能力将会有明显的提高。据美国资料，宽为 12 m 的街道，在禁止路旁停车的情况下，双向交通的通行能力为 2 800 辆/小时，单向交通的通行能力可达 3 400 辆/小时，提高了 20%以上(本节最后介绍的"单向交通理论"关于车行道利用效果的内容中，还要讨论提高通行能力的问题)。

② 降低交通事故。冲突点可被看成是交通事故可能发生的地点。由于单向交通能起到大量减少冲突点数目的作用，即一些交通事故的可能发生点将不存在，自然地，行车的安全性将会有明显的提高。如苏联实行单向交通的城市，事故平均减少 20%，有的减少了 50%以上。单向交通所发生的事故多为追尾事故，故恶性事故率也将下降。此外，双向交通改成单向交通后，可消除对向来车的眩光影响，行人过街只需注意一个方向，事故率也会有所下降。

③ 提高行车速度。实行单向交通可使行车速度得以提高，行程时间得以缩短，这些都已被实践所证明。如英国伦敦的一些街道实行单向交通后，平均行驶车速从 13～16 km/h 提高到了 26～32 km/h；苏联 20 个城市的单向交通调查资料表明，实行单向交通后，促使交通条件明显改善，车速提高了 10%～20%；美国实行单向交通的城市，其车速也提高了 20%～100%。

④ 其他优点。单向交通有助于解决停车问题。窄路上的双向交通如有停车，就会引起交通阻塞；若能允许路旁停车，而将留下的道路改为单向交通，则能有效地解决窄路上停车困难及交通阻塞的问题。据美国的有关资料表明，12 m 宽的街道，在可以停车的情况下，单向交通的通行能力为 1 600 辆/小时，双向交通为 1 250 辆/小时。

为减轻复杂交叉口的交通拥挤与混乱，若将进口道改为单向交通，则可减少交叉口的停车次数，且汽车排气对空气的污染也会有所改善。此外，单向交通可充分利用狭窄的街巷，弱化主干道上的交通负荷，在一定程度上避免了旧城道路的改建，能带来较大的经济效益。

单向交通具有以下缺点：

① 增加了车辆绕道行驶的距离，给驾驶员增加了工作量。

② 给公共车辆乘客带来不便，增加步行距离。

③ 容易导致迷路，特别是对不熟悉情况的外地驾驶员。

④ 增加了为单向管制所需的道路公用设施。

(3) 单向交通的实施条件

总的来说，对于改善交通条件来说，单向交通的优点多于缺点。但并非任何的道路条件与交通条件下，都可实施单向交通。国内外实行单向交通的经验表明，实行单向交通一般应具备以下条件[28]：

① 具有相同起终点的两条平行道路，它们之间的距离在 350～400 m 以内。

② 具有明显潮汐交通特性的街道，其宽度不足 3 车道的可实行可逆性单向车道。

③ 复杂的多路交叉口，某些方向的交通另有出路的，才可将相应的进口道改为单向交通。

当各条平行的横向街道的间距不大，车行道狭窄又不能拓宽，而交通量很大造成严重交通阻塞时；当车行道的条数为奇数时；在复杂地形条件下或对向交通在陡坡上产生很大危险性时等情况下，实施单向交通能取得很好的效果。

当现有的道路系统出现负荷过大，但尚未到达超负荷之前，就应根据条件着手考虑组织实施单向交通，规划出完善、合理并设置易于识别的交通标志的单向交通系统。例如单向交通与双向交通的过渡段，提前设置预告标志、夜间照明及反光标志等。同时应该认识到，位于街道中心的有轨电车道是组织单向交通的严重障碍。

2）变向交通

变向交通是指在不同的时间内变换某些车道上的行车方向或行车种类的交通，其目的通常是为了适应“潮汐交通”。变向交通按照作用可以分为方向性变向交通和非方向性变向交通两类。在不同时间内变换某些车道上行车方向的交通称为方向性变向交通。这类变向交通可使车流量方向分布不均匀现象得到缓和，从而提高道路的利用率。在不同时间内变换某些车道上行车种类的交通称为非方向性交通，可分为车辆与行人、机动车与非机动车之间相互变换使用的变向车道。这类变向交通对缓和各种类型的交通在时间分布上不均匀性的矛盾有较好的效果。例如在早晨非机动车车高峰时间，变换机动车外侧车道为非机动车道，到了机动车高峰时间，则变换非机动车道为机动车道。另外，在中心商业区变换车行道为人行道及设置定时步行街等，这些都是非方向性的变向车道[28]。

（1）变向交通的优缺点

变向交通的优点是合理使用道路，充分提高道路的利用率，从而提高了道路的通行能力，这对解决交通流方向与各种类型的交通在时间分布上的不均匀性的矛盾都有较好的效果。

变向交通的缺点是增加了交通管制的工作量和相应的设施，且要求驾驶人员有较好的素质，并要集中注意力，特别是在过渡地段。

（2）单向交通的实施条件

方向性变向交通的实施条件：①道路上机动车道数应为双向 3 车道以上；②交通量方向分布系数 $K_D > 2/3$；③重交通方向在使用变向车道后，通行能力应得到满足；轻交通方向在去掉变向车道后，剩余的通行能力应能满足交通量的需求；④在城市道路上使用时，应在信号控制交叉口进口道上相应地增加进口道的车道数[28]。

非方向性变向交通的实施条件：①非机动车借用机动车道仅适用于一块板、两块板的道路，借用后机动车剩余车道的通行能力应能满足交通量的需求；②机动车借用非机动车道后，剩余车道应能保证非机动车通行的安全；③行人借用车行道适用于中心商业区，除定时步行街外，要对机动车流进行分流疏导和控制[28]。

3. 禁行管理

为了减轻道路上的交通负荷，或将一部分交通流量均分到其他负荷较低的道路上去，根据道路条件和交通条件，实行对机动车和非机动车的某种限制管理，称为禁行管理。禁行管理大致有以下 5 种情形[28]：

(1) 时段禁行

根据机动车和非机动车的不同高峰时段，安排不同的通行时间，如 9:00—17:00 禁止非机动车进入被规定的主要道路。

(2) 错日禁行

如某些主要街道规定某些车辆单日通行，某些车辆双日通行；或牌照号为单数的货车规定单日通行，双数的双日通行。

(3) 车种禁行

如禁止某几种车(载货车和各类拖拉机)进入城市道路或城市中心区。

(4) 转弯禁行

在某些交通拥挤的交叉口，禁止机动车和非机动车左(右)转弯，有些专门禁止自行车左转。应注意在禁止左转弯交叉口的邻近路口必须允许左转弯。自行车可在支路上完成左转或变右转为左转，这些措施应依据交通流量及道路、交通条件而定。

(5) 重量(高度、超速等)禁行

规定机动车和非机动车按规定的吨位(高度、速度)通行。

4. 软件实现方法

针对上述小汽车运行管理措施，在仿真软件中通常通过对速度控制规则、停让规则、优先规则、车道运行控制规则等进行相应设置来实现，模拟真实运行情况。

1) 速度控制

在没有其他车辆及交通规则约束的情形下，车辆在道路设施上按照期望车速行驶。事实上，随着流量的增加、道路行车条件的变化，往往在一定路段范围内对车辆的速度进行限制。待经过这些限制路段后，车辆的车速又恢复到正常值。通常，在道路等级变化点应改变各种类型车流的期望车速。Vissim 中对速度的控制有两种描述方式：区段限速(reduced speed area)和改变期望速度(desired speed decision)。

(1) 区段限速设置

适用于在某些特殊的路段和特殊的时间内对车辆进行速度限制，如匝道合流点。区段限速用按钮设置，对话框见图 4-30。区段限速标志的设置属性为：

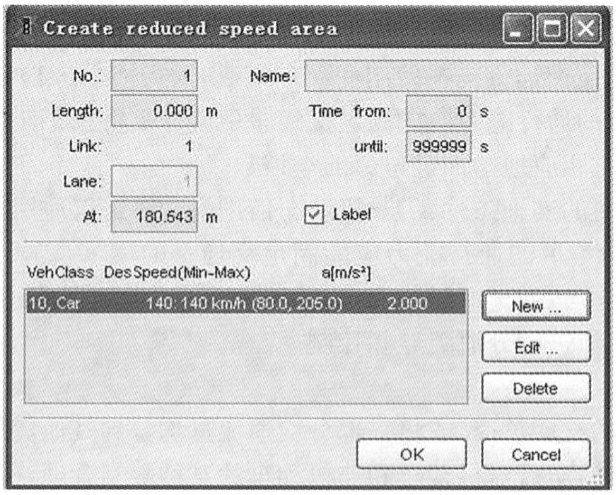

图 4-30 区段限速对话框

① 需要限速的基本路段单元或基本连接单元的起点位置。

② 限速区域的长度。

③ 限速有效时间。

④ 速度限制的有效车辆。

(2) 改变期望车速设置

适用于道路等级变化点附近,例如从高架道路进入地面道路时,车辆的期望车速会改变。Vissim 软件是根据车辆类型而不是根据道路等级来设置期望车速的,因此仿真过程中车辆不会随着道路等级的改变而自动改变期望车速。在这些情况下,必须实行强制改变车辆的期望车速,按钮用于改变车辆的期望车速。

Vissim 中可对车辆的期望车速进行设定,确定车辆进入路网时的车速分布,其操作视图如图 4-31 所示。

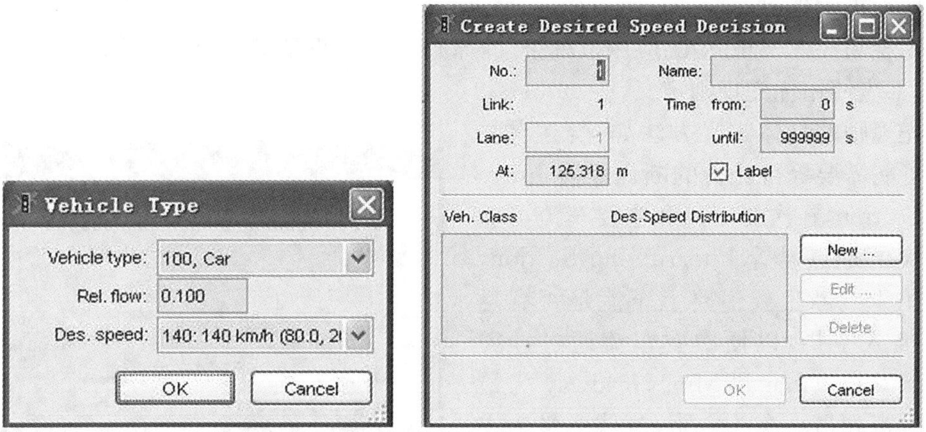

图 4-31　Vissim 中车辆期望车速设定

Paramics 中可在车辆类型管理器中对各类型车辆的最大车速以及加减速率等速度相关参数进行设置,如图 4-32 所示。

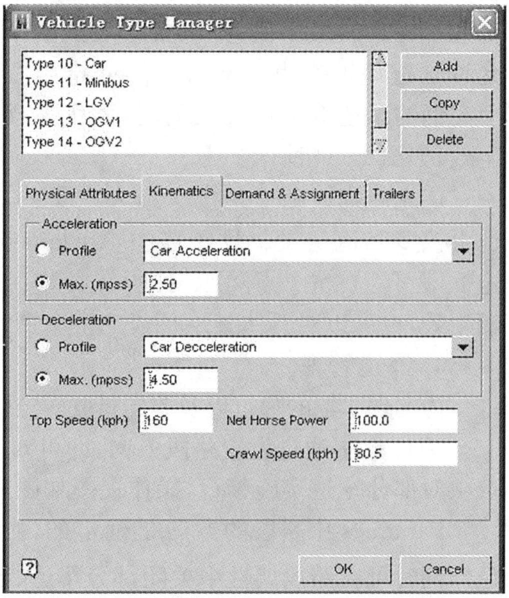

图 4-32　Paramics 中车辆速度参数设定

2) 停让规则

停让规则是指车辆在交叉口停车让路。当次要交通流车辆到达交叉口时,无论主要交通流车辆之间的车头时距是否允许穿越或合流,次要交通车流都必须先停车,然后再根据优先规则来判断主要车流的车头时距和车头空距是否允许穿越或合流。停让规则用按钮来设置,需要定义的选项为:

① 停让规则标志牌所在位置。

② 停车时间分布的设定。在如图 4-33 所示的对话框中进行设定。

停让规则应该与优先规则一起使用,并且

在两种规则的使用过程中，停让规则为第一规则，优先规则为第二规则。

3）优先规则

设置优先规则是为了让两股有冲突的车流在冲突地区能够正常有序地通过。例如一条主要道路和一条次要道路相交的交叉口，采用主路优先控制方式，即次要道路上进入交叉口的车流必须放慢车速、瞭望观察，让主路车辆优先通行，并在主路车流间寻找可插入的空档（车头时距或车头空距）通过交叉口。优先规则就是对这种可插入空档大小的规定。

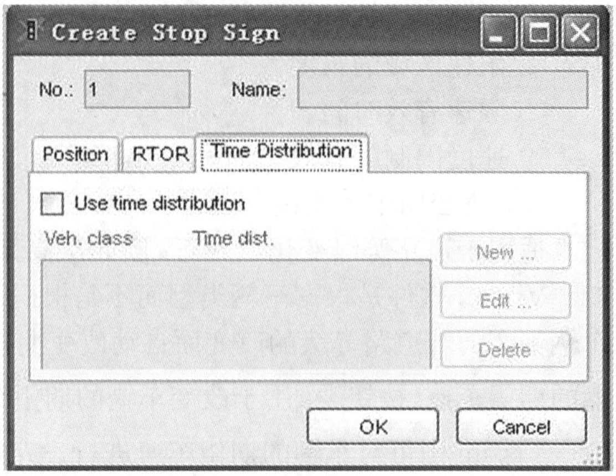

图 4-33　停车时间分布对话框

优先规则在 Vissim 中的应用范围很广，原则上凡是两股车流产生冲突的地方（冲突点、合流点）都应使用优先规则定义。

优先规则的具体定义方法如下：在次要车流有可能需要等待让行的断面设置 Interrupted Section，在次要车流和主要车流可能产生冲突的地点设置 Interrupting Section，此断面用于判断主要道路上车流是否有足够的可插入空档，以便次要车流通过冲突点。Min. Gap Time 和 Min. Headway 为最小车头时距和最小车头空距，具体意义为主要车道上 Interrupting Section 断面后第一辆车与该断面的车头时距和车头空距如果都大于规定的最小值，则次要车道上的车辆允许通过该冲突点。Max. Speed 指当主路上车辆的车速低于该最大值时，此优先规则生效，如图 4-34 所示。

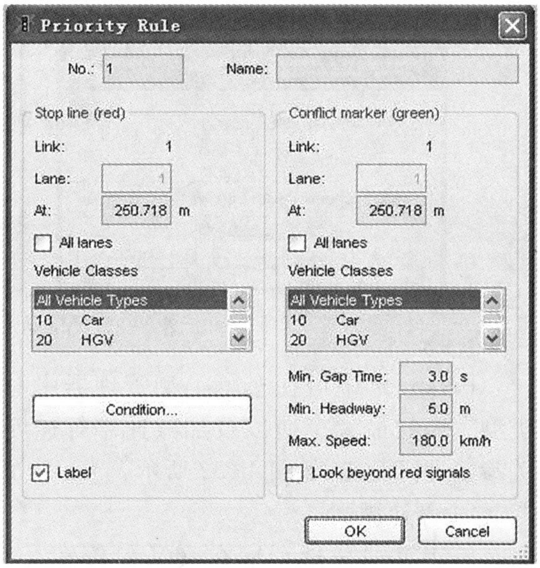

图 4-34　优先规则设置对话框

优先规则原则上是按车道来定义的，但也可按多车道定义。只要选中 All lanes 复选框即可。优先规则可以对所有类型的车辆生效，也可以对具体某一种或几种车辆类型生效。

4）车道管理

为实现车辆的禁行以及单向行驶等，在进行仿真时可通过对车道的运行方向等进行设置。

Vissim 中通过设置路段方向，即可对车道方向运行进行管理，且可以选择车道关闭的选项对部分车道实施禁行，操作视图如图 4-35 所示。

Paramics 中路段的方向是确定的，由路段的第一个节点（紫色）指向第二个节点（绿色），同时可在路段属性中关闭部分车道，已关闭路段显示为，并可对车道关闭时段进行设定，操作视图如图 4-36 所示。

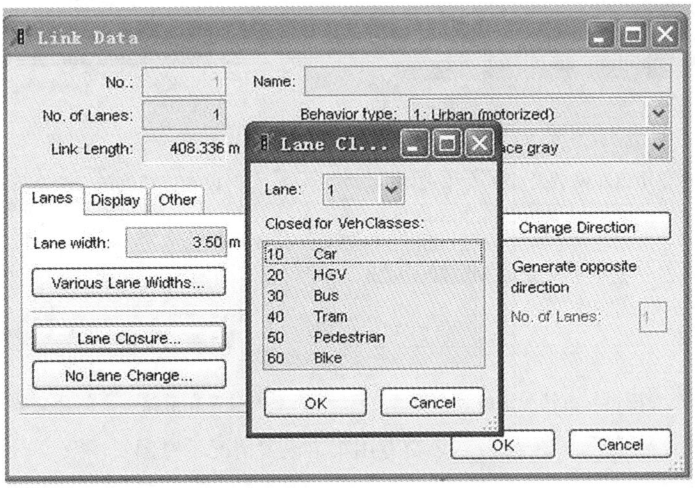

图 4-35　Vissim 中路段方向设置

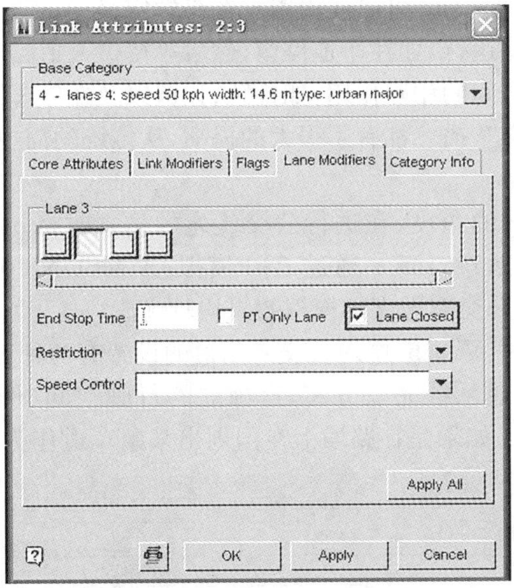

图 4-36　Paramics 中路段车道关闭设置

4.5.2　公交专用道仿真设置方法

1. 公交专用道设置

公交车辆专用车道分为顺向式和对向式两种。顺向式是指在一种专为公交车开辟的车道上，公交车运行的方向与其他车辆运行的方向一致，而对向式是允许公交车的运行方向与其他车辆的运行方向相反。

对于公交车在交叉口附近要做特别的处理，图 4-37 是四种公交车专用车道设置情况的示例。

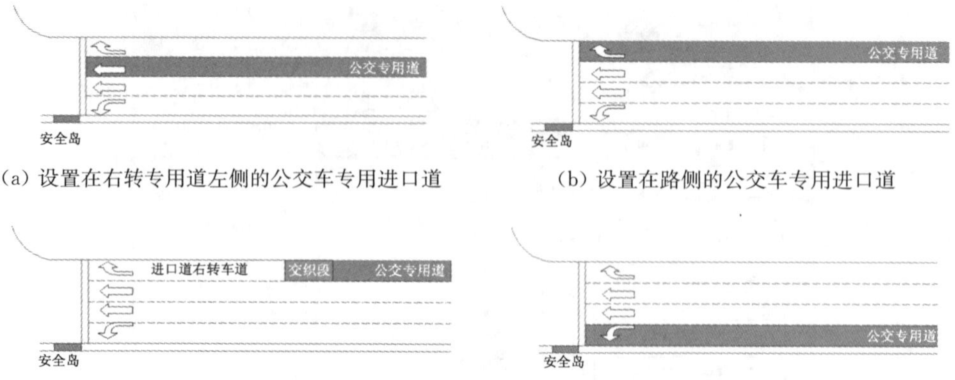

(a) 设置在右转专用道左侧的公交车专用进口道　　(b) 设置在路侧的公交车专用进口道

(c) 公交车专用道与右转车道结合布置　　(d) 设置在道路中央的公交车专用进口道

图 4-37　公交专用车道设置情况示意图

2. 软件实现方法

公交微观运行中，CorSim，Vissim，Paramics 三个仿真软件均可以模拟公交车辆在车站的随机停留时间，只有 Vissim 可以使用用户在终端定义中途下车的时间，且只有 Vissim 可以模拟公交车辆的一些运行，如在车道停留，然后等待进入道路右面的公交车站所有这些仿真工具可以模拟车辆之间的相互作用，如排队、让道以及在停车线停车等。这些软件和其他微观仿真软件包对公交车描述都有了很大的提高，从传统的简单的公交仿真，转到公交线路的运行仿真。

从软件仿真实现方式的角度，在进行公交优先的仿真时，CorSim 不能进行直接模拟，Vissim 可通过 VAP 模拟，Paramics 通过 API 模拟，AIMSUN2 则通过 Getram Extension 模拟，且这三个软件对于公交有限度的模拟效果均较优。

在设置公交专用道时，Vissim 中对公交专用道的设置有两种方法(图 4-38)：方法一，如果公交专用道与其他交通系统完全分离，有独立的行驶空间(例如有轨电车)，用单独的 Link 设置专用道；方法二，如果是在路段上专门划出某条车道作为公交专用道，则不能采用

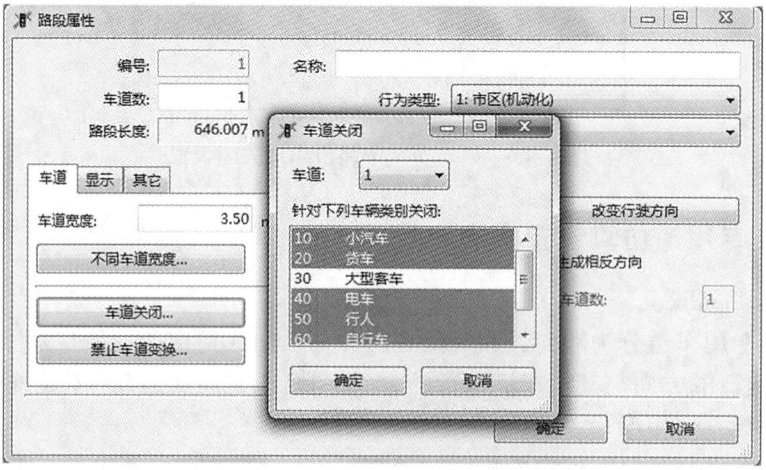

图 4-38　Vissim 中公交专用道设置

单独的Link，这主要是考虑车辆实际行驶要求。通常，公交专用道上的公交车在需要时可以进入其他车道，并且在某些路段、路口会出现其他车辆和公交车交织或共用车道的情况。这些都表明专用道与其他交通在空间上并非是完全分离的。

Paramics中路段属性设置时勾选“PT Only Lane”选项，如图4-39所示，只允许公交车辆通行(public transport only lane)，可指定车道为公交专用道。

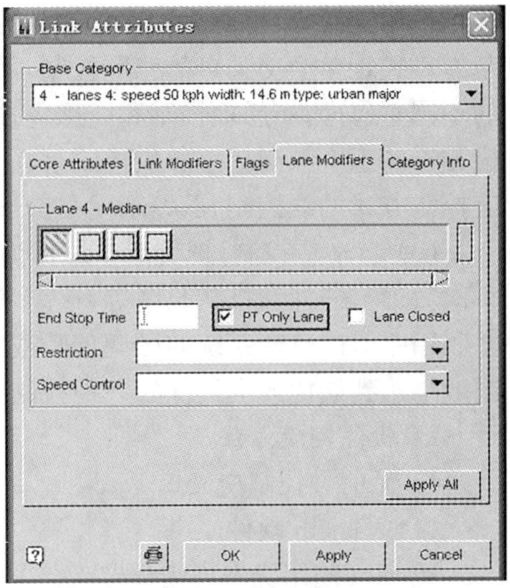

图4-39 Paramics中公交专用道设置

4.5.3 交叉口信号灯控制及仿真设置方法

1. 信号灯控制类别

1) 按控制范围分类

(1) 单个交叉口的交通控制：每个交叉口的交通控制信号只按照该交叉口的交通情况独立运行，不与邻近交叉口的控制信号有任何联系的，称为单个交叉口交通控制，也称为单点信号控制，俗称“点控制”。这是交叉口交通信号控制的最基本形式[28]。

(2) 干道交叉口信号联动控制：把干道上若干连续交叉口的交通信号通过一定的方式联结起来，同时对各交叉口设计一种相互协调的配时方案，各交叉口的信号灯按此协调方案联合运行，使车辆通过这些交叉口时，不致经常遇上红灯，称为干道信号联动控制，也叫“绿波”信号控制，俗称“线控制”。这种控制的原始思路是：希望使车辆通过第一个交叉口后，按一定的车速行驶，到达各交叉口以后不再遇上红灯。但实际上，由于各车在路上行驶时车速不一，且随时有变化，交叉口又有左、右转弯车辆进出等因素的干扰，所以很难有一路都是绿灯的巧遇，但使沿路车辆少遇几次红灯，减少大量车辆的停车次数与延误则是能够保证做到的。根据相邻交叉口间信号灯联结方法的不同，线控制可分为有电缆线控和无电缆线控两种[28]。有电缆线控是指由主控制机或计算机通过传输线路操纵各信号灯间的协调运行。无电缆线控是指通过电源频率及控制机内的计时装置来操纵各信号灯按时协调运行。

(3) 区域交通信号控制系统：以某个区域中所有信号控制交叉口作为协调控制的对象，称为区域交通信号控制系统，俗称“面控制”。控制区内各受控交通信号都受交通控制中心的集中控制。对范围较小的区域，可以整区集中控制；对范围较大的区域，可以分区分级控制。分区的结果往往使面控制成为一个由几条线控制组成的分级集中控制系统，这时，可认为各线控制是面控制中的一个单元，有时分区成为一个点、线、面控制的综合性分级控制系统。

2) 按控制方法分类

(1) 定时控制：交叉口交通信号控制机均按事先设定的配时方案运行，也称定周期控制。一天只用一个配时方案的称为单段式定时控制；一天按不同时段的交通量采用几个配时方案的称为多段式定时控制。最基本的控制方式是单个交叉口的定时控制。线控制、面控制都可以用定时控制的方式，也叫静态线控系统、静态面控系统[28]。

(2) 感应控制：在交叉口进口道上设置车辆检测器，信号灯配时方案由计算机或智能化信号控制机计算，可随检测器检测到的车流信息而随时改变的一种控制方式。感应控制的基本方式是单个交叉口的感应控制，简称单点感应控制。单点感应控制随检测器设置方式的不同，可分为半感应控制和全感应控制[28]。半感应控制是只在交叉口部分进口道上设置检测器的感应控制。全感应控制是在交叉口全部进口道上都设置检测器的感应控制。用感应控制方式的线控制、面控制就是交通信号自动控制系统。

(3) 自适应控制：把交通系统作为一个不确定系统，能够连续测量其状态，如车流量、停车次数、延误时间、排队长度等，逐渐了解和掌握对象，把它们与希望的动态特性进行比较，并利用差值以改变系统的可调参数或产生一个控制，从而保证不论环境如何变化，均可使控制效果达到最优或次最优的一种控制方式。

2. 软件实现方法

1) 无信号控制交叉口①

(1) Vissim 软件

Vissim 使用优先规则指定无信号控制的冲突车流的通行权，它应用在不同路段/连接器上的车辆必须互相观望的所有情况。在同一路段/连接器上的车辆自动互相观望，即使路段有多条车道。优先规则主要通过设置停车线实现。

冲突标志处的主要路况检验内容包括最小车头间距和最小空档时间两种。根据经验，对主要道路上的自由流情况相应地考虑最小空档时间，而缓慢移动或排队的车流主要考虑最小车头间距。

一般将冲突区的长度定义为最小车头间距。仿真运行中，当前车头间距取决于第一辆接近冲突标志的车辆与冲突标志之间的距离。当车辆的任何部位处于冲突标志之上时，当前的车头间距即为 0 m。如果当前车头间距小于最小车头间距，所有接近冲突区的车辆必须在停车线处停车(相当于红灯)。

当前空档时间(仿真运行中)取决于接近冲突区的车辆到达冲突标志所需的时间(以仿真步长计)——假设车辆保持当前车速行驶。位于冲突标志上的车辆的当前空档时间不予以考虑。如果当前空档时间小于最小空档时间，所有接近冲突区的车辆必须在停车线处停车(相当于红灯)。

定义优先规则时，要初始化程序，选择优先规则模式▽，而后在如图 4-40 所示的视图中进行参数设置。

(2) Paramics 软件

T 形交叉口以及十字交叉口，在视窗选择框中选择运行方向，所选方向将显示为橘黄色箭头，下面优先等级中分为 major, medium, minor, barred，改变其优先等级时在右侧将会有相应的颜色变化(图 4-41)。

2) 定时信号控制

(1) Vissim 软件

信号周期从第 1 秒开始到周期长度结束。在如图 4-42 所示的信号控制机设置视图中，可对信号灯组排列以及选定信号灯组的相关数据进行设置。对于定时信号控制，需要定义红灯结束时间、绿灯结束时间、黄灯时间和红/黄时间。黄灯时间和红/黄时间可设置为 0。

---

① Vissim 530 Manual.

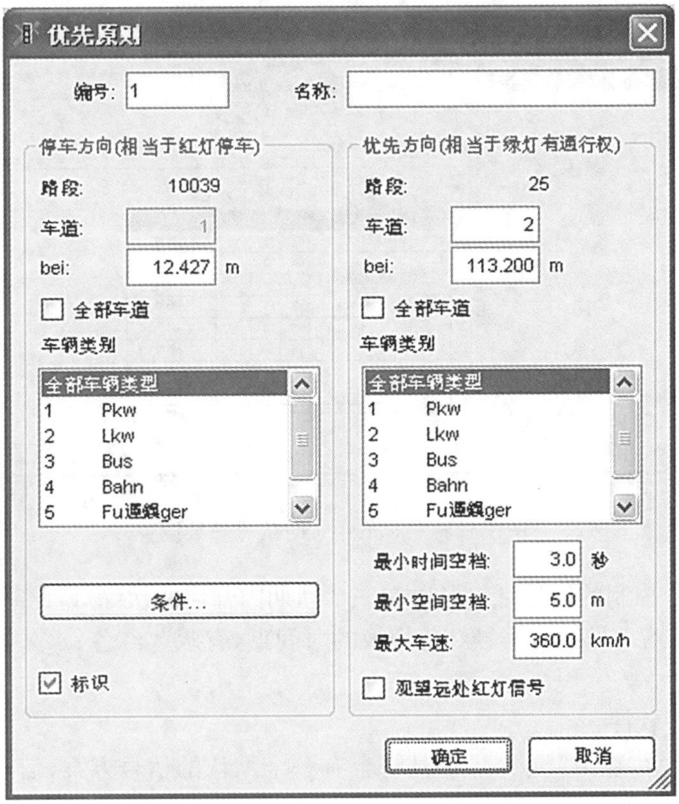

图 4-40　Vissim 中无信号控制交叉口优先原则设置

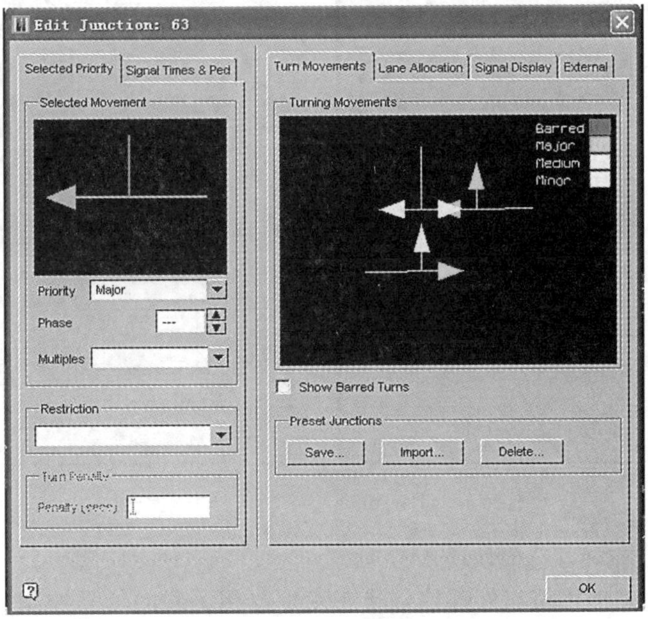

图 4-41　Paramics 中优先等级设置

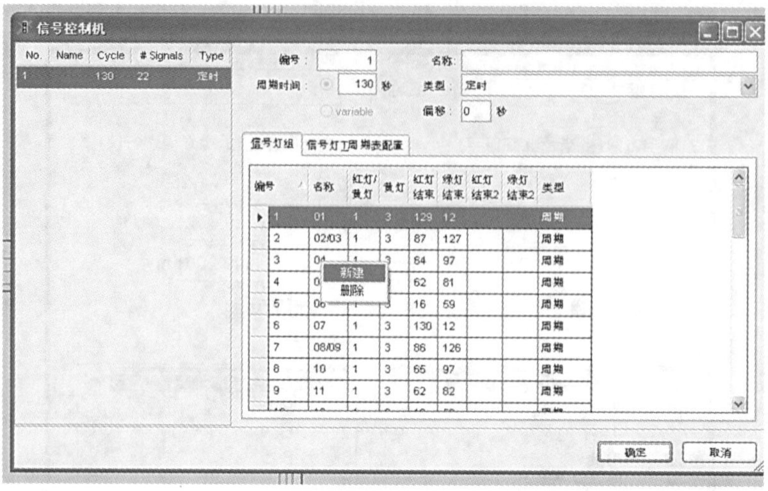

图 4-42　Vissim 中定时信号参数设置

采用定时信号控制的信号灯组可以在一个周期内开启两次绿灯，此时，需要在红灯结束 2 和绿灯结束 2 中输入另一对信号灯色切换的时间点，有永久红色、永久绿色和周期循环等类型供选择。

(2) Paramics 软件

如图 4-43 所示，点击“Signalise”键将会有一个默认的信号方案，信号相位可通过三种不同的方式呈现。

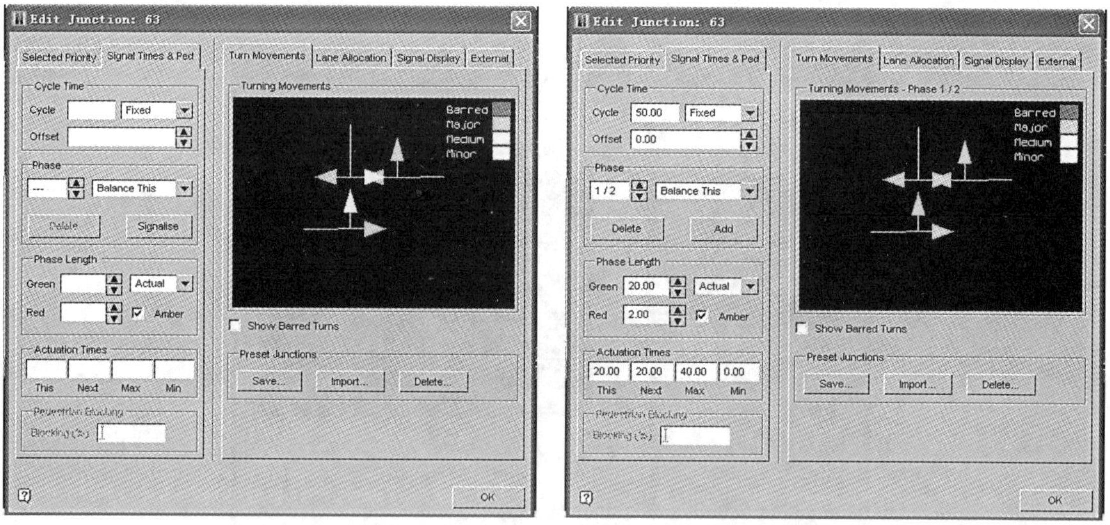

图 4-43　Paramics 中定时信号方案设置

(3) 感应信号控制(可选模块 VAP)

Vissim 能够精确地模拟与外部信号状态发生器相关联的信号控制，只要安装可选模块 VAP。这个信号状态发生器允许用户定义自己的包含任何专门特征类型(例如，公交优先、铁路优先权、紧急车辆优先占有、高速公路上的可变信息标志等)的信号控制逻辑。

Sim Traffic，CorSim，Vissim，Paramics，AIMSUN，MITSIMLab，TransModeler 七种软件对于专用车道及信号控制的仿真精细度比较列于表 4-5 中。

表 4-5　仿真模型专用车道及信号控制精细程度对比

比较项目	仿真模型						
	Sim Traffic	CorSim	Vissim	Paramics	AIMSUN	MITSIMLab	TransModeler
专用车道	无	较精细	精细	精细	较精细	较精细	精细
信号控制	精细	较精细	精细	精细	精细	较精细	精细

4.5.4　匝道控制及仿真设置方法

1. 入口匝道控制

入口匝道控制，一般被认为是快速道路的主要交通控制措施，它的作用是：①减少整个快速道路系统内所有车辆的行程时间；②使交通流量均匀平滑；③消除或减少交汇中的冲突和事故；④由于交通流量均匀平滑，车流状况得到改善，因此减少了不舒适感和环境的干扰。入口匝道控制的作用可以是上述作用中的一个、几个或全部。为了取得良好的控制效果，必须遵循以下条件：

(1) 若要求减少行程时间，则应有其他具有通行能力的路线可供选择来为快速道路起分流作用，否则车辆将被迫阻塞在匝道上，这样就需要在快速道路上游很远的一些匝道寻找入口。另外也可利用与快速道路连接的沿街道路或平行的干线道路的通行能力。

(2) 必须有适当的储备空间为等待匝道信号的车辆所利用。

(3) 为节约行程时间，在快速道路下游出口处必须有可供利用的通行能力存在，否则意义不大。

(4) 车流起讫必须适当，不然使用短程快速道路(如 1～2 km)将意味着车流分散小。

入口匝道控制有以下三种控制方法：

1) 封闭匝道法

在以下情形考虑匝道封闭：①互通式立交非常接近，交织问题十分严重的地方；②有较多车辆要在匝道上排队，但没有足够长度容纳排队车辆的匝道；③附近有良好的道路可供绕道行驶。

在高峰期间封闭匝道的做法有：人工设置栅栏；自动弹起式栅栏(如洛杉矶已使用)；采用“不准驶入匝道”标志(如底特律已使用)。因最后一种方法可能导致违章率增加，因此不建议采用。封闭匝道这种方式缺乏灵活性，其缺点多于优点，一般不采用。然而，在高峰交通量条件下的一些时间内，封闭入口匝道在美国的某些城市，如洛杉矶、休斯敦等地的使用已获得成功。实际上，封闭匝道对控制交通量的作用极有限，且将引起公众强烈不满。因此，用“调节”来实现匝道控制要比“封闭”来控制匝道优越。

2) 匝道定时限流控制法

这种控制也就是匝道限流调节控制，是采用调节方法限制进入快速道路交通量的一种控制。匝道定时限流控制的目的是为改善快速道路的交通状况或改善车流汇合时的安全。如果匝道的几何形状合理，则其可能的通行能力为 800～1 200 辆/小时。匝道调节交通量的范围在正常交通量和某个合理最小交通量(180～240 辆/小时)之间。调节控制用匝道上的交通信号(标准信号或改进型的两灯信号)来实现,按时允许一定数量的匝道车辆驶入快速道路。

定时限流是最简单的控制形式,精确性与城市交叉口信号相同。这种调节系统主要包括设置在匝道上的一个或两个信号机,时钟传动的控制机和某种形式的标志(这种标志警告驾驶人匝道正在执行限流控制)。如果采用三度盘标准控制器,则信号机可按三种不同速率进行工作,限流率根据快速道路上游交通量、下游通行能力和匝道进入快速道路的交通量来定。

3) 匝道感应交汇控制法

在快速道路上和匝道上都装有检测器,以取得交通信息。根据不同的控制方案,通过就地控制器或中心计算机,实施限流控制,限流率可依据交通信息做相应调整。匝道调节可看作对快速道路、匝道和匝道引道上交通监视的一种反应。控制方案的大量变量可根据交通参数的各种组合获得。

2. 出口匝道控制

出口匝道控制可采用两种方法:①调节驶离快速道路的车辆数;②封闭出口匝道。

第一种控制方法不是一种有效的方法,惟一有利之处是缓解了接近快速道路交叉口的交通拥挤程度。不过这将意味着要承担一些交通事故的风险,因为在信号灯前停车,车辆急剧减速有发生滑行和造成尾端冲撞的危险,且使等待驶离快速道路的车辆排队从信号灯向后延伸到快速道路上。

第二种控制方法可起到大大减少车辆在该处的交织及随之而带来的交通安全问题的作用。特别是一个出口匝道到连接着一个大型互通式立交的沿街道路或者近郊道路的距离较短时(小于 0.8 km),封闭匝道是一种很实用的解决办法。

封闭出口匝道的缺点是:①大大增加驾驶人的行车时间及距离;②若使用人工控制的栅栏,或某种形式的自动门,则在高峰期间封闭匝道,其费用甚大;③由于限制了出口,将会激起公众强烈的反对;④尾撞事故的可能性大为增加。

3. 软件实现方法

从匝道控制的实现方式比较分析,Paramics 通过内部 VA 语言或 API 实现,而这一方面的模拟则包括在 AIMSUN2 基本模块中,Vissim 则通过 VAP 模块实现,CorSim 可模拟感应式控制和出、入口匝道控制。

Vissim 软件应用时,匝道即为路段连接器,对匝道进行控制,实为对路段连接器进行编辑。通过对路段连接器进行关闭/打开即可达到对匝道进行控制的效果。图 4-44 为 Vissim 中匝道设置视窗。

Paramics 软件中定义连接到高速公路的路段为匝道,Paramics 中称为“Slip lane”或“Ramp”,如图 4-45 所示在“Slip Lane(m)”一栏可对所需匝道长度进行设置。定义匝道时将提供对应设定长度的路段连接到周边道路。具体操作时,需先设定一条高速公路以及一条指向该高速公路的单向道路,两者不相连。选择匝道编辑“Edit Ramps”,在编辑模式为“Ramp(Link)”时选定高速公路,而后切换编辑模式至“Ramp(Node)”且选择匝道末端点,点击添加匝道“Add Ramp”,即出现一输入框,可在其中输入匝道长度。

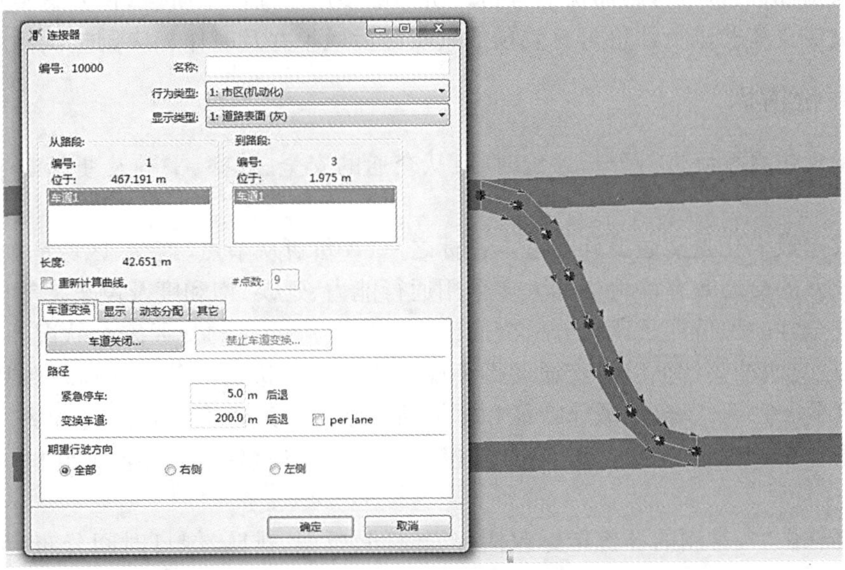

图 4-44　Vissim 中匝道设置

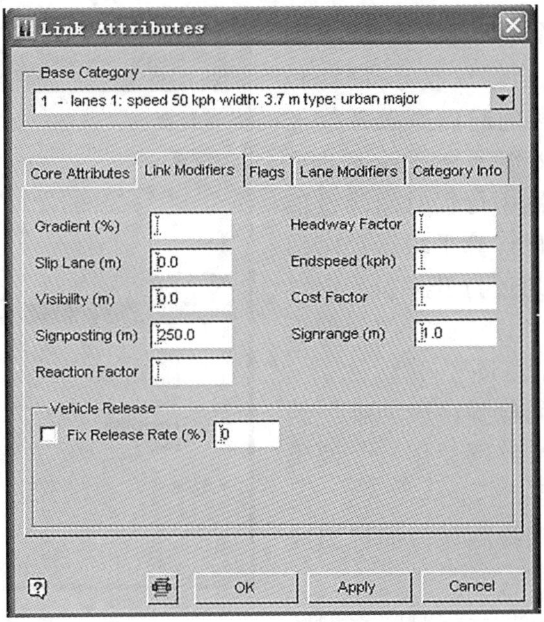

图 4-45　Paramics 中匝道设置

4.6　微观交通仿真评价指标与方法

微观交通仿真分析评价用以考量仿真方案对设计目标的实现程度及其效果，包括对交通现状及备选交通设计方案的评价、分析及比选等，为方案优选提供依据。交通设计评价阶段可分为方案实施前评价、设计中评价以及实施后评价，实施后评价可通过现场调查以及观测获取各项指标进行评价，因而仿真分析评价一般多用于前两个阶段，在方案实施前期以及设计中通过仿真实验进行评价可有效预估其实施后效果并及时作相应调整优化。

4.6.1 评价指标

利用微观仿真系统进行分析评价时，可从交通的安全、效率、平顺及便利四个方面进行评价[28]。

交通效率最大化是交通设计的基本目标之一，评价可从节点、连线、区域三个层面展开，目前相对成熟的交通效率评价指标大多采用通行能力、延误、饱和度及停车率等。

交通安全性的评价即是比较分析交通设计方案实施前后的交通安全状况，一般可从交通行驶特征、交通冲突特征以及交通运行环境分析等方面进行。其中交通行驶特征主要指标包括速度分布特征、车辆加减速特征和车辆轨迹线。交通冲突则可通过冲突次数与交通流量的比值作为交叉口的安全度评价指标。交通运行环境主要包括视距和信号控制参数等。

在仿真软件中，常用的评价指标包括行程时间、延误、排队、绿灯时间分布、车辆运行信息等[12]。

1. 行程时间

每一个区段由一个起点和一个终点构成。平均行程时间(包括停车或等待时间)是指车辆通过检测区段的起点至离开终点的时间间隔。该指标体现了交通效率及平顺性。仿真时，如果路网中行程时间测量部分已经设置好，那么可以计算平均行程时间(平滑后的)，并且可以通过打开评价—窗口—行程时间实时显示。以下为 Vissim 编辑行程时间检测的主要属性(图 4-46)。

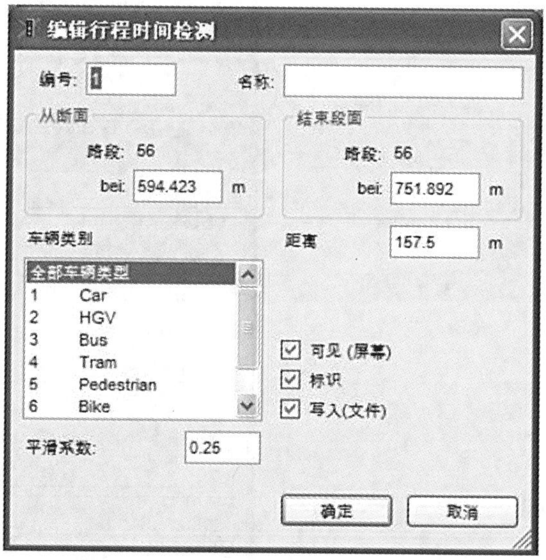

图 4-46 Vissim 中行程时间检测编辑

(1) 编号：行程时间检测区段的唯一编号。建议在整个 Vissim 路网使用一个编码方案，方便查看评价结果。

(2) 名称：行程时间检测区段的标识或注释。

(3) 开始与结束断面：行程时间检测区段的精确位置。

(4) 车辆类别：针对选定的车辆类型检测行程时间。

(5) 距离：路网中，检测区段起点和终点之间的距离。

(6) 平滑系数(仅用于行程时间的显示界面，对文件不可用)：在添加到已存在的平均行程时间之前指数因子是作为衡量一个新的行程时间的标准。

2. 延误

基于行程时间区段可生成延误路网的数据，延误区段是基于一个或更多行程时间区段的。所有驶经这些行程时间的车辆被延误区段捕获，而与行程时间区段选定的车辆类别无关。

延误时间的测量由一个或几个行程时间的测量来定义，不论选择的车辆类别，所有这些车辆被行程时间检测器检测到的同时也能被延误时间检测到。基于行程时间的延误区段不需要额外的定义。延误时间检测定义为与理想的行程时间相比(没有其他车辆，无信号控制)，在一个或一些路段上计算的所有观测车辆的延误时间的平均值。

如图 4-47 所示 Vissim 中需对以下数据进行配置：

(1) 编号[激活](行程时间)：已定义的延误检测区段的列表，未激活的延误检测区段在评价时不做考虑。已选的行程时间区段将在括号中显示。

(2) 时间：评价所作的起点、终点和时间间隔(单位：仿真秒)。

(3) 新建：创建一个新的延误检测区段。

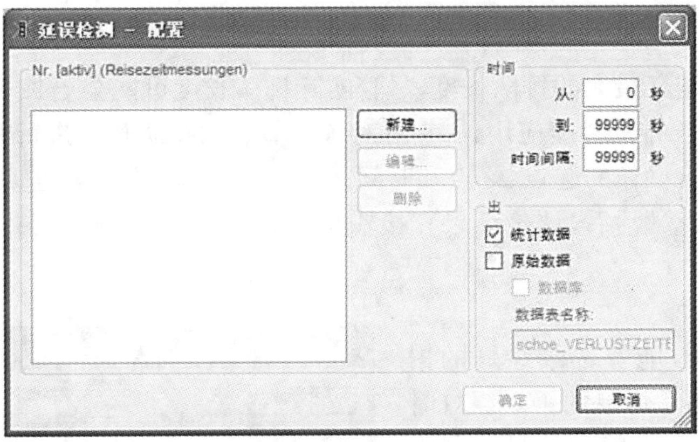

图 4-47 Vissim 中延误检测配置

(4) 编辑：允许编辑存在的延误检测区段。

① 每个延误检测区段由一个或多个行程时间检测区段组成，按住 Ctrl 键可以实现多个区段的选择。

② 对于已选的延误检测区段需要检查其激活选项是否选中。

(5) 删除：从列表中移除选中的延误检测区段。行程时间检测区段属性不被删除。

(6) 输出：定义输出文件格式。

① 统计数据：由在窗口中定义的时间和编号生成的文本文件(*.VLZ)。

② 原始数据：所有完全通过延迟车辆区段的车辆延迟将以时间顺序保存在(*.VLR)文本文件中。

③ 数据库：当激活后，评价结果直接输出为特定表格名的数据库(而不是 ASCⅡ文本文件)。表格名不能与已有的 Vissim 评价结果数据库重复，使用数据库输出结果需指定数据库连接。

3. 排队

排队是从上游路段/连接器的排队计数器的设置位置开始计数，直至排队状态下的最后一辆车。如果排队计数器设置在多车道路段上，它将记录所有车辆的排队信息，并报告最大排队长度。只要车道上仍有一辆车满足排队条件，哪怕在排队开始和结束过程中其他车辆不满足排队要求(速度大于末车速度),排队计数器将始终处于开启状态。排队长度的单位是距离而不是车辆数。Vissim 的排队计数器可以提供:①平均排队长度;②最大排队长度;③排队车辆的停车次数。如图 4-48 所示,为得到期望的输出数据,需配置以下数据:

(1) 排队定义。定义车辆排队状态,其速度必须满足:

① 小于排队定义的开始车速且没有超越排队定义的结束车速。

② 最大车头时距:定义保持车辆排队的最大车头间距。

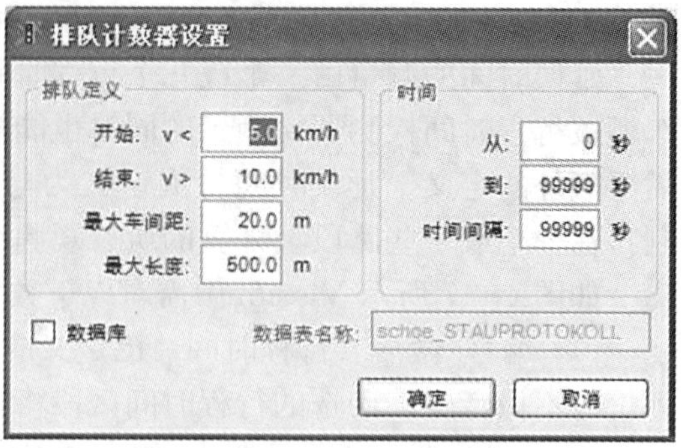

图 4-48　Vissim 中排队计数器设置

③ 最大长度:定义最大的排队长度,尽管实际排队长度可能会更长,这个参数在检测路网中相邻节点的较长排队时能应用到,它可对各个节点的排队长度进行分别评价。

(2) 时间。评价操作的起点、终点和时间间隔(与仿真秒的定义类似)。

(3) 数据库。当激活后,评价结果直接输出为特定表格名(胜于 ASCⅡ文本文件)的数据库。

4. 绿灯时间分布

以 Vissim 为例,能够记录绿灯的累积显示次数、每个信号灯组的平均绿灯时间。这些信息对于评价感应信号控制十分有用。具体操作时无需进行定义和配置。

5. 车辆信息

为得到需要的车辆信息显示,如图 4-49 所示,可对车辆信息的相关参数进行配置。如车辆类型、路段编号、车道编号、路段坐标等表征车辆运行状况的部分参数可进行设置。仿真运行过程中,双击任意的车辆打开车辆信息窗口查看车辆的相关信息。用户可以对显示的信息内容进行配置。

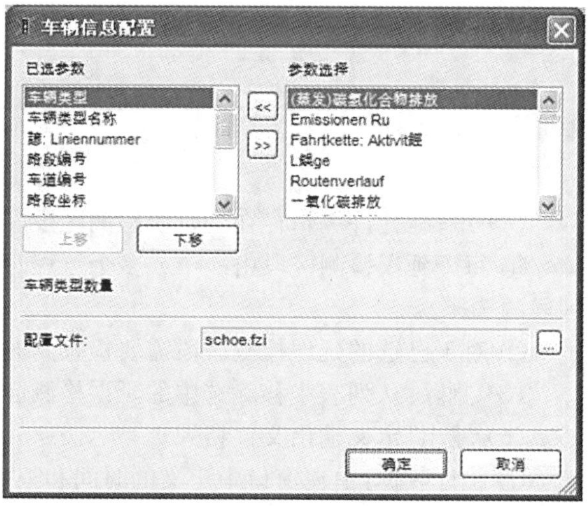

图 4-49　Vissim 中车辆信息配置

4.6.2　评价方法

道路网络模型的基本组成部分主要包括节点和路段,因而仿真分析评价可以从节点、路段、路网三个层面展开,三个不同层面对应的评价指标和评价方法具有差异。

1. 节点评价

节点是指车道特征发生改变的地区,如交叉口、车道增加或减少的变化点、行人过街设施、弯道起终点等。节点是道路通行能力的瓶颈,往往制约了整条道路乃至整个路网的服务水平，因而节点评价相较于整个路网较为重要。在交叉口，除了受前车驾驶员驾驶行为的约束之外，驾驶员还受交叉口交通控制和管理设施或措施的影响，此时交叉口车辆的行驶状态与路段车辆的行驶状态既有共同点又有着很大的差别，因而通常需要单独分析评价。

节点评价多用于对交叉口几何设计以及信号配时方案的评价分析，以及多种交叉口设计方案比选。节点评价通常用延误、停车、排队、饱和度等指标对交叉口效率进行评价，相应需设置车辆检测器，检测车道流量，并通过检测车辆的到达与离开得到部分效率评价指标。节点评价是对路网中的用户定义区域进行自动数据采集。使用评价段定义的节点边界自动采集节点评价数据。节点评价主要是为了收集交叉口的特定数据而设计的，因而无需手动设置各个交叉部分的数据采集器。

为得到需要的更多信息的输出数据，在窗口中对节点评价属性定义。如图 4-50 所示 Vissim 的节点配置窗口中有多种参数可供选择，包括平均排队长度、最大排队长度、延误时间、起始时间、终止时间、节点、车流、路段以及能耗排放参数等，对于部分参数还可进行车辆类别的设置。

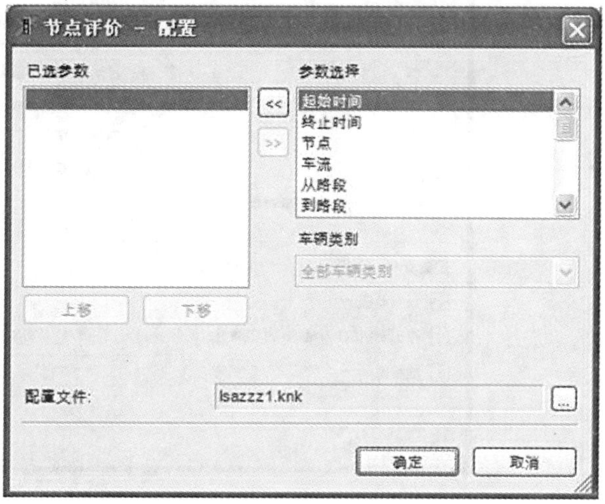

图 4-50　节点评价配置

2. 路段评价

路段是把节点连接起来形成可供车辆行驶的车道。通过路段评价可对路段横断面、道路线形等设计合理性、沿线进出交通影响以及路段安全性进行评价分析。通过平均速度、平均车头时距、饱和度、通行能力等指标可对路段通行效率进行评估分析，通过车辆加减速特性、速度分布特征可考察路段的安全性以及行驶平顺性。

路段评价功能可以向用户提供基于路段区域而不是基于单一车辆的仿真结果。在用户自定义的时间间隔内收集通过车道区段的车辆数据。Vissim 中区段长度可定义为：①对每个激活的路段/连接器单独设置；②在多选模式下对应于所有激活的路段/连接器。Vissim 中路段评价窗口中有多种参数可供选择，包括车辆密度、车道编号、路段编号、延误时间、仿真时间、车速等。为得到额外需要的输出数据，如图 4-51 所示，需在窗口中配置路段评价的相关参数：

(1) 在 Layout of columns 列表框中显示已选择的参数和车辆类别。

(2) 考虑到对应不同的参数选择不同的车辆类别，通过<<和>>按钮插入和移除参数。

(3) 时间间隔：评价的时间段和需要定义的集合时间间隔。

(4) 每条车道：选择该项，对多车道路段中的每条车道分别进行评价，否则只给出所有车道的综合评价结果。

(5) 数据库：选择该项，评价结果将以指定的数据表直接导入数据库(胜于 ASCⅡ文本文件)。

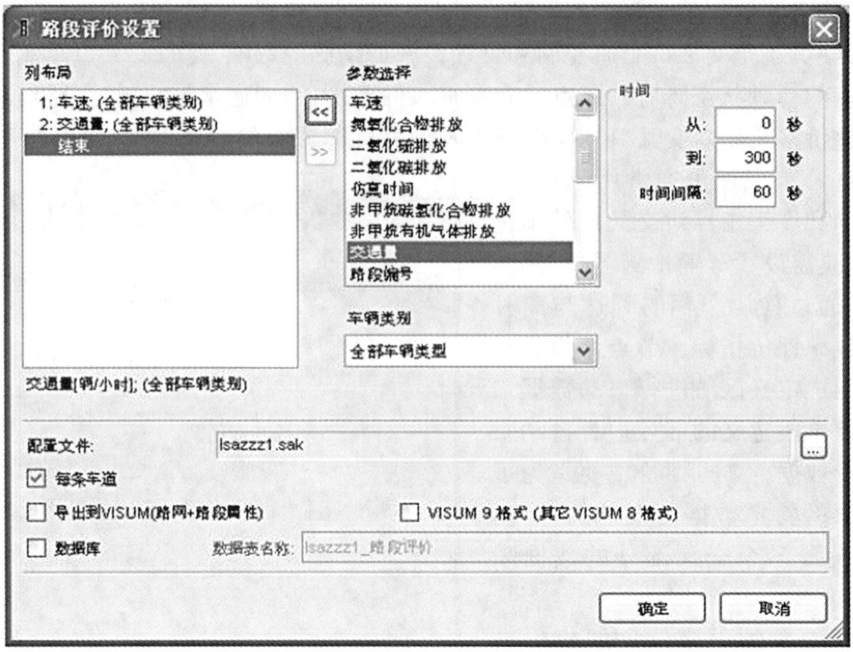

图 4-51　Vissim 中路段评价设置

3. 路网性能评价

路网性能评价则从范围相对较广的区域层面，对路网形态结构、各等级道路配比、用地分配合理性以及路网效率等进行评估分析。路网性能评价计算整个仿真运行的一些参数。无需进行定义，为得到需要的更多信息的输出数据需对路网性能评价配置相关参数。如图 4-52 所示窗口设置的数据可用于路网评价。相关参数包括处于激活状态的车辆数、已经到达的车辆数、距离、行程时间、平均车速、延误时间、停车次数及能耗排放参数等。

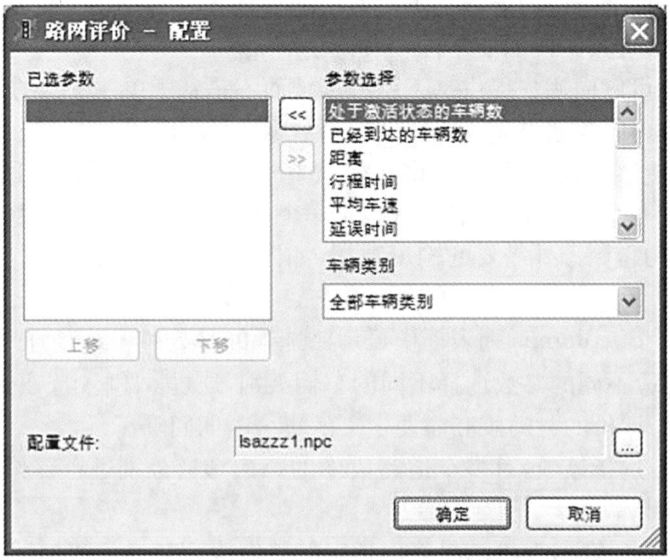

图 4-52　路网评价配置

4.6.3 微观交通仿真分析评价案例

下面以 2011 年深圳大运会(即第 26 届世界大学生夏季运动会)散场交通组织方案仿真评价为例,了解仿真评价指标和评价方法的应用。

1. 评价内容及指标

停车场散场交通组织评价为改善措施和决策服务,评价指标需要独立、全面地反映散场交通情况的主要特性。对于具体方案的评价,绝非评价指标越繁多、越细致就越好。精确的量化也不等于评价得准确。此外,评价指标只有在实际应用中才能体现价值,它需要具有较强的可操作性,能通过直接或间接的方法获得数据。开幕式停车场散场交通组织的目标是保证车辆安全、有序、高效地疏散。在制定停车场内部交通组织时,应尽量减少停车场内部的人—车冲突与车—车冲突,需综合考虑以下几点:

(1) 车辆减少使用停车场内部道路。散场时车辆应选择最近的出入口驶离停车场,以减少内部道路的使用,避免冲突的发生。

(2) 车辆均匀利用停车场内部道路。散场时车辆应均匀使用停车场内部道路,避免产生车辆拥堵积压。

(3) 车辆避免经过停车场内部瓶颈路段。停车场内部的瓶颈路段主要是有行人通行的路段,以及道路设施条件不便于车辆通行的路段。

Vissim 仿真模型中,停车场内部道路上车辆的期望速度相同,因此,可采用易于获取的车辆行驶时间来描述各类车辆对停车场内部道路的使用程度。Vissim 仿真软件可以利用"路段评价"功能来获取路段每车道的平均交通量,根据各路段的交通量,能够判断内部道路是否均匀使用。选取车队行驶时间与路段交通量作为各交通组织方案的评价指标(表 4-6)。

表 4-6　评价指标选取

评价指标	描　述	单位
车队行驶时间	车队从头车启动至尾车驶出停车场的时间	s
路段交通量	各路段散场期间每车道平均交通量	辆/(小时·车道)

2. 交通组织方案评价比选

针对大运会停车场散场交通组织设计的三个方案,根据表 4-6 中的两个评价指标,采用 Vissim 软件进行方案比选。

1) 车队行驶时间

利用 Vissim 仿真模型,各方案车队行驶时间情况如表 4-7、图 4-53 所示。

表 4-7　各方案车队行驶时间

停车场	车队行驶时间/s		
	方案一	方案二	方案三
P1(南向北)	108	108	108
P1(北向南)	95	95	135
P3	60	182	60
P4	68	174	68

续　表

停车场	车队行驶时间/s		
	方案一	方案二	方案三
P5	81	125	125
P6	84	122	122
P7	50	50	150

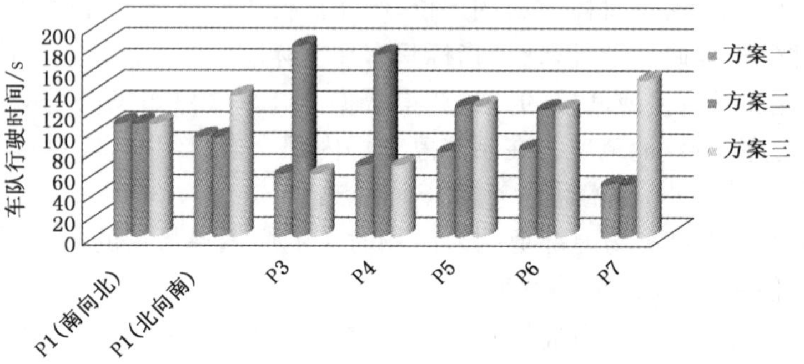

图 4-53　各方案每条车队行驶时间

从图 4-53 中可以看出，方案一的每条车队行驶时间是三个方案中最小的；方案二中 P3 的车队行驶时间较长；方案三中 P3 车队、P4 车队行驶时间较短，P7 的有组织观众与方案一、二相比在停车场内部行驶时间较长。

$$停车场车队总行驶时间 = \sum 各类人群每条车队行驶时间 \times 车队数$$

三个方案的停车场车辆总行驶时间情况见表 4-8，从停车场车队总行驶时间中可以看，方案一优于方案三和方案二。

表 4-8　　停车场车队总行驶时间

方案	方案一	方案二	方案三
停车场车辆总行驶时间/s	2 956	4 664	3 960

2）路段交通量

利用 Vissim 仿真模型，各方案路段交通量情况见表 4-9 和图 4-54。方案一在 3 号路段流量较小，方案三在 3 号路段流量最大，方案二在 5 号路段流量为 0。由于 3 号路段与 5 号路段没有行人通行，因此考虑“车辆避免经过停车场内部瓶颈路段”，方案三最佳。

表 4-9　　各方案停车场内部路段交通量情况

停车场内部道路编号	车队行驶时间/s		
	方案一	方案二	方案三
1	149	160	158
2	137	133	131
3	17	204	280
4	98	80	94
5	190	0	83

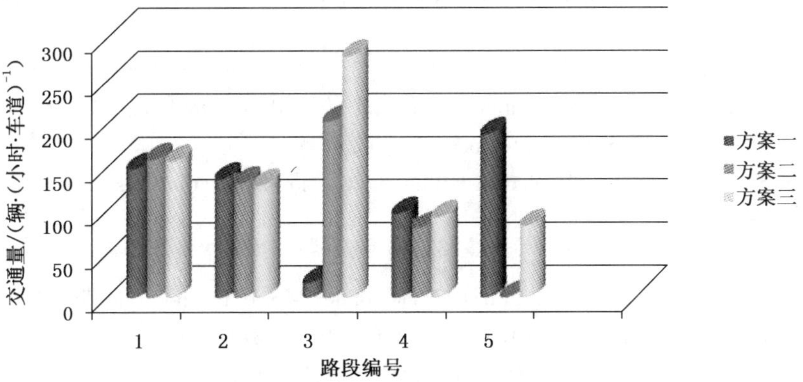

图 4-54 各方案停车场内部路段交通量情况

三个方案的各路段流量方差情况见表 4-10，方案三的各路段流量方差最小，说明各路段车辆流量分布最均衡，考虑“车辆均匀利用停车场内部道路”，方案三为最佳方案。

表 4-10　　各路段流量方差情况

方案	方案一	方案二	方案三
各路段流量方差	79 184	68 762	22 444

参考文献

[1] 胡明伟，郭秀芝. 用微观交通仿真软件实现 ITS 模拟的比较研究[J]. 交通与计算机，2004，22(4)：19-21.

[2] 王子浜. 微观交通仿真模型校正方法研究[D]. 长沙：湖南大学，2010.

[3] 臧志刚，陆锋，李海峰，等. 7 种微观交通仿真系统的性能评价与比较研究[J]. 交通与计算机，2007，(1)：66-70.

[4] 钟邦秀，杨晓光. 面向对象微观交通仿真系统的研究与实现[J]. 系统仿真学报，2002，(4)：418-421.

[5] 邹智军，杨东援. 城市交通仿真实验系统的面向对象开发[J]. 系统仿真学报，2002，14(7)：844-848.

[6] 贾洪飞，隽志才，王晓原. 基于模糊推断的车辆跟驰模型[J]. 中国公路学报，2001，14(2)：81-85.

[7] 郭健. 城市微观交通流模型综述[J]. 自动化技术与应用，2008，(4)：1-4.

[8] 姜杰. 车辆跟驰模型对比研究[J]. 交通与运输，2007，(B07)：40-41.

[9] 王晓原，隽志才，贾洪飞，等. 交通流突变分析的变点统计方法研究[J]. 中国公路学报，2002，15(4)：69-74.

[10] 张洪宾. 高兴超. 交通仿真车辆跟驰模型研究[J]. 山东交通科技，2007，(4)：12-15.

[11] 张浩然，任刚，王炜. 基于相关分析和安全车距的跟驰模型[J]. 交通运输工程学报，2007(1)：73-75.

[12] 张浩然，任刚，王炜. 基于跟驰模型的安全车距[C]. 关爱生命预防事故——2006 北京国际智能交通论坛，北京，2006.

[13] 杨洪，韩胜风，陈小鸿. Vissim 仿真软件模型参数标定与应用[J]. 城市交通，2006，4(6)：22-25.

[14] 李迎峰，史忠科，周致纳. 微观交通仿真中随机决策换道行为研究[J]. 系统仿真学报，2008，(16)：4273-4277.

[15] 金曼，陈锋. 微观交通仿真中的选择性换道模型研究[J]. 计算机工程与应用，2007，(14)：199-201.

[16] 王晓原，邢丽，吴芳. 基于决策树模型的驾驶员期望车速[J]. 计算机应用，2009，(B12)：318-321.

[17] 杨新月，王晓原，王雷，等. 驾驶员行为仿真模型研究进展[J]. 山东理工大学学报（自然科学版），2007，(1)：68-72.
[18] 马健宵，李星星，林丽，等，非机动车跟驰行为研究[C]. 中国大城市交通规划研讨会论文集，2010.
[19] Ardeshir Faghri. Computer Implemented System and Method for Simulating Motor Vehicle and Bicycle Traffic[P]. USA：US695078882，September 27，2005.
[20] Khan，Sarosh I. Behavior of Bicyclist in Following[C]. Transportation Research Board，85th Annual Meeting，2006.
[21] 魏丽英，吕凯. 信号交叉口处自行车交通流的跟驰行为[J]. 吉林大学学报（工学版），2008，(1)：53-56.
[22] Hossain M. Capacity Estimation of Traffic Circles under Mixed Traffic Conditions Using Micro. simulation Technique[J]. Transportation Research Part A，1999，33：47-61.
[23] 王炜，过秀成，等. 交通工程学[M]. 南京：东南大学出版社，2000.
[24] 梁春岩. 自行车交通流特性及其应用研究[D]. 吉林：吉林大学交通学院，2007.
[25] 赵春龙. 平面交叉口混合交通流自行车穿越机动车微观行为模型研究[D]. 北京：北京交通大学，2006.
[26] 董陈继. 平面信号交叉口自行车微观行为研究[D]. 成都：西南交通大学，2007.
[27] 黄玲. 混合交通流无信号交叉口自行车微观行为研究[D]. 北京：北京交通大学，2007.
[28] 吴兵，李晔. 交通管理与控制[M]. 北京：人民交通出版社，2009.

第 5 章 行人交通仿真理论与技术

5.1 行人交通研究综述及仿真模型

随着各种大型活动的日益增多、交通枢纽规模的日益庞大,高度聚集的行人的组织管理、安全疏散等问题越来越受到组织方、运营方以及相关研究人员的重视。在行人高度聚集的场所,一旦发生事故往往会造成大量的人员伤亡,损失惨重。例如,2008 年 9 月,印度西部神庙在举行宗教活动时由于人员过分拥挤、秩序失控造成严重的踩踏事故,造成 179 人死亡、100 多人受伤的惨剧发生。据不完全统计,1930—2005 年共发生死亡人数超过 100 人的拥挤踩踏事故 21 起,共造成 8 700 多人死亡,其中死亡 500 人以上的有 6 起,多集中在宗教场所、娱乐场所、体育场馆等,主要是由突发事件、出口拥挤、紧急疏散等因素引起[1]。目前,大型活动及交通枢纽的人流组织方案制定多借助于行人仿真软件辅助完成,仿真软件对行人实际行为模拟的相似程度直接影响到人流组织方案制定的有效性。

5.1.1 行人交通相关研究概述

1. 行人交通理论概述

“行人”在我国辞海中定义为步行的人,或路上行走的人。在美国,行人是指步行的人或者是使用以人力为动力的交通工具,如溜冰鞋、滑板等,包括使用轮椅的残障人士,但骑自行车的人除外。现代交通运输体系下,行人的概念超越了上述范畴。应当说,所有利用体力出行的人均属于行人,包括使用各种街道、交通港站、体育场馆、大型商场、船只/车辆/轨道交通等交通设施或设备且具有一定出行目的的人[2]。

步行是城市交通中最基本的一种交通方式。采用任何交通工具和任何目的出行,其起始点的交通均依赖于步行;出行换乘也有很大一部分步行比例。因而,步行承担了所有交通方式的终端出行以及部分交通方式间的换乘出行,在城市交通系统中占有重要地位。不计短出行,国内多数大城市步行比例仍占居民全方式出行总量的 30%~40%(表 5-1)[3-5],中小城市步行比例更高。

表 5-1　　国内典型城市步行交通比例

城市名称	城市总人口/万人	步行方式比例	出行数据年份
上海	1 858	29.2%	2004
广州	1 018	45.8%	2003
长沙	658	45.2%	2007
乌鲁木齐	231	40.7%	2006

行人交通理论是以行人、车辆、道路、场站及行人交通组织管理等为研究对象,通过深入

研究行人交通行为及群集规律，揭示和预测不同环境下现状及未来行人的宏观和微观发展演变趋势，科学指导行人交通系统中各类设施的规划与设计以及运营组织与管理，从而保证行人交通系统安全、高效运行[2]。

目前，行人交通研究主要包含三个层次、三个方面的内容。“三个层次”指宏观层次、中观层次和微观层次。宏观层次以设施中的所有行人为分析对象，讨论人流的整体运动特征；中观层次以设施中的行人群体（组团）为分析对象，讨论人群行走的现象与规律；微观层次以人群中的个体为分析对象，讨论个体行走特征及个体间交互作用行为，行人流的整体特征通过所有个体行为特性自然展现[6]。“三个方面”分别指行人交通基本特性（实证研究）、行人交通建模与仿真（理论研究）、人流密集区设施设计与安全管理（应用研究）。行人交通基本特性研究通过现场观测与数据采集，在微观上研究个体行人的步幅、步频及步速的分布和相互关系，以及行人个体特征对其的影响，行人行走规则（加减速、超越、避让、路径选择等）以及对周边环境变化的反应（如对信息标识的认知）；在中观上研究人群在不同人流组成、方向及步行设施环境等条件下的自组织行为的现象、规律和特征；在宏观上研究行人流“流量—密度—速度”基本关系、不同步行设施的步行行为及通行能力与服务水平等。行人交通建模与仿真研究，依据对行人交通行为的不同假设，从宏观、中观与微观三个层次建立行人运动的理论模型。人流密集区设施设计与安全管理，利用上述实证研究与理论研究成果，讨论行人交通设施规划设计、大型社会活动（如世博会、奥运会）客流交通组织与安全管理、交通枢纽或高层建筑人员安全疏散等[6]。

2. 行走行为研究

行为是受思想支配而表现出来的外表活动，现代心理学给出的定义为：行为是有机体适应环境的方式。行人交通行为，是指行人在出行过程中，在交通环境、生理和心理因素影响下表现出来的与交通有关的一系列交通活动。行人交通活动是发生在有明确范围限制的交通环境下，以出行活动链为意图的行动过程。关于行人行走行为的研究主要集中于社会力对行人的影响、自组织现象行为、超越行为、跟随行为、“环境—心理—行为”的研究等。

对于行人行为及心理因素间联系方面的研究，物理学家 Dirk Helbing 提出了著名的“社会力”行人流模型（social force model），他在 *Nature*、*Transportation Science* 等著名杂志上发表文章说明了行人交通流的复杂特性，揭示了行人交通行为的产生源于自身的主观行动力，这种力就是所谓的“社会力”[8]。模型把行人看作有自驱动力的微粒，每个微粒都拥有一个移动目标并且具有一定的速度向目标靠近，速度的大小反映了行人向目标移动时的着急程度。为了反映行人的行为、心理等特征，Helbing 等还用主动行人模型描述了行人的追随现象，用社会力模型展现了疏散过程中的人员堵塞现象，模拟出了“从众效应”、“快即是慢效应”[9]。吴娇蓉，冯建栋提出了正常行走和有行为行走的概念，并指出常见的两种有行为行走即超越行为和避让行为，对比分析了超越和避让在不同阶段相关作用主体间的相对位置关系，揭示了行人采取超越和避让行为的临界位置条件[7]。Johansson 等分析了自组织现象，研究设施与区域对行人流的影响，以最大化行人流量为目标，提出了设施改进方案，减少行人的密度和相互影响[10]；李娟提出了“异向分流，同向分道”的行人流基本自组织行为模式，运用自组织行为基本理论对异向流中的步行带行为进行机理解析，运用轨迹分析法提出了同向步行带中的“步行道”行为的界定方法[11]。Daniel 等在社会力模型中引入了自停止机制（self-stoppingmechanism）来阻止行人之间的连续推挤行为，使模型能更好地模拟正常的行人运动[12]。

社会力模型是分析行人行走行为的重要基础模型，社会力模型揭示了行人交通行为的产生源于自身的主观行动力，侧重于用行人间以及行人与环境的相互作用去研究人的心理和行为之间的联系，强调了行人活动的随机性。同时，行人间的从众作用、超越行为、避让行为以及自组织行为都是受到周围行人行为的影响而采取的行走行为方式，可见社会力模型也成为所有已有行为模型中最接近真实情况的一种。

3. 行走参数

行人的行走参数主要是指个体行人在移动过程中所表现出来的个体行为特征，包括行人个体速度、步幅、步频、行人个体空间需求等，行人行走参数对于行人交通设施的设计和规划起到深远的影响作用。

1）步行速度

Henderson 于 20 世纪 60 年代就开始在澳大利亚悉尼市进行行人微观特性的研究，得出人群中的行人平均速度为 1.34 m/s，标准偏差为 0.26 m/s[13]。之后很多学者都对行人步速进行了大量的研究，发现影响行人步速的因素很多，例如年龄、性别、环境等。Daaman 发现欧洲、美洲、澳洲和亚洲等国家行人的平均步行速度比较离散。欧洲平均步行速度为 1.41 m/s，美国为 1.35 m/s，澳大利亚为 1.44 m/s，亚洲为 1.24 m/s，欧美国家的速度大于亚洲国家[14]。我国行人步速变化范围为 0.7～1.7 m/s[15]。男性比女性快，老年人较慢；城市内人的步速高于乡村人口的步速；另外，人的心情、周边环境等对行人的步速都有影响。对于通道内行人速度的研究成果，叶建红已经做过详尽的总结[16]，水平通道上亚洲人平均步速显著低于欧洲、北美洲以及澳洲行人的平均速度，如表 5-2 所示。

表 5-2　　水平通道行人步行速度观测值　　单位：m/s

国家/地区	研究者(时间)	平均速度	标准差
美国	Hoel(1968)	1.46	0.2
	Fruin(1971)	1.35	0.15
	Pauls(1987)	1.25	—
	FHWA(1988)	1.20	—
	HCM(2000)	1.52	—
加拿大	Morrall et al. (1991)	1.40	—
英国	O'Flaherty & Parkinson(1972)	1.32	1
	Tregenza(1976)	1.31	0.3
	Daly et al. (1991)	1.47	—
荷兰	Crow(1998)	1.4	—
澳大利亚	Henderson(1971)	1.44	0.23
新加坡	Tanariboon et al. (1986)	1.23	—
香港	Lam et al. (1995)	1.19	0.26
印度	Sarkar & Janardhan(1997)	1.46	0.63
中国	陈然等(2005)	1.24	—
	Xiong Hui et al. (2006)	1.22	—
所有平均		1.33	0.36

2）步幅

步幅(L)为步行者两脚先后着地、脚跟至脚跟或脚尖至脚尖的之间的距离，通常用 m 来表示。一般地，妇女、老年人和儿童的步幅较小，而男性、中青年人步幅较大。大量的观测资料表明，一般身体高、下坡、精神愉悦者步幅大，而身矮、上坡、精神不振者则步幅小。任福田等根据调查资料指出我国男性平均步幅为 0.67 m，女性平均步幅为 0.61 m，平均步幅为 0.64 m[17]。陈然，董力耘根据城市人行道上的观测，得出不同年龄、性别行人的步幅如表 5-3 所示：男子平均步幅比女子高 8%；青年人与中年人步幅接近，比老年人高 12%[18]。

表 5-3　　年龄与性别对行人步幅的影响

年龄性别因素	平均步幅/cm	年龄因素	平均步幅/cm	性别因素	平均步幅/cm	所有人	平均步幅/cm
青年男子	67.0	青年人	65.0	男子	66.0	全体平均	64.0
青年女子	63.0						
中年男子	66.0	中年人	64.0				
中年女子	61.0			女子	61.0		
老年男子	60.0	老年人	58.0				
老年女子	56.0						

3）步频

步频为行人在单位时间内行进的步数，步数为步行者在单位时间内两脚着地的次数，一般以次/分钟为计量单位，每分钟行走步数变化值在 80～150 之间，常用值为 120 次。事实上，对于特定的行人来说，步幅往往相对固定，所谓“习惯性步幅”，步频则成为影响速度值的主要控制指标，反映了行人行走敏捷性、心理状态及对周围环境变化的调节。如赶路学生的步频比一般状态行人步频增加 10%。陈然，董力耘研究了城市人行道上实测年龄、性别对行人步频的影响如表 5-4 所示：男子平均步频比女子低 3.6%；青年人步频比中年人高 2.6%，比老年人高 6.4%[18]。

表 5-4　　年龄与性别对行人步频的影响

年龄性别因素	平均步频/(步·s^{-1})	年龄因素	平均步频/(步·s^{-1})	性别因素	平均步频/(步·s^{-1})	所有人	平均步频/(步·s^{-1})
青年男子	1.96	青年人	1.99	男子	1.92	全体平均	1.96
青年女子	2.01						
中年男子	1.91	中年人	1.94				
中年女子	1.99			女子	1.99		
老年男子	1.83	老年人	1.87				
老年女子	1.91						

4）行人个体空间需求

陈宽民把行人个体空间需求定义为行人在交通设施中对活动空间的要求，分为静态空间需求和动态空间需求[19]。静态空间需求主要是指行人在静止等待的状态下所占据的空间范围，身体前胸后背方向的厚度和两肩的宽度是行人交通设施空间设计中必须保障的行人静态空间需求。许婷根据人体工程学理论将人体看作是长轴为 61 cm、短轴为 45.6 cm

的椭圆体；针对我国的情况，天津消防科研所进行人体测量工作，按照椭圆计算人体的平均投影面积为 0.146 m^2，按照矩形计算的平均投影面积为 0.197 m^2；从大量的人体参数研究得出 95%的人肩宽不会超过 57.9 cm，肩厚不会超过 33 cm。

个体的步幅、步频、步数等行人移动参数决定行人个体速度。行人个体速度受行人个体因素（人种、年龄、性别、行动能力、健康程度等）、出行因素（出行目的、路线熟悉程度、行李携带情况、出行长度等）、行人交通设施因素（设施类型、坡度、安全出口等）、环境因素（周围环境、天气条件）、交通环境因素（如行人流密度、行人流的类型等）等的影响。

5.1.2 行人交通仿真模型介绍

随着行人交通相关研究的不断深入，行人交通仿真模型的研发与使用在近些年同样发展迅速，同时行人仿真软件产品层出不穷。根据不同的分类标准，行人交通仿真模型有多种分类方法，以下按不同的分类标准分别介绍不同的模型。

1. 离散模型和连续模型

按照对时间和空间的处理方式的不同可以将行人交通仿真模型分为离散模型和连续模型。

1）离散模型

离散模型把空间离散为许多相邻的小区域，同时也把时间离散化以配合空间离散。根据离散空间的细致程度又可以分为粗糙网络模型和精细网络模型。

（1）粗糙网络模型

粗糙网络模型将实际建筑空间（某个走廊或房间）抽象为节点，并按照实际的情况用弧线将各个节点链接，弧线上的权重表示该出口的疏散能力，从而完成对建筑的抽象描述。在此类模型中，行人只会从一个建筑结构单元运动到另一个建筑结构单元，而不能在同一个建筑结构单元中作区域性移动，它不能表现人员疏散过程中避开障碍物等局部运动，也不能对人员之间的相互影响进行模拟[20]。除此之外，由于此类模型在建筑空间的抽象过程中，由于丢失了空间结构布局和大小关系的信息，并不能准确描述不同建筑之间的差异。但在实际仿真过程中，此类信息在很大程度上影响了行人的行为，因此在实际应用中，此类模型已经基本不予采用。

（2）精细网络模型

精细网格模型把建筑平面空间划分为瓦片状的网格或者网点，因此，它比粗糙网络模型更能准确地表示建筑平面空间的几何形状及其内部障碍物的位置，在疏散模拟过程中每个人都有准确的位置[20]。精细网络模型具体包括元胞自动机模型和格子气机动子模型。

① 元胞自动机模型

元胞自动机模型是在均匀一致的网格上由有限状态的元胞构成的离散动力系统，它是人工智能领域的模拟算法，后来被应用于交通流模拟。直到 1998 年，才由 Victor J. Blue 等人应用于行人交通流的模拟。基本原理是将行人行走的道路用网格抽象，将行人看作在网格之间移动的元胞（automata），把行人的移动过程与车辆的行进相对比，分为换道和变速两个过程。根据行人周围网格状态变化的组合来设定行人移动规则（rules），进而完成整个模拟过程[20, 21]。

元胞自动机是一种以时间为基础的方法，系统状态由常规的格子组成单元。常用的元胞自动机一般是一维和二维的，一维元胞自动机的元胞空间只有一种划分，二维元胞自动机通常有三种划分：三角形、正方形和正六边形，用于行人交通仿真的元胞自动机模型均为二维元胞自动机。元胞模型中时间、空间和状态变量都是离散的。空间离散是指元胞分布在按照一定规则划分的离散的元胞空间上。时间离散是指系统的演化是按照等间隔时间分步进行的，时间变量 t 只能取等步长的时刻点，形似整数形式的 $t+0$，$t+l$，$t+2$，…，而且 t 时刻的状态构形只对其下一时刻，即 $t+1$ 时刻的状态构形产生影响，而 $t+2$ 时刻的状态构形完全决定于 $t+1$ 的状态构形及定义在上面的转换函数。元胞自动机的时间变量区别于微分方程中的时间变量 t，那里 t 通常是个连续值变量。状态离散有限是指元胞自动机的状态只能取有限(k)个离散值(S_1，S_1，…，S_k)。相对于连续状态的动力系统，它不需要经过粗粒化处理就能转化为符号序列。而在实际应用中，往往需要将有些连续变量进行离散化，如分类、分级，以便于建立元胞自动机模型[21, 22, 25]。

Blue，Adler 对行人流元胞自动机模型进行了大量成功的研究，建立了双向、四向通道行人运动的一系列模型[23, 24]。中国科学技术大学火灾科学实验室研究人员运用元胞自动机理论对火灾情况下的行人疏散行为进行了数字模拟研究。元胞自动机行人运动仿真模型，较为全面地考虑了行人运动的一些特性，在模拟中能体现出行人运动的自组织现象并表现出行人的群体行为。但已有的元胞自动机微观行人模型对个体行为的描述比较粗糙，行人个体之间相互作用的细节还不够逼真；另外，行人的速度受到网格宽度的限制而被固化为网格长度的整数倍，精度受到一定影响。

② 格子气自动机模型

格子气自动机(Lattice Gas Automaton，LGA)是元胞自动机模型在统计物理学和流体力学中的具体化和应用，是以流体分子运动论为背景发展起来的一种离散的非线性动力体系。格子气自动机是一种特殊的元胞自动机模型，或者说是一个扩展的元胞自动机模型(Extended Cellular Automata)[26]。日本的学者在这个模型上研究较多，已经成功建立了多种格子气自动机模型，常应用于带有出口的大厅、双向通道、多项通道、人流交汇场景等。现在对于格子气自动机模型已经从单个行人的角度开始建模，由于在建模中没有考虑彼此之间的相互作用，精度受到一定影响。对于人员行为研究领域中的格子气模型与元胞自动机模型，由于他们在基本规则方面非常相似，一般很少加以区分[20]。

2) 连续模型

(1) 社会力模型

1995 年 Helbing 等人提出了社会力模型，是基于物理力的连续仿真模型中的奠基之作。社会力模型为多粒子自驱动模型，将行人类比为运动形态符合牛顿第二定律的粒子，并假设质量为单位 1，将行人的各种内在动机类比为各种作用力，包括面向目的地的加速力，行人之间的排斥力，行人与障碍物之间的排斥力以及行人与同伴、信息源之间的吸引力等。行人受各种社会力的作用，各种力共同影响行人的运动可表达为

$$m\frac{\mathrm{d}v_i(t)}{\mathrm{d}t}=\vec{f}_i^0+\sum_{j(\neq i)}\vec{f}_{ij}+\sum_{b}\vec{f}_{ib}+\sum_{k}\vec{f}_{ik}^{\mathrm{att}}+\sum_{j}\vec{f}_{ij}^{\mathrm{att}}+\xi \tag{5-1}$$

式中 $v_i(t)$ ——行人 i 在时刻 t 的速度；

$\vec{f}_i^0$ ——行人达到“期望速度”的驱动力；

$\overrightarrow{f_{ij}}$ ——行人 j 对行人 i 产生的社会力和接触产生的压力；

$\overrightarrow{f_{ib}}$ ——边界、障碍物对行人 i 产生的社会力；

$\overrightarrow{f_{ik}^{att}}$ ——街边的橱窗、展览、风景等的吸引作用；

$\overrightarrow{f_{ij}^{att}}$ ——家庭、朋友、旅游团队等的聚集行为产生的社会力；

ξ——随机项。

该模型可用图 5-1 表示行人所受的各种力，图中下标 α 对应上述公式中下标 i，下标 β 对应上述公式中下标 j。

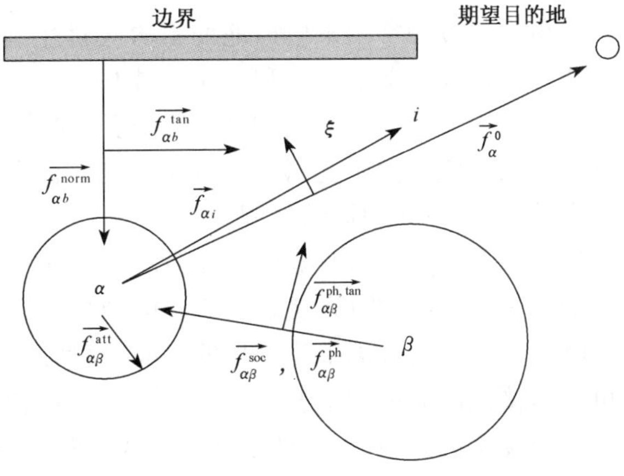

图 5-1　社会力模型中行人受力示意图[28]

社会力模型能够较“现实”地描述正常状态下拥挤人群的一些现象，如行人自组织队列、瓶颈拥堵和多方向人流[29]，具有计算强度大、描述能力强的特点，在微观行人仿真领域具有深远的影响。Helbing 于 2000 年开发了专用于研究恐慌状态下的人群运动特性的恐慌模型(panic model)，该模型考虑了行人之间身体接触产生的压力因素，这在行人仿真领域是具有开创性的。但有学者认为该模型中对行人之间相互作用的有争议的假设是描述这些现象的原因[27]。目前已经存在基于社会力模型或其简化模型的商业行人仿真产品，如 Vissim 等。

(2) 磁场力模型[30, 31]

S. Okazaki 和 S. Matsushita 依据库仑定律建立了磁场力模型(magnetic force model)。在这个模型中，行人被视为磁场中的磁性物体。每一个行人和每一个障碍物(墙壁、立柱、栏杆等)被分配为磁场的正极，而行人的目的地被分配为负极。在磁场引力和斥力的作用下，行人向着目的地运动并避免与其他行人和障碍物冲突。当来自其他磁极的力作用于行人时，行人会根据力的大小调整运动的速度，行人的速度到达某个给定的上限时维持恒定。在模型中，引力和斥力都用库仑定律的形式表示为

$$\vec{F} = k\frac{Q_1 Q_2}{r^3}\vec{r} \tag{5-2}$$

式中　$\vec{r}$ ——从行人指向磁极的向量；

r ——行人与磁极之间的距离；

Q_1，Q_2 ——分别为行人加载的磁场强度和磁极强度；

k ——常量。

如果行人在特定的区域与另一个行人相遇，为了避免碰撞，模型中加入一个加速项 a 来改变行进方向来避免相撞，如图 5-2 所示，A 和 B 分别为行人，加速项表示为

$$a = V_A \cos\alpha \tan b \tag{5-3}$$

式中　V_A ——行人 A 的速度；

α——相对速度 R_V 与行人 A 的夹角；

b——相对速度 R_V 与 AC 的夹角。

利用该模型之前，必须补充一些初始的数据来模拟行人运动，包括步行目的地的位置、最大速度、方向、开始的时间和方法、路径指示（最短路径或路径搜索）。此外，该模型必须补充 x-y 坐标。

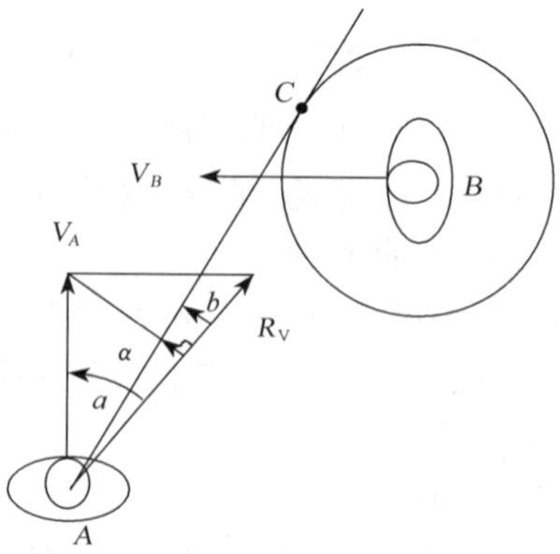

图 5-2　加速度使 A 避免与 B 的碰撞

该模型过去常用来模拟地面上火灾逃生、轨道交通站上行人的聚集运动和宾馆主要场所的运动。在火灾逃生情况下，模型能够模拟出行人逃出建筑物的时间。该模型还能用来评价排队的空间、等待的人数、等待时间和运动过程。

磁场力模型曾被有效地应用到火灾疏散、地铁站的候车大厅中的行人运动和宾馆的中央大厅中的行人运动等场景中。在火灾疏散中，该模型可以计算人群逃出建筑物的时间，模型比较简单，且容易理解，而且通过改变磁场大小可以直接控制流量和密度，具有可控性。但该模型的缺点在于每个行人的力负荷参数的确定是由实验得出的，没有理论计算公式，在实际中不能得到很好的验证；该模型也不能体现人群运动的宏观特性，另外移动是基于固定路径的，不利于模型扩展；参数只能提供可视化图形，无法给出更多的结论。

2. 宏观模型、中观模型和微观模型

根据模型对行人交通行为描述的细节程度不同，行人交通模型可分为宏观模型、中观模型和微观模型三类。图 5-3 给出了三个层次研究之间，以及对细节描述水平和区域范围之间的关系，随着仿真模型对细节描述水平的提高，所能描述的范围也随之变小。宏观模型从行人群整体的角度把行人模拟为连续流动介质并借助物理定律及其方程描述人群运动规律；中观模型，介于微观和宏观之间，通常将人群作为直接分析、研究和模拟对象；微观模型从单个行人的角度描述行人个体在各种外部条件下可能采取的行为方式。

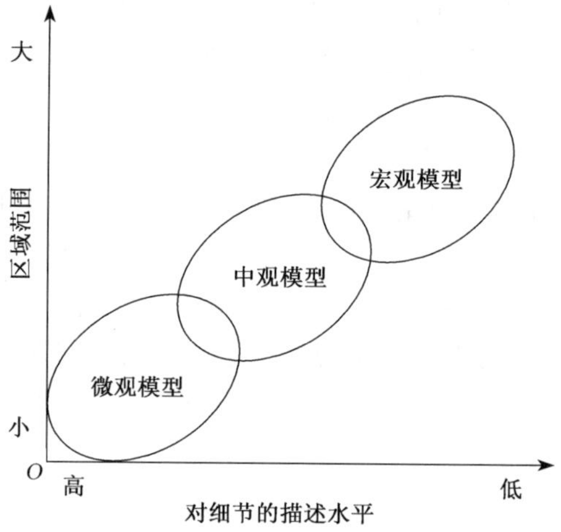

图 5-3　宏观、中观、微观行人交通模型关系图

1）宏观模型

（1）流体动力学模型

流体动力学模型将行人流近似为流体运动，借助流体动力学手段描述人群平均密度、平均速度随时间、空间的变化规律。如 Henderson 认为行人的运动行为类似于液体或气体流动，并建立了与 Boltamann 方程相似的行人动力学方程。Roger L. Hughs 采用连续介质理论研究大型人群的运动特征，并根据 Navier-Stokes 方程进一步推导出大型人群流动的控制方程[13, 33, 34]。

(2) 最大熵模型

最大熵模型基于效用最大化原则,描述人群的路径选择模式。行人在选择路径时总是试图使出行效用(提高舒适度、减少出行时间等)达到最大。这种模型已成功应用于 Pedroute(现为 Paxport)行人仿真软件[35]。

2) 中观模型

与宏观行人运动交通仿真模型相比,中观行人运动仿真模型对行人运动系统要素、个体运动、行为及其相互作用的描述要详细。中观模型既可以描述宏观模型中随时间与空间变化的密度、流量、速度等状态指标,又能够保留微观模型中的核心数据。较早的中观行人运动仿真模型由 Florian 于 2001 年提出,模型中对行人流的描述为若干行人个体构成的队列单元,能够描述节点处的动态变化,但仍不能细致描述行人个体之间的相互作用[13]。

Juri Tolujew 和 Felix Alcalá 提出了以人群作为仿真基本单元的仿真模型,目的是用于公共建筑内行人交通流实时预警系统。其中人群分为物理人群和逻辑(虚拟)人群,物理人群也即实际人群,相应于指定房间中实际人群的数量;逻辑(虚拟)人群代表那些因有相同的目的而表现出相似行为的成员组成的人群。一个物理人群通常由分属不同几个逻辑人群的成员组成。仿真时使用某一时间步长的离散时间,每个时间步长都要对两类人群模型计算。对于物理人群模型,通过在每一个时间步长结束时标定人的位置的变化从而形成新的物理人群;而每个个体的行为如新路径的选择是在逻辑人群中计算的,与现实的统计相关,如果某个时间步长结束时,若需要一个新的人群或一个现有的人群由于没有成员而需要解散时,可以更新逻辑人群。

除此之外,格子气模型和 Hoogendoorn 等将气体动力学理论应用于行人仿真模型建立的气体动力行人流模型也属于中观模型。

3) 微观模型

微观行人运动仿真模型既融合了宏观和中观模型的某些方面优点又能够细致描述行人个体的行为,所以是近年来发展较快的一类行人运动仿真模型。从 20 世纪 90 年代开始,计算机技术的迅速发展为从微观层面上描述行人交通提供了强有力的支撑,出现了元胞自动机模型、社会力模型等微观模型。微观模型以单个行人为研究对象,是对行人个体在各种条件下可能采取的运动方式的描述,行人的运动由行人特性(性别、年龄、心理等)、周围环境等因素共同决定。由于每位行人被当作独立个体进行描述和计算,这样不仅能够从宏观和整体上把握行人交通流,而且能够从局部和细节上刻画行人交通的复杂行为。

智能体(agent)是实际系统的某种抽象,它能够在一定的环境中为了满足设计目标而采取一定的自主行为,可以自主地感知周围环境并做出相应的行动以完成一系列指定的任务,同时还具有影响环境的多个行为能力。因此,多智能体(multi agent)技术在描述行人运动方面具有“天然”优势。在行人多智能体建模中,一般将系统中的智能体分类为主智能体、角色智能体、环境智能体及接口智能体,每一个智能体都有详细的社会-经济特性与行为属性数据,主智能体在向目标运动的过程中按照规则集不断与角色智能体、环境智能体交互[36]。如 Ameya Shendarkar 等在针对紧急反应的人群仿真中使用 BDI(Belief, Desire, and Intention)代理对行人行为进行模拟。

排队网络行人仿真模型是出于公共场所人群疏散目的而被研究的,Watts, Lovas 和 Thompson 等专家将排队网络模型作为模拟建筑物火灾人群疏散的工具[37-40]。排队网络模型采用的方法是基于抽象事件的蒙特卡洛仿真。在该模型中,房间用节点来表示,房间之间的门用连接线表示。每一行人离开一个节点,并在连接线中排队,然后进入另一节点。行人由一个节点向另一节点移动,寻找建筑物的出口。行人都有特定的目标,并且尽可能快速而安全地由目前所处的位置向出口移动。每个节点会记录下行人离开时的路径和时间。当行人到达某一节点时,会根据重力随机选择的原理对所有可能的路径作出选择,重力系数为建筑物中人群的密度函数。在起始节点,行人在开始运动之前有一段反应时间,当行人到达目的地节点时结束运动过程,仿真过程结束。然而,排队网络模型并未清楚地描述出行人个体的行为,行人个体之间的冲突也未被充分地考虑。

元胞自动机模型、社会力模型和磁场力模型均属于行人仿真微观模型。

5.1.3 行人仿真软件

随着行人仿真理论与交通模型的逐渐成熟,商业化行人仿真软件也越来越多,其中大约有 20 多种成为设计者、管理者、研究者等的有效工具,大多数用于模拟人群疏散,其中 Evacnet, Exodus, Exit89, Simulex, Hazard, Firecam 等,已经受到了人们较多的注意。而能模拟正常人流和疏散人流的仿真软件并不多,主要有 Legion, STEPS, Pedroute/ Paxport, SimWalk, Vissim, AnyLogic, Pedgo, Nomad, SimPed, Simulex, Micro -PedSim 等。

1. Legion

Legion 软件由 KeithStill 教授于 1996 年开发,于 2003 年 5 月投放市场销售。该软件是目前公认比较成熟的行人仿真软件,可对多种类型行人空间进行模拟,多用于地铁站、机场和高层建筑①。Legion 基于多智能体建模技术,提出了"信息空间"(ISpace)和"最省力"(Least effort)规则描述个体行人与周边环境之间的相互作用,行人运动遵循"OCMA"规则:Object 表示每个行人有确定目标;Constraint 表示运动过程中与其他行人及障碍物保持最小距离;Mobility 表示每个行人尽量保持最优速度;Assimilation 表示运动过程中考虑周边环境并做出反应。行人在运动时与 ISpace 实时交换以上信息,再通过模拟退火算法搜索路径,以"Least effort"为优化目标,得到当前代价最小的运动方向,从而实现个体局部最优。每位行人被模拟成 1 个二维实体,通过寻找具有最小化可感知的目标费用函数的下一步,每个实体朝目的地移动,该费用是三部分的加权平均,即不便性、挫折和不舒适性。实体试图最小化他们可感知的组合费用,能自行学习并调整不便性、挫折和不舒适性的权重,以适应周围环境(允许空间、几何形状、密度、他人的速度)。实体能够区分同方向移动的行人和交叉流动的行人,能与相邻的实体通信。实体的参数需要依据当地情况进行设置和标定,包括实体的物理半径、喜好的自由速度、行人的横向摆动位移、行人空间要素、服务水平标准等。

Legion 输出人流密度、步行时间、疏散时间、步行速度、排队长度等数据,可输出行人活动区域内的人流密度分布和最大密度的持续时间分布、空间利用率等直观图形,支持图形、数据、图表的输出。此外,提供交互式三维可视化图形输出,可直观地浏览三维模型和从不同的视角观察人的运动。如将仿真中的行人位置数据保存为 XML 文件,可被车辆微观仿真软件 Aimsun 读取,实现行人和车辆的混合仿真。Legion 软件应用范围较广,主要包括伦敦地铁、北京地铁、2000 年以来的部分奥运会场馆以及 2010 年上海世博会的部分场馆均使

① http://www.Legion.com/.

用该软件作为人流组织的辅助工具[41, 42]。

2. STEPS

STEPS (Simulation of Transient Evacuation and Pedestrian Movements)软件由英国的 Mott MacDonald 公司研发，采用基于实体的方法和元胞自动机模型①。每个运动的实体被假定有下面的基本属性：自由步行速度、对环境的熟悉、耐性、类似家庭成员间的联合、疏散情况下的预先运动时间，人群或个人按照假定统计分布被赋予上述属性。驱使人群运动的机制是每个个体以自由步行速度运动到下一个目标的愿望，花费最短时间且不与其他行人和障碍物碰撞。Steps 提供两种运行模式：正常模式和疏散模式。在正常模式下，实体为了到达目标沿不同路线行进，出口和检查点将被赋予标识，当实体被加入模型时就得到了初始标识，向着有相同标识的出口或检查点移动，直到通过 1 个系统出口离开了模拟环境。在疏散模式下，实体在其所在的平面上寻找可用的出口并向离各自最近的出口运动，其个体行为规则和属性将修改，不使用检查点和标识。

STEPS 支持在 AutoCAD(DXF 格式)底图的基础上创建空间模型，提供 CSV 格式的输出数据文件，包含人流量、人群密度、所使用的出口、空间利用率等。此外，提供交互式三维可视化图形输出，可以直观地浏览三维模型和从不同的视角观察人的运动，还可导入 3D Studio Max 模型以增强效果。其交互式二维可视化图形输出使用带颜色的等值线图来描述面和面的局部信息，评价指标包括人群密度、Fruin 服务水平和利用水平。还可输出 AVI 格式的动画和 JPG、TIFF、PNG 和 BMP 格式的图片。

3）Vissim

Vissim 是德国 PTV 公司开发的微观交通仿真软件。行人仿真一直是 Vissim 建立交叉口仿真时的重要组成部分，Vissim 5.1 版本采用了社会力模型完善行人仿真模块②。模型针对“瓶颈处的行人通行行为”等工程师所关心的重要议题，做了大量的实验分析。行人的行为和车辆一样，通过速度分布可以单独地进行定义，Vissim 用户可以分配给每个行人单独的最大行走/奔跑速度。Vissim 目前在慕尼黑地铁站、上海徐家汇地铁枢纽站、世博会上南路入口广场、虹桥综合交通枢纽等行人集散评价中得到了应用。

4）Paxport

Paxport 是由英国合乐(Halcrow)公司开发的宏观行人仿真系统，最早应用于机场行人仿真，目前已广泛应用于空间规划、步行系统运行评价及改善方案评价等。基于流体动力学与最大熵建模思想，Paxport 模型将行人空间划分成不同的块(block)，每一个块表示一种预定义的设施类型，如中央大厅、自动扶梯、站台等，且每个块有相应的速度—流量函数或者行程时间—密度函数，用户也可自行定义这些函数。根据仿真的场景(常态、拥挤、疏散)不同，系统可以调用不同的模型来模拟行人的步行行为。整体上 Paxport 的驱动模型是针对行人群体考虑的速度—流量模型和行程时间—密度模型③。

5）SimWalk

SimWalk 由瑞士 Savannah Simulations AG 公司研发，主要包括绘图模块 Simdraw 和

---

① MacDonald M. S TEPS User Manual. Croydon, United Kingdom, 2007.

② http://www.ptvchina.cn/traffic/VISSIMpedestrian.asp.

③ Paxport and Pedroute brochures. http://www.halcrow.com/html/media/flash/paxport.htm.

仿真与分析模块 SimWalk①。它采用基于主体(agent-based)的技术,每个主体代表一位具有特定目的地、步行速度和避免拥挤的行人,核心算法是基于社会力模型的势场算法(potential field algorithm)。在势场中,行人将会朝具有最低势的区域运动,行走方向和速度取决于三种力。第一种力描述势场使得行人向目的地运动;第二种力描述行人间的相互作用,使得行人避免碰撞并与他人保持适当距离;第三种力使得行人不与障碍物碰撞并与之保持适当距离。计算出势场后,主体就能够算出当前所处位置和目的地之间的优化行走路线,行走路线主要由目的地、路径上与其他行人和障碍物的作用、其他行人和物体的位置决定。在仿真过程中,所有主体将进行循环迭代计算,根据上述的三种力计算出下一时间步的速度和方向,并进行以下四种检验:①边界检验,检验主体位置处于势场边界内;②可见性检验,检验无障碍物和墙阻挡行进;③物体压力检验,检验无墙和障碍物在检测半径内;④行人压力检验,检验无其他行人位于检测半径内。

SimWalk 支持在 AutoCAD(DXF 格式)的底图上创建步行空间,提供四种显示模式,即主体显示(行人显示为圆点)、迹线显示(显示行人的迹线和速度)、密度显示(显示服务水平)以及负荷度显示(显示区域为行人的累积利用情况)。提供多种的文本和图形统计输出,包括截图和动画、事件统计、个体统计(起终点、持续时间、距离、速度等)、人群统计、出口统计等。

6) AnyLogic

AnyLogic 是俄罗斯的 XJ Technologies 公司研发的复杂系统仿真软件,由基础仿真平台和企业库等组成,行人仿真主要依靠其行人库实现,核心算法是社会力模型。软件提供模板式的结构,用户从模板库中将所需对象拖拉到工作空间中,再定义这些对象的属性和相互间的关系,使建模过程变得直观快捷。行人库的对象分为全局参数设置对象、环境对象、行人对象和人群对象。

AnyLogic 中的行人仿真建模包括环境建立、创建行为流程图、运行仿真和结果分析几个步骤。环境包括墙、不同的区域、服务、队列等,要创建环境对象,需使用动画编辑器绘制布局图或导入图片作为布局图,再加入对应的库对象并设置属性。行人的行为使用流程图的方式定义,从行人库中拖动对象到工作空间中并设置属性,然后将多个对象连接在一起。AnyLogic 可输出动画和行人数目、平均密度、停留时间等统计数据。运用 AnyLogic 行人库中的各种对象,结合企业库对象,可解决复杂的行人仿真建模。相比专用的行人仿真软件,AnyLogic 具有开放式的体系结构,支持基于主体的建模和二次开发,能与其他软件及用 Java 语言或其他语言编写的自定义模块协同工作,为行人交通仿真建模提供了更大的灵活性。

与传统的车辆仿真相比,行人仿真无论是从模型研究还是系统开发都起步较晚。虽然目前取得了一定的成果,但涉及的许多课题还有待进一步研究。国内对行人走行的研究在最近几年才多了起来,特别是由于 2008 年北京奥运会举办的需要,对于体育场馆和城市轨道交通车站内行人行为、疏散等的研究比较多,其他的研究大多关注于国外现有行人微观仿真模型的改进、交叉口和建筑物内的行人行为的分析、大型场馆人员疏散、基于视频的行人微观行为数据采集分析等。国内在行人微观交通特性的分析方面,如速度、空间需求、路径

---

① Savannah Simulations A G. SimWalk pedestrian simulation software user guide. Herrliberg, Switzerland, 2009

选择等，研究成果较多。相比国外，国内虽有一些仿真研究的案例，但还处于实验阶段，尚未开发出通用的仿真平台，没有技术成熟的商业软件。

5.2 建筑空间分类及行人交通特性

5.2.1 建筑空间行人行为特性

1. 行走行为特性

对个体行走特性的讨论可区分自由行走与受约束行走两种情形。受约束行走的基本特征是被动跟随或超越同向行人，避让或要求对向行人避让以及横向穿越交叉人流。目前关于个体行走特性的研究成果零星分布在社会心理学与社会行为学领域。

1）自由行走行为特性

(1) 弱规则性：如果不是赶时间想尽快到达目的地，行人都倾向于以自己最舒适的、能量消耗最少的步行速度来行走。它无需也不可能像汽车交通那样以整齐的“队列”行进，而是在可能的空间内以不规律的方式蛇行或交错地向前运动[43]。

(2) 趋近性：当行人能够觉察到目的地方位与路径时，总是有选择空间最短路径到达目的地的倾向。扬·盖尔通过在哥本哈根市的大量调查得到“人们走捷径的愿望是非常执着的”[44]（图 5-4(a)）。地铁站同一组闸机中不同闸机的利用率，也说明行人就近选择闸机的特征[45]（图 5-4(b)）。

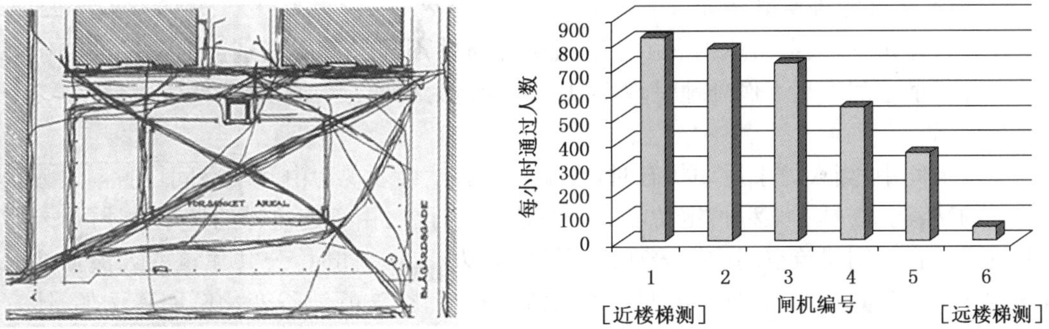

(a) 步行广场对角线穿越　　(b) 同组闸机利用率比较

图 5-4　行人最短路径选择

(3) 省力性：不考虑步行距离的影响，当行人需要通过楼梯或自动扶梯跨越高差时，大多数人趋向于选择自动扶梯而不是楼梯，即使是在需要排队等候的情况下，且上行时比下行时更明显。因为爬楼梯要比乘坐自动扶梯需要额外消耗更多的体力。

(4) 隔离性：出于安全、舒适性要求，行人在行走过程中总是与建筑物边界（墙壁、街沿等）、障碍物或其他行人保持一定距离，且这个距离是可变的：在匆忙行走时变小，随着人流密度的增大而减小。行人这种“隔离性”导致步行设施空间不能被完全利用。

2）受约束行走行为特性

受约束条件下，行人在步行过程中与其他行人发生交互作用，从而呈现出某些自由行走状态下不具备的行为特性。Sobel & Lillith(1975)在曼哈顿街道上开展了一个实验，考察与其他行人相遇时行人会给自己以及对方预留多少空间。实验结果表明，与女性相比，男性通常被对向行人给予更小的空间。在与其他行人相向行走时，双方中的任何一方都不会单方面让路，而要求对方合作。这与 Wolff(1973)的观测结果一致。Hill(1984)将行人相向行走时的避让过程分为两个阶段：首先发出临界信号让对方知道自己下一步动作，其次双方都明确对方的信号并采取相应动作。Dabbs & Stokes(1975)分析了不同类别行人相遇时，性别、群体大小以及相貌与被给予避让空间的关系，通过对 470 名行人观测，发现男性、一群人或漂亮女性一般会被给予更大空间。Willis 等(1979)在美国堪萨斯州的大学食堂及购物大厦观察了 1 038 个行人让路样本，发现大多数情况下，男性给女性让路，单个行人给行人群体让路，小群体行人给大群体行人让路，白人给黑人让路，年轻人给老年人让路，怀抱婴儿、有小推车、行动不便或背负行李的人一般不给其他人让路。根据对上海轨道车站内行人步行行为的观测研究发现，赶路者(对时间要求比较紧急的人)多趋向于让路或超越其他行人，步速快的人多趋向于让路于或超越步速慢的人[7]。

Miyazaki 等观测了行人在步行过程中超越坐轮椅者的行为。观测结果表明，行人在离轮椅者近 1 m 时开始超越。与电动轮椅相比，人力驱动的轮椅对其他行人的影响(导致其他行人速度降低)更大[48]。

总体来说，个体行走行为既有共性——作为“人”而普遍遵守的行为规则，又存在很大差异性——受文化习惯、自身特点、出行特征、结伴与否、步行设施、外界环境等众多因素影响而呈现出不同的个性化特点。当前对行走行为的研究尚未形成完整体系，研究广度与深度急需加强。

2. 行人交通行为类型分析

在公共建筑中，人群组成情况由于建筑物性质的不同会有所区别。但无论谁处于公共建筑内部集散空间都毫不例外地呈现出以下两种行为特征：运动和滞留[49]。

1) 运动

室内空间中，当人处于运动状态时，在空间上必然会表现为由一个空间位置向下一个空间位置的转移。在具有某种特定功能的公共建筑门厅中，由于建筑物的使用性质的差异，使得人流运动在不同建筑空间内会表现出不同的行人行为。同时，公共建筑的人流往往表现出非常突出的时间上的规律性，有明显的人流波动变化，波峰波谷变化鲜明。例如，体育馆在比赛前和散场后、演出场所在开演前的一小时左右，人员集散度都非常高，而在其余时段人员集散度明显小得多。另外，人群在运动过程中，还会表现出某些一致的行为规律，例如，右侧通行、左转弯、超近路、识途性等。此外，人群的运动还有向光、相互追逐的习性。熟悉人群运动的这些特征，将有利于安排和组织公共建筑内部集散空间的交通系统，以实现在公共建筑空间内部形成高效、舒适、人性化的流线。

2) 滞留

滞留是指人在空间中某处的运动处于静止状态，也就是说保持一定的空间处所、位置。在有一定广度的空间里，被人们所占据的某个位置的空间处所会受到空间构成因素(如墙面、柱子、设施等)配置的影响。通过调研和观察，依据人们在空间中的定位，借以掌握人们在空间里的分布情况。对于有较多滞留人群的集散空间，如体育场馆、商业中心，对滞留人群的处理在交通组织方面就显得十分重要，应予以足够的重视，做到把滞留人群最大限度地固定在既定的范围内，以免对交通部分造成阻碍。

3. **建筑空间分类依据及方法**

行人交通总是依托于一定环境发生的，根据行人交通系统中行人主要发生场所、行人行为特点以及对设施规划设计和运营的需求，可以将行人交通系统划分为道路行人交通系统和建筑空间行人交通系统两类，其中建筑空间又分为综合枢纽场站行人交通系统、赛事活动场所交通系统、商业中心行人交通系统以及大型展览活动行人交通系统(图 5-5)。行人交通理论和仿真的研究亦基于上几种环境[2]。

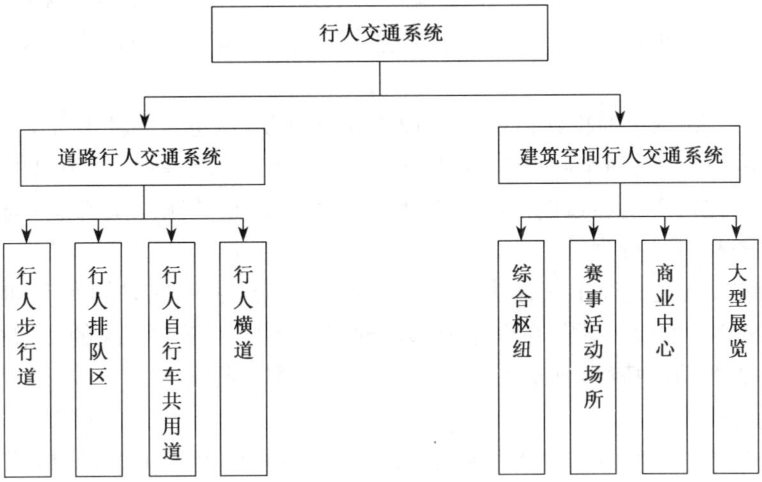

图 5-5　行人交通系统分类

5.2.2　建筑空间分类及客流交通特性

1. **综合枢纽**

交通枢纽是一种或多种运输方式的交叉与衔接之处，共同办理客货的中转、发送、到达所需的多种运输设施的综合体。由同种运输方式两条以上干线组成的枢纽为单一交通枢纽，两种以上运输方式的干线组成综合交通枢纽。枢纽是国家综合交通运输体系的重要组成部分，是协调运营、组织联合运输的结合部。交通枢纽是由复杂的交通设备与建筑组成的群体，一般由车站、港口、机场和各种线路以及为完成装卸、中转、各种技术作业所需的设备等组成①。城市交通枢纽是当今城市交通网络中具有重要意义的节点，也是行人出行过程中不可或缺的公共场所之一。研究交通枢纽内的乘客行为在保障公众安全，提高枢纽运营效率等方面具有重要意义[50]。

1) 建筑空间结构特性

客运交通综合枢纽具有以下特点[51]：

(1) 大型性。客运交通枢纽一般都综合多种交通方式和多种功能的服务在一个建筑内，客流量较大，因此枢纽不仅占地面积大，而且一般是多层建筑，行人的走行路线较长，活动具有多样性。行人在枢纽内的活动不仅限于步行，而且伴随有买票、等待、购物等活动，带来了一系列其他现象，如排队、拥挤、迂回等。

---

① http://zhidao.baidu.com/question/100109672.html? si=2.

(2) 复杂性。客运交通枢纽内的功能区域和设备多种多样，互相连通，而且他们的使用状态随着时间的不同而不同，所以枢纽内的导向系统如广播、指示牌、资讯台等对行人的影响较大。行人会经常利用这些导向设施和系统，寻找自己的目的地。对于不熟悉环境和不善于利用导引设施的行人来说，可能会出现徘徊、迂回的路径。

(3) 封闭性。客运交通枢纽是一个相对封闭的交通空间。行人在封闭的空间内方向性差、行走压力较大、速度较平常快。调查显示，中国乘客在封闭交通枢纽中以换乘为目的的平均行走速度为 1.49 m/s，快于在商场购物行人步速 1.16 m/s 和在休闲区人行道步速 1.10 m/s，亦高于平均速度 1.24 m/s。在快速行进中，乘客之间更加容易发生相互作用，如相互拥挤、碰撞等。

(4) 串联性。客运交通枢纽内的所有设施相互串联，从进入枢纽开始，到完成服务的过程中，乘客需要经过一系列串联设施，并且选择性较少。也就是说，对于目的相同的一类乘客，如换乘乘客，他们需要经过的步行设施无论从类型还是从顺序上都基本相同，因此他们更容易出现跟随和盲从行为。

(5) 大运量。客运交通枢纽作为大容量的交通结点，客流在时间和空间上的分布都具有明显的不均衡性，大量的客流在枢纽内移动时已经不同于正常情况的交通行为，这些行为大多数呈现非线性动态特性，到达一定密度后可归为拥挤行为。

2) 行人交通特性

处在枢纽系统中的行人，通常交通流量较大，且在短时间积聚和消散，客流时空不均衡性较突出。一方面，由于不同行人的出行目的及方向不同，行人表现出的运行速度、方向、活动等行为不同，造成群体行为复杂特性，例如枢纽中购票人群、候车人群、乘降人群的行为完全不同；另一方面，由于枢纽中的行人交通往往与各种交通方式之间互为衔接关系，并且受到枢纽内各种行人设备、流程、流线和作业的影响，群体行为会呈现一定的规律性，如客流随着时刻表规定的列车到达情况规律性地产生和消散，所有旅客在车站中的基本进出站流程相同。因此，枢纽系统中的行人交通是弱可控交通流，核心问题是通过对场站或枢纽的设施设计和运营管理、运输组织的综合优化，实现场站内行人集散的安全以及集散能力的最大化[2]。

2. 赛事、活动场所

赛事活动种类繁多、涉及内容广泛，国内不同城市对赛事活动都有着各自的定义，既有共性又有其各自特点。赛事活动是指具有预先确定的举办时间、地点，同时具有一定规模、参与人数较多的社会公共活动。赛事、活动场所主要包括公共娱乐场所(剧院、电影院)、大型体育场馆、宗教活动区等大量人群聚集的场所。因为活动场所大量人员聚集，并且通常属于封闭交通系统，赛事活动场所行人交通系统往往在特定活动下表现为大客流在短时间内集中聚集和疏散，行人出行目的简单，活动和行为简单，但运动方向因人而异表现较为混杂，与其他交通方式之间关系较弱[2]。

1) 集散特点

一般来说，竞技性的比赛项目观众的热情会高一些，有些观众可能会提前很早到场，据实际调查，比赛前 2 小时或 1.5 小时观众开始进场，进场持续时间较长且分散。比赛结束后，观众目的性较一致，都要离开场馆乘坐交通工具，因此在短时间内会积聚较大的流量，散场时间较短且集中[52]。以首都体育场某场体育比赛为例，赛事期间，进入和离开场馆的步行交通从流量强度、持续时间、规划人群、需求等方面都有着不同的特点，具体见图5-6和图5-7[53]。进场过程是由一个逐步上升的过程，在开场前10～60分钟观众进场人数较多，少量观众在活动开始后才到场，流量变化具有一定的随机波动性。相对于进场，散场过程的集散特性更加明显，散场持续时间为20分钟，在比赛结束后的第4～14分钟里集中疏散了约78%的观众。

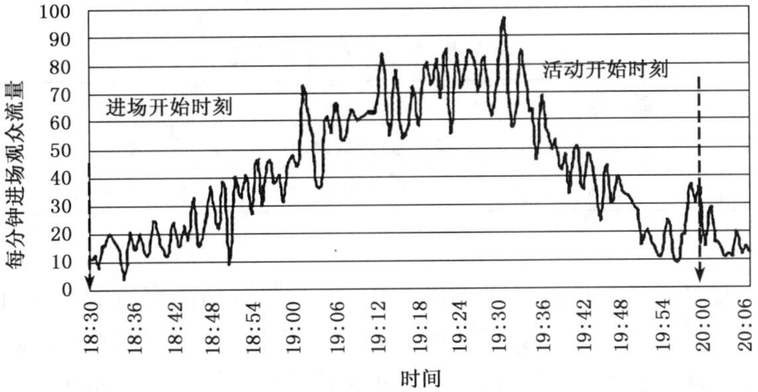

图5-6　赛前不同时刻入场人数

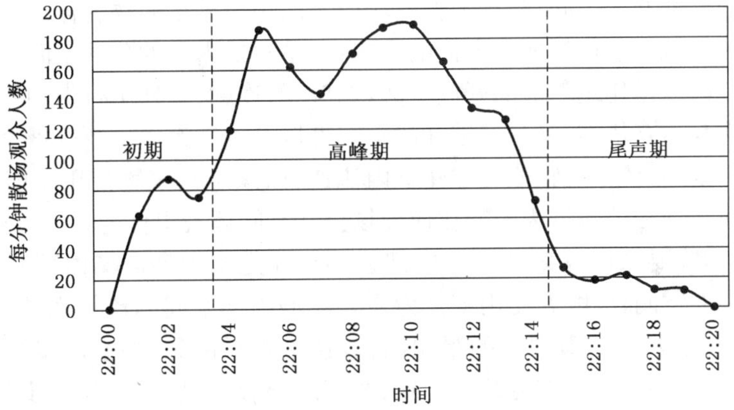

图5-7　赛后不同时刻出场人数

2）大型活动场馆及其所在地的区位特点

活动地点可分为单个场馆与多个场馆、固定场馆与临时场馆等。固定场馆周围一般都有专门的停车区域，而且与周围的快速路或主干路衔接。相比之下，暂时性场馆的停车与交通条件较差，需要事先制定详细的通行路线和停车方案。在交通繁忙区域举行的大型赛事活动不但对当地的交通影响巨大，而且往往会因此降低活动自身的预期效果，引起活动参与者的强烈不满[54]。

3）行人交通特性

赛事活动场所行人交通是指为参加赛事活动而产生的出行活动，包括行人流本身的流体特点和进出场所的交通特征。

行人流本身的流体特点由行人流的组成人群及其步行目标决定。活动期间，出入活动场馆区域的步行群体的目的性比较统一，都是为了进入场馆观看比赛或者是离开场馆去乘坐交通工具，所以行人流的整体特性比较强，出行时间比较集中，有明显的高峰期。因此，活动期间场馆区域的行人交通形成的是一种流动性、整体性很强的运动体，具有流体的易渠化、易导向等特点[52]。

进出场所的交通特征从流量强度、持续时间、规划要求和人群需求等方面都有着不同的特点，具体如表 5-5 所示。

表 5-5　观众进、散场交通特征描述

交通特点	流量强度	持续时间	规划要求	人群需求
进入场所	较强	较长且分散快速	便捷	顺利入座
离开场所	超强	较短且集中安全	有序	快速安全

3. 商业中心

城市商业中心是指各种商业活动高度集中、经营服务功能完善的地区，设施构成主要包括零售商业设施、餐饮服务业设施、文化娱乐设施。往往还包括金融业设施、商务办公设施、辅助设施。一般来说，商业中心体现着地区和城市商品经济发展的水平，它是城市文化的一种物质表征，也是居民购物和消费、进行社会交往的重要场所[55]。

1）建筑空间结构特性

大型商场的公共开放空间，是指大型商场中专门用于满足购物者休息、开展促销活动或其他社会活动的区域。它包括两个方面的内容：一是建筑内部的公共空间，如中庭、门厅、过厅、室内步行街等；二是建筑外部的开放空间，如广场、连廊、室外步行街和露台等，这一部分空间既与建筑本身相互依存，又与城市开放空间直接发生联系[56]。公共空间是联系建筑各主要和辅助使用空间，使人或物能够在建筑内流通，以满足建筑物使用功能的空间，有内外之分。现代商业活动和消费行为的变化使商场公共空间体现出休憩、停留、观赏和交往等多重功能的复合，体验要求日益突出[57]。内部公共空间是指大型商场内部联系各购物空间、展示空间的引导性空间，以顾客使用部分为主。商场内部空间的流线系统，包括顾客、内部人员和商品二类流线，决定着建筑的组织结构，包括水平部分（如室内步行街、各种购物通道）、竖向部分（如楼梯、电梯、坡道及台阶）以及节点部分（如厅庭空间），步行环境对人们的购物感受影响明显，继而影响到商场的综合评价。内部公共空间的基本组织模式是商场空间体系的构架，是营造体验的基础。随着商场发展，交通组织模式形成了一定的形式和规律[57]。经营目标的一致导致商场的交通组织模式有一定的共性，而并不像其他公共建筑那样形式多样。Alexander Purves 以向心性和线性作为建筑形式的基本构架，商场交通的平面组织模式依此可归纳为线型、网格型和集中型三种，见图 5-8。线型是交通的组织单元，网格型是线型的复杂化，而集中型则带有明显的向心性和内聚性，形成环状交通，它们是一种层进的组织关系。商场的交通组织需要考虑商业效益，消费需求的复杂性决定了它的交通无法由单一模式完成，因此具有很大的灵活性和创造性，各种丰富的交通体验也得益于此[57]。

2）客流交通特性

人在商场中的行为习惯和规律对内部交通空间设计有一定影响，也是商场功能评价的依据和参考。不同空间位置应采取相应的交通处理手法，满足和适应人们的基本行为习惯，

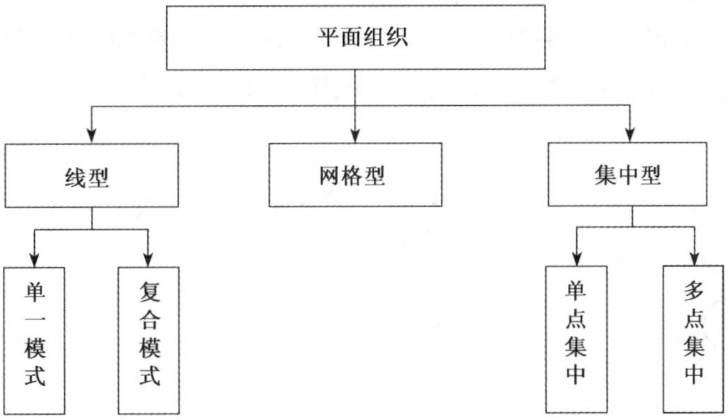

图 5-8　商业中心建筑空间平面组织基本模式

主要表现为[57]：

(1) 逆时针行走。人们在商场中行进常选择右侧通道，习惯于逆时针方向行进，因此逆时针方向入口位置的商业使用率较高。

(2) 边缘行走。人类的活动有趋向边缘的习惯，因此大空间的边缘一般都安排有购物主通道，这种方式也便于店铺的安排。

(3) 抄近路行走。人们在明确目标位置的情况下，喜欢选择最便捷的路线，而对行进过程中的步行环境不太留意；目的性不明确的则表现为一种闲逛，对路线本身的空间设计更留意一些。

(4) 迂回行走。人们在选购商品时习惯于在特定区域来回走动，通过反复比较来引起购物冲动，这种情况下对识别性强的交通空间有强烈的要求。

(5) 避免视线相碰。人们刚进入新的环境时不喜欢和营业员的视线直接相对，所以此处的交通空间常以指示牌、照壁等精巧装置进行视线遮挡，以免造成视觉不适。

(6) 保持交通距离。人们喜欢热闹喜庆的商业气氛却不喜欢空间过于拥挤，习惯和陌生人保持一定距离，避免碰撞，这涉及宽度问题，需要区别对待不同位置的交通空间。

4. 大型展馆

对于展览的理解和定义有许多，美国博物馆学者 Burcaw 对展览的定义是：展览(exhibition)，有别于陈列(display)、展示(exhibit)，它是具有艺术、历史、科学与技术的对象所构成的集合装置，藉此来引导观众在展示单元间移动，创造或产生美感，它伴随有展示说明或图标，来诠释内容或引导观众的注意。Vethaar 和 Meeter 认为展览是为了与大众沟通而举办(对象)，它有欲传达的讯息、概念或情感(目的)，使用与人类及生活环境有关的生存证据(展品)，以虚拟或具体的方式传达(手法)[58]。展览分类见表 5-6。

表 5-6　　展览的分类

展览的本质特征	性质：贸易性展览，综合性展览 内容：消费性展览，专业性展览
展览形式	规模：国际，国家，地区，地方，公司展 时间：定期和不定期，长期和短期 场地：室内和室外展，巡回展，流动展

1）展览布局分类

依照《博物馆建筑设计》的分类方式，从动线的结构与特征的角度，将陈列区布局方式类型分为放射式、线性式和大厅式三类，如图 5-9、图 5-10 所示[59]。

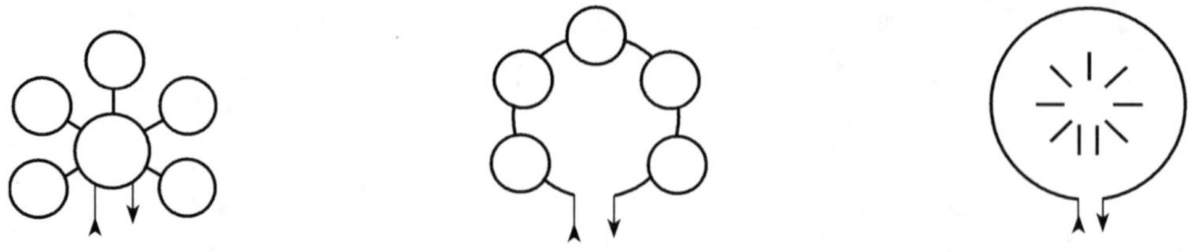
(a) 放射式　　(b) 线性式　　(c) 大厅式

图 5-9　三种展品布置形式示意图

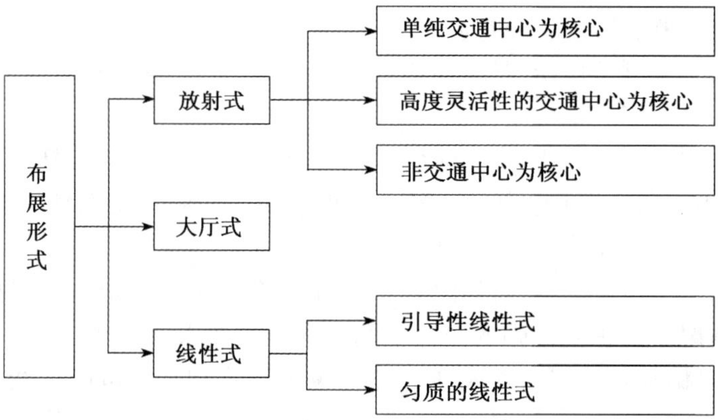

图 5-10　布置形式分类图

（1）放射式：动线结构围绕一个放射的核心，观众的参观行为具有向心倾向。

（2）线性式：动线结构呈线状，不存在一个核心。

（3）大厅式：动线结构的确立不依赖建筑空间的界定而由二次陈列设计确立。

2）交通特性

（1）集散特性

以上海世博会为例，世博园区每日运行时间为 9:00—24:00，参观者应在 21:00 前入园；夜票参观者的入园时间为 17:00—21:00。经数据统计得知，每天入园高峰是在开园后的 2 个小时：9:00—10:00 入园客流占全天客流的 48.25%，10:00—11:00 的入园人数比例下降一半，为 24%。12 点之前入园人数比重接近 80%，说明游客主要集中在上午入园。根据每半小时入园人数统计得知，世博会夜场入园高峰小时是 16:30—17:30，入园客流比例为 4.39%。下午 12:00—16:00 和夜场 16:00—17:00 点各自入园客流比重都大约为 10%[60]。图 5-11 为世博会 184 天平均入园时变曲线。

表 5-7　　世博会 184 天平均每小时入园人数及比例

时刻分段	9～10	10～11	11～12	12～13	13～14	14～15	15～16
入园人数	186 249	96 864	30 788	12 771	10 573	9 022	6 853
系数	48.25%	23.81%	7.39%	3.10%	2.62%	2.24%	1.70%
时刻分段	16～17	17～18	18～19	19～20	20～21	21～22	22～23
入园人数	15 590	14 499	6 404	5 536	1 802	236	0
系数	3.75%	3.58%	1.58%	1.34%	0.48%	0.14%	0.00%

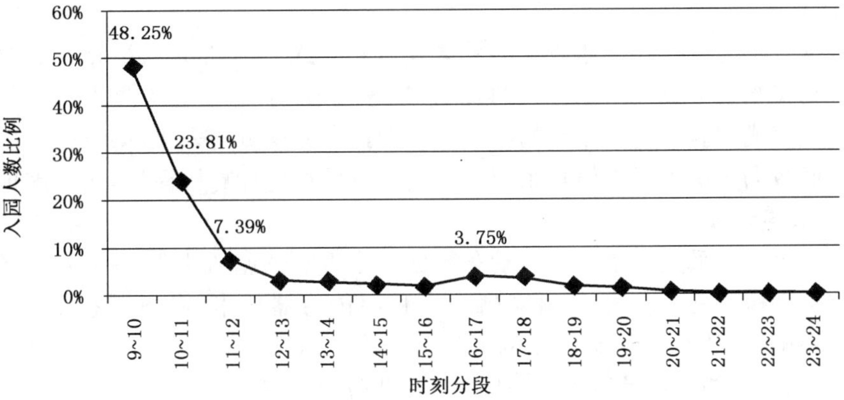

图 5-11　世博会 184 天平均入园时变曲线

（2）参观行为特性

参观行为是指那些受参观心理支配的与参观活动有关的行为，应该包括来馆参观之前、到馆参观之中、参观之后离开馆整个过程之中的所有与参观心理活动相关的行为反应。帕尔松(Parson)和路密斯(Loomis)对观众穿过矩形展室的参观路线进行观察，结果表明仅有10%的观众全部参观了整个矩形展室；而 49%的观众则仅通过右侧或左侧的展墙穿过展室。这个实验力图了解观众在展室里的行为模式，还记录了最吸引观众的展品，反映了观众对展览的评价。耶鲁大学皮保德博物馆也作了同样的实验研究，结果表明，70%的观众进入展厅后向右转以逆时针的方向参观展厅。梅尔顿在宾夕法尼亚博物馆的实验也表明，82%以上的观众右转参观。希洛思·戴福库认为，这种选择右侧参观路线的行为倾向与美国的右向交通规则有关。但国内的学者在北京地质馆、中国美术馆、山西省博物馆的调查表明，70%的观众左转参观(韩宝山，1990)。按照戴福库的理论来看，这个结果似乎违背了我国的右向交通规则。同时，台湾的太鲁阁博物馆调查表明，大多数观众右转参观。这个结果与台湾的左向交通规则相矛盾(陈慧娟，1998)。这些结论对博物馆观众参观路线的研究，对博物馆平面布局和陈列室环境的规划设计有很大的启发[61]。

5.3　行人数据采集与行人仿真建模

行人交通的数据分为两个部分：行人微观行为数据和行人宏观群体行为数据。行人微观行为数据包括行人的步行速度、步幅、步频、行人间的横纵向间距、加速度、角速度等。行人宏观群体行为数据包括区域行人的瞬时流量、平均流量、瞬时密度、平均密度、人均空间、行人群体的平均速度等。按照行人交通设施的不同，将行人交通分为道路行人交通和建筑空间行人交通。在道路行人交通条件下，行人的交通数据包括步行速度、行人流量、过街速度、过街等待时间、集结密度和行人穿越机动车的可接受间隙等。在建筑空间行人交通条件下行人的交通数据包括步行速度（群体的步行速度）、人均空间、区域密度、行人间的横纵向间距、路径选择、设施利用时间等。

5.3.1 行人数据采集方法

1. 数据来源

根据数据来源可将行人交通数据的采集分为三类：第一类是现实数据，该类行人的交通数据来源于真实场景中或生活中行人的观测与采集；第二类是实验数据，该类行人的交通数据来源于实验室或实验场地内布设的虚拟场景中行人的观测与采集；第三类是仿真数据，该类行人的交通数据来源于行人仿真系统对各类步行场景的计算机模拟，属于虚拟现实。

2. 数据采集方法

行人交通流数据采集方法是在机动车数据采集方法的基础上发展起来的，分为人工观测法和仪器自动检测法。仪器自动检测法指利用传感器技术、微电子技术、超声波技术、GPS 技术、视频技术进行交通流检测的方法。结合行人交通的特点，从采集对象的特殊性考虑，由于数据采集的对象是行人，运动轨迹与机动车存在明显差别，行人的步行轨迹具有随意性，不像机动车那样按照车道行驶。而基于车道传感器技术、微电子技术、超声波技术的数据采集方法，主要用于采集机动车的流量、速度等交通特性，部分学者将其应用到行人的数据采集中，结果并不理想。GPS 技术作为一种先进的数据采集方法，可以适应行人行走随意性的特点，并能实时记录数据。从采集数据的多样性考虑，当单位时间段要采集的数据种类较多时，视频采集法具有重现性的优点，比较适合多种数据采集。从采集数据的连续性考虑，对于一定时间段内连续采集行人交通流数据，人工法显然不太适用，而视频采集法花费的人力较少，可以适应长时间数据采集[62]。

基于上述原因并结合国内外的数据采集方法可以看出，行人交通主要的采集方法是人工观测法和视频采集法，GPS 采集法适用于行人微观交通数据的采集。

1）人工观测法

人工观测法是指在待观测的步行设施上划定一段区域，安排若干名调查人员现场记录，通过人工观测法可以得到行人的流量、性别、年龄等参数。人工观测法是一种应用广泛的方法，采用这种方法需要的工具十分简单，常用的工具为秒表、计数器、尺子等。人工观测法的优点是操作简单、机动灵活，观测工具也简单，它的最大缺点是难以直接测量密度，测量的样本量有限，精度一般，无法反复多次观测。

2）视频采集法

视频拍摄是利用摄像机对事先确定的区域进行连续拍摄，然后对拍摄录像进行处理，视频拍摄相对于人工观测具有显著的优点：①可以从视频中获取流量、密度、速度等数据；②获取的样本量大（理论上可以全样本统计）、数据精度高；③数字化的视频数据便于保存，视频可以反复播放多次统计，以校核数据；④视频可以应用当前的一些视频识别、分析软件进行处理。同济大学行人行为与公共安全实验室具有行人轨迹分析软件，可以在拍摄的视频中由用户选定行人个体，通过轨迹分析软件实现跟踪选定行人个体，得出行人个体位置坐标、速度、加速度以及运动轨迹等信息，并且将量化的结果以表格的形式输出，如图 5-12 所示，从而大大简化了对视频处理的工作量。

(a) 同济大学受控实验运行示意图

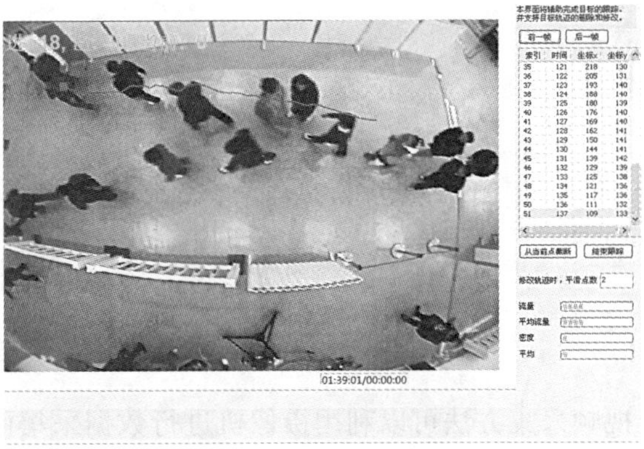

(b) 行人分析软件运行窗口

图 5-12　视频采集及数据分析示意图

3) GPS 采集法

进行行人微观行为研究的时候，需要采集单个行人的启动过程和行进过程的连续数据，这时人工观测法已经不能满足数据采集的需要。近年来 GPS 技术在交通数据采集中发挥了巨大的作用，采集方法具有以下优势[62]：

(1) GPS 卫星的数目较多，且分布均匀，保证地球上任何地方、任何时间至少可以同时观测到 4 颗 GPS 卫星，确保实现全球全天候连续的导航定位服务。

(2) 体积较小，基站和流动站等所有设备都易于携带和安装。

(3) 观测时间短，采取实时动态定位模式时，每站观测最快仅需几秒钟。

(4) 仪器操作简便，随着 GPS 接收机的不断改进，GPS 测量的自动化程度越来越高。

因此，把 GPS 技术应用到行人的数据采集中，可以采集到行人的启动过程和行进中的微观数据，数据采集流程如下[62]：

(1) 准备工作。检查电源是否已充足电，检查设备各组件的状态，确保各部件正常架设基站。

(2) 架设 GPS 基站。基站架设在地势较为开阔、平坦，上方无遮挡物的高台处，同时周围必须没有无线电发射台，以防干扰接收和发射信号。在连接好基站各部件后，通过电脑检查卫星接收状况，确认通讯状态和定位精度良好。

(3) 流动站。将流动站的接收装置(天线)和发射装置(无线电台)放在背包里面，行人背着行走，为有效消除各种类型的系统误差，要求基站和流动站必须同时跟踪和收集来自至少 4 颗同步卫星的数据，如图 5-13 所示。

人工观测的优点是操作简单、机动灵活，观测工具也简单，但是人工观测法采集到的行人速度为点速度，很难采集到连续速度。利用 GPS 可以对行人步行过程的运行速度进行采集，可以描述行人整个运动过程的速度变化。通常利用 GPS 采集的是单个行人的数据，主要用来研究行人的微观交通特性，并不适用于需要对不同的行人进行大量数据采集的情况。

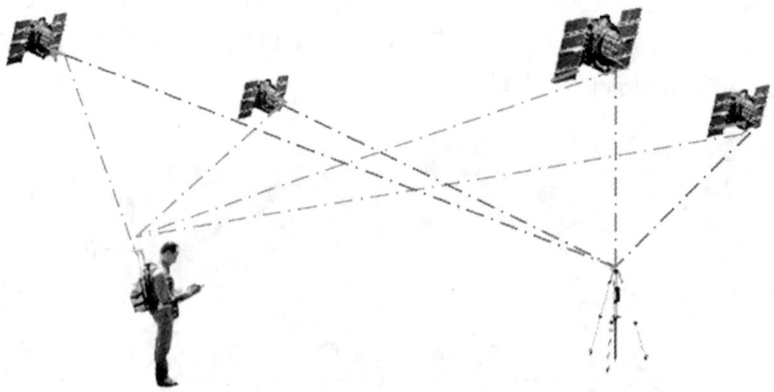

图 5-13　利用 GPS 进行数据采集的示意图

视频采集方法可以利用摄像机进行数据采集而不需要现场调查。随着计算机视频识别技术的不断进步，视频采集方法越来越受到关注。表 5-8 对三种调查方法进行对比分析。

表 5-8　不同调查方法的对比分析

比较内容	人工观测法	视频采集法	GPS 采集法
需要工具	秒表、直尺、计数器	摄像机、电脑	GPS、接受和发送设备、电脑
数据精度	较高	高	一般
调查难易度	易	一般	难
调查成本	人工成本	拍摄视频成本低，但是后期数据处理成本根据不同的处理方法而异	需要 GPS 基站、各种接受和发送信息设备，成本高
适用性	调查单个或多个行人个体数据或者行人群体流量等数据	可以采集各种行人数据，但是取决于调查地点是否适合拍摄视频	不适用大量的数据采集

5.3.2　行人仿真建模

行人仿真是通过计算机辅助技术模拟复杂的交通现象，在预测的基础上将实际交通状况重现，进行分析、评价和优化等工作。图 5-14 给出了行人仿真建模流程图，在行人交通现状调查数据的基础上，建立仿真模型，发现行人交通设施或行人交通组织方案中可能存在的问题，对服务水平和能力进行评价，并在多轮次的方案改进和优化的基础上提出能够满足需求的行人交通设施和交通组织方案。这种方法的优势在于应用仿真手段来验证各种不同的规划设计方案，找出步行人流可能存在安全隐患的地方，防患于未然，为决策者提供决策依据。

用于模拟行人运动的行人仿真软件在 20 世纪末得到了广泛地应用与开发。目前，关于步行人流仿真软件已经有 20 余种，代表性的软件有 Legion、Vissim、STEPS、SimWalk、MYRIAD、Paxport 和 Simulex 等。

1. 基础数据预处理

在进行仿真建模之前，需要对基本数据处理以便进行仿真建模。在基础数据预处理中包括步行空间数据预处理和交通需求预处理。

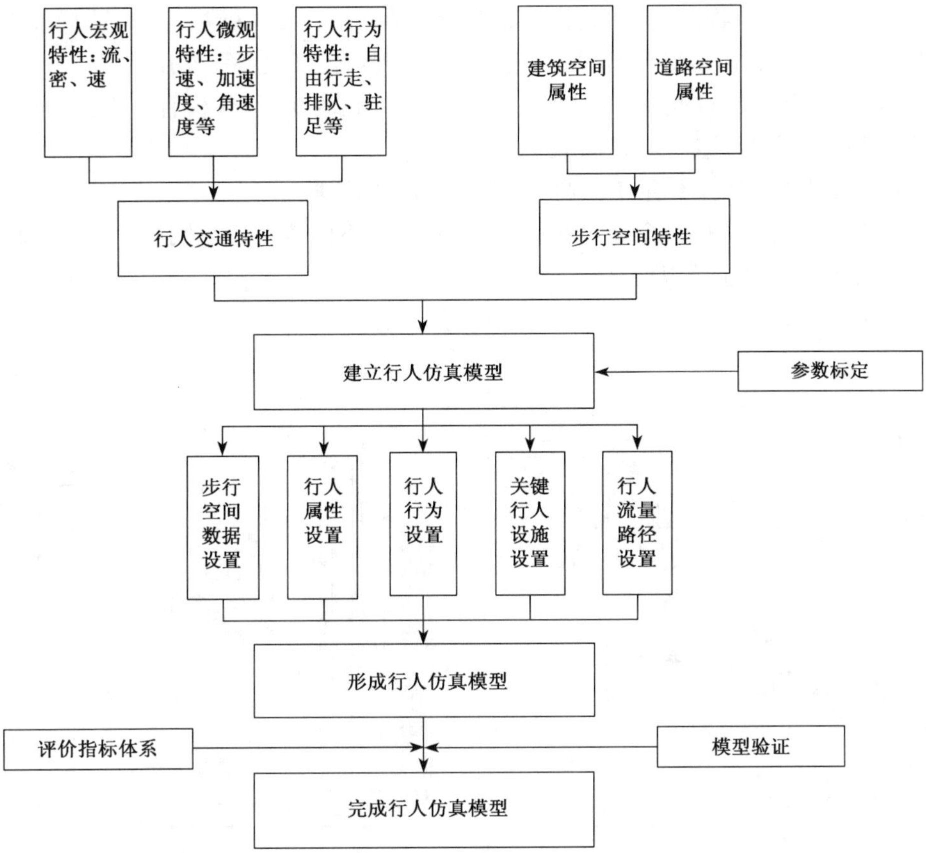

图 5-14　行人仿真建模流程图

1）步行空间预处理

在行人仿真建模前，需要把步行空间地图导入到仿真中，把底图导入到仿真软件中一般有两种方式：一种是导入图片作为底图，底图仅仅具有图片功能，对仿真运行不产生影响；另一种是把 CAD 格式的文件作为底图导入仿真软件，底图不仅具有图片功能，图中的线段会成为仿真软件中的线段，即这种底图本身就是模型建立的一部分，对模型的运行产生影响。

方法一：底图仅仅起图片作用。在仿真软件中导入图片，作为仿真底图，在底图上进行行人行走区域、障碍物区域、楼梯电梯、行人停驻区的设置。在 Vissim 行人仿真中，底图仅仅起图片作用，在图片基础上基于仿真软件工具画出行走区域等。

方法二：底图具有图片和仿真模型两种作用。在仿真软件中导入 CAD 底图，CAD 中所有元素均为仿真模型的一部分，以 Legion 仿真软件为例，CAD 中的行走通道在仿真软件中就是行走通道，不用再进行设置，CAD 中的围墙在仿真软件中也是障碍物，行人无法通过。对于行人仿真来说，行人路径的识别非常重要，平面图的中的一些无关的图形、线段等会对行人路径的识别产生影响。步行空间预处理就是指对于步行空间平面图进行有效地删减、简化、整合，以便有效地识别行人路径，同时简洁明了的底图会使建模更加清晰。步行空间预处理一般按照以下原则进行：

（1）打开所有图层，将仿真和展示中不需要的图层（如轴线图层、天花板图层等）、3D 坐标值、各种标注、图名、图纸比例、指北针等数据等删除，仅保留仿真时所必需的障碍物和辅助展示信息。仿真障碍物图层内的所有 CAD 元素(包括点、线、标注等)均被行人视作障碍物;辅助展示图层内所有 CAD 元素均对行人行为无影响,仅起展示作用。

(2) 尽可能简化 CAD 底图,例如可以将检票口简化为矩形、仅保存复杂家具的轮廓线,这样可以加快软件的反应速度,提高效率。

(3) 确认底图图层内,不存在影响行人流线通过的线段。

(4) 如果仿真模型包括两个或更多个楼层,则需将不同楼层放在同一个 CAD 文件中,并安排好各个楼层的相对位置以便理解。

图 5-15 是 Legion 仿真软件预处理前后的对比图。

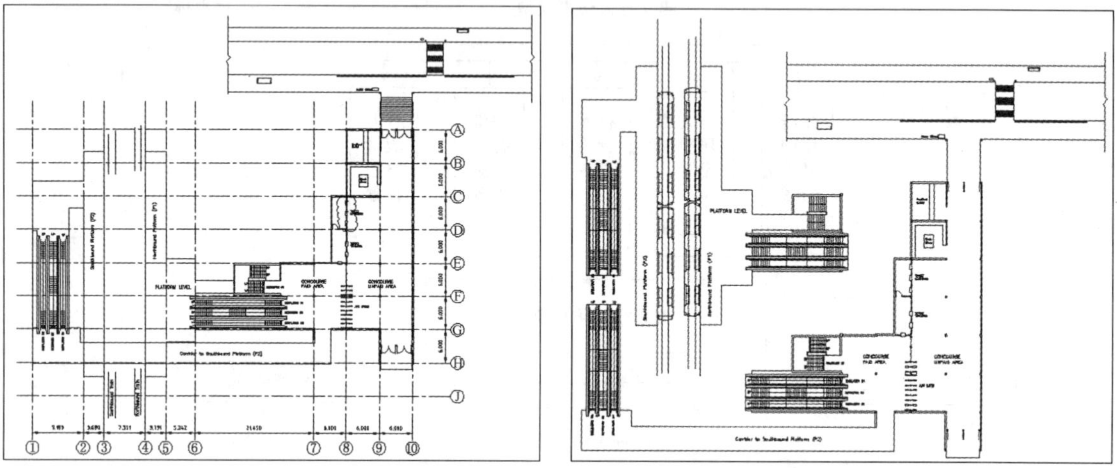

(a) 处理前　　(b) 处理后

图 5-15　CAD 底图处理前后的比较

2) 交通需求与配置预处理

交通需求与配置预处理包括两个部分:一个是包括行人流量在内的交通需求预处理,另一个是交通设施与事件配置的预处理。

(1) 行人类型设置。交通需求预处理中首先要设置行人类型,不同的地区(中国、欧洲、美国等)、不同的年龄(老人、小孩)、不同的出行目的(通勤者、购物者)行人群体的各种属性并不一样,因此需要对各种不同的行人按照其类型属性来创建行人类型。

以 Legion 仿真软件为例,Entity Type 指仿真中具有相同名称、颜色、携带行李属性(行李的尺寸)和步行速度分布的一类行人的统称。Supply Type 指由两种或两种以上的Entity Type 组成的行人群体。例如,某地铁站中的行人包括上班族和旅游者,在仿真中可以设定两个 Entity Type 分别代表上班族和旅游者,则这两类行人即可组成一个 Supply Type。

Entity Type 的创建中需要输入行人代表的颜色、行人是否携带行李以及行李的大小;行人的地区和行人的速度既可以在 Legion 的默认选项中选择,也可以根据行人的相关数据创建新的行人地区以及他们的速度分布。在自定义行人速度和地区时,可以根据行人的速度分布数据来输入各个速度段的比例,以此构造新的行人速度分布。创建一个新的 Supply Type 时,在已有的 Entity Type 中把需要的 Entity Type 放入 Supply Type,并输入组成 Supply Type 的各种 Entity Type 构成比例,如图 5-16 所示。

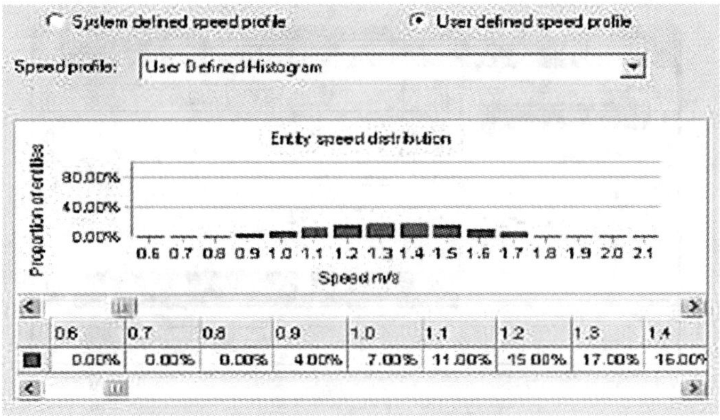

(a) Entity Type 中的行人速度设置

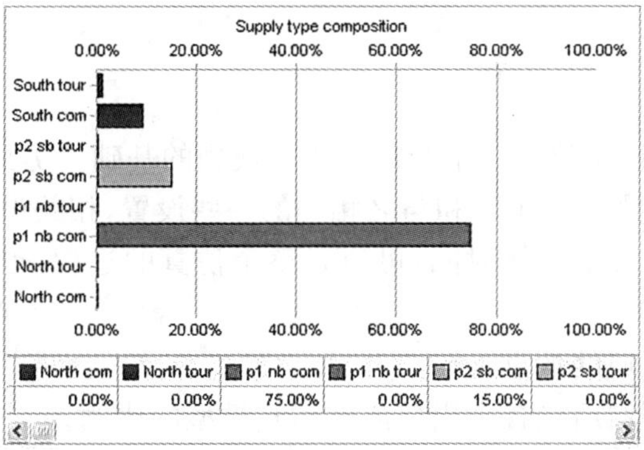

(b) Supply Type 设置

图 5-16 Legion 中设置行人类型

与 Legion 类似,Vissim 软件中也可以设置具有相同属性的行人类型(Types of Pedestrians),类似于 Legion 仿真软件中 Entity Type,以及不同的行人类型可以组合构成的行人类别(Classes of Pedestrians),类似于 Legion 仿真软件中的 Supply Type,如图 5-17 所示。

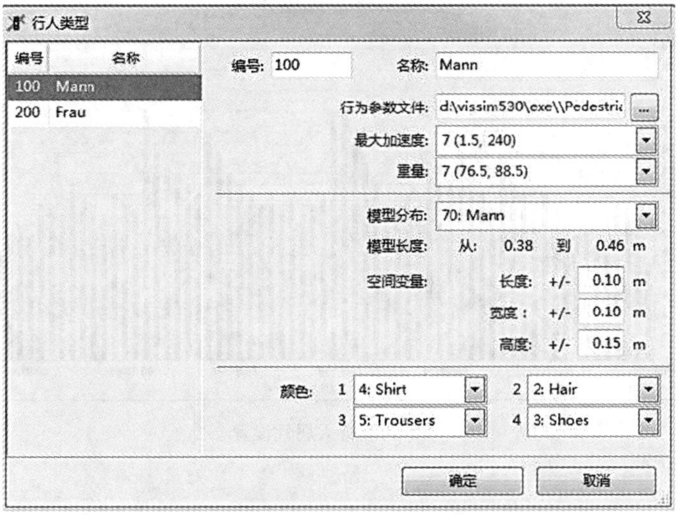

(a) 行人类型设置

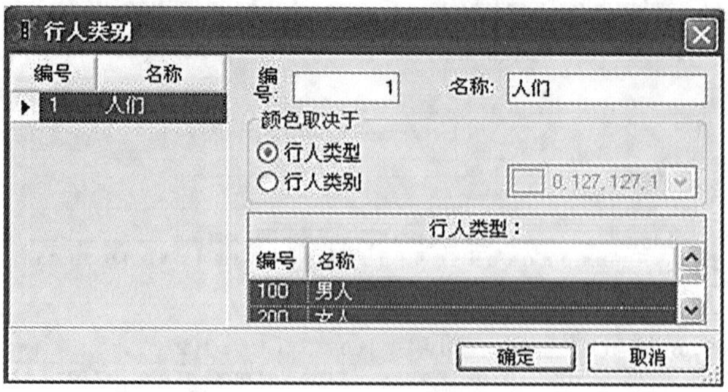

(b) 行人类别设置

图 5-17 Vissim 中设置行人类型

(2) 行人需求设置

设定合适的需求数据是建立一个合理的仿真模型的基础。仿真的量化需求数据主要为进入仿真模型的行人数量、OD 矩阵和与之相关的一些设置,相关设置包括:

① 行人进入仿真区域的具体时间,可以是整个仿真的过程,也可以是仿真过程中的一段时间;

② 行人进入仿真区域的地点;

③ 行人进入仿真区域后到各个出口离开仿真模型的比例。

根据仿真要求还需要设置在某个特定时刻、特定地点出现的给定数量的行人,如地铁、公交车辆的到达。以 Legion 和 Vissim 仿真软件为例介绍如何向模型中输入需求数据。Legion 中有两种方法可以输入需求数据,第一种是在数据属性中对于到达行人属性和离开行人属性进行设置;第二种方法是向模型中导入已有的需求数据源,以此完成需求数据的输入,如图 5-18 和图 5-19 所示。

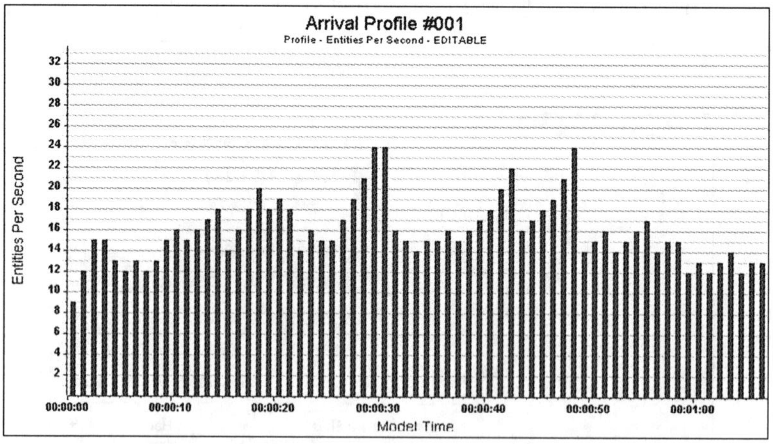

(a) 到达行人属性设置

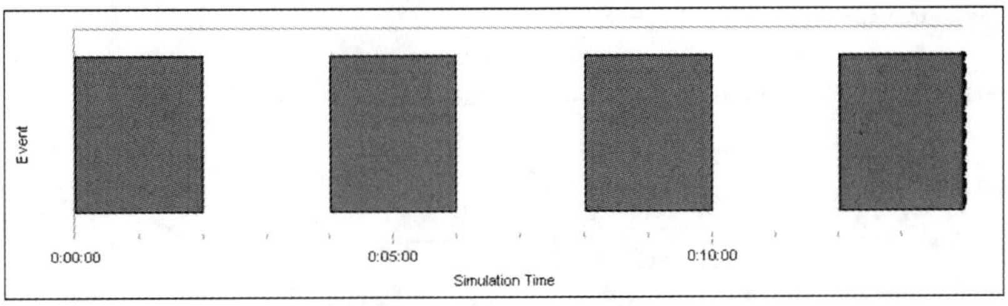

(b) 离开行人属性设置

图 5-18 Legion 中输入需求数据

	A	B	C	D	E	F	G	H	I	J
1	**Origin**	**Destination**	**16:00**	**16:15**	**16:30**	**16:45**	**17:00**	**17:15**	**17:30**	**17:45**
2	West Entrance	Exit 1	120	108	216	240	240	168	120	60
3	West Entrance	Exit 2	80	72	144	160	160	112	80	40
4	North Entrance	Exit 1	200	160	240	400	320	200	200	40
5	North Entrance	Exit 2	50	40	60	100	80	50	50	10
6	East Entrance	Exit 1	50	60	80	110	100	90	50	30
7	East Entrance	Exit 2	50	60	80	110	100	90	50	30
8										

图 5-19 Legion 中导入需求数据

Vissim 中对于选中的行人行走区域(面域)或行人路段来说,行人输入的设置与车辆输入的设置相类似,Vissim 会在时间分布的不同时间点上,根据行人构成与输入的流量生成行人。Vissim 的行人输入分成两个部分:流量/构成部分和时间间隔部分,如图 5-20 所示。

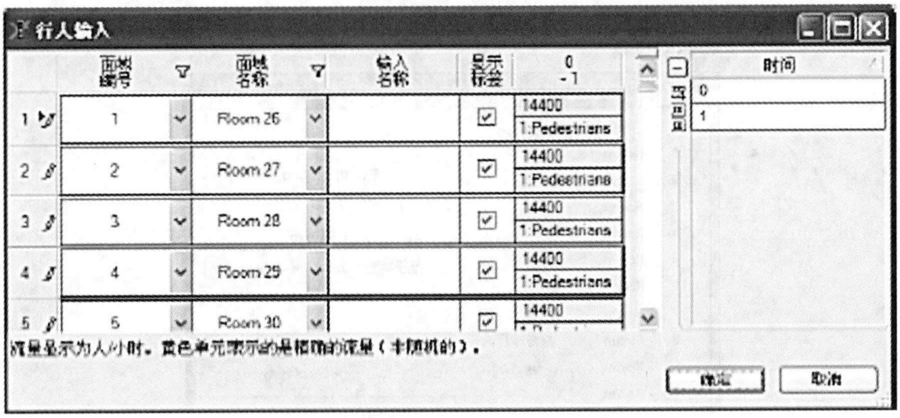

图 5-20 Vissim 中输入需求数据

(3) 设施需求设置

在交通需求配置中还需要对于一些交通设施和交通事件进行设置。如闸机出入口、售票处、展览台等设施,行人经过这些设施不是连续地直接通过,而是需要经过一段时间的等待或延误才能通过,这些延误信息设置包括延误时间、等待时间、人数等。又如地铁的到达、公交的离开等事件的设置,需要在仿真模型中输入时刻表的时间信息。

Legion 仿真软件中交通需求配置是在数据属性中输入相关数据或者导入相关数据源,图 5-21 和图 5-22 为闸机处的延误设置以及导入 Legion 中的地铁时刻表。

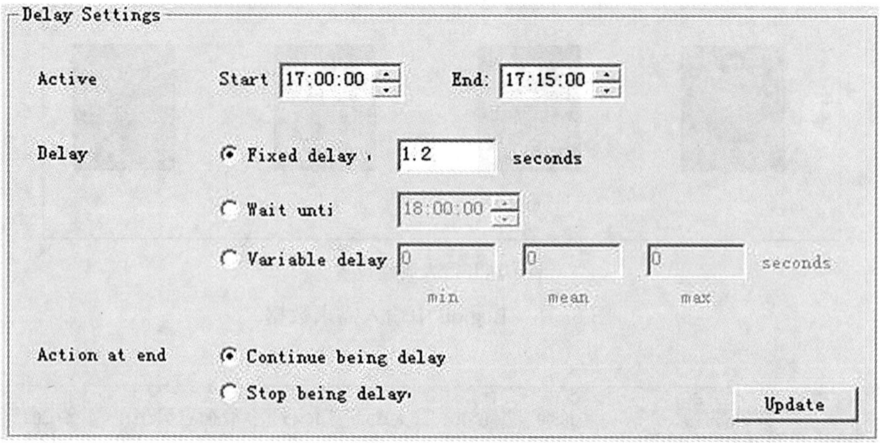

图 5-21　Legion 中交通需求配置

	A	B	C	D	E	F
1		trains/hour	17:00	17:15	17:30	17:45
2	Platform 1	14	3	4	4	3
3	Platform 2	14	3	4	3	4

图 5-22　Legion 中导入的地铁时刻表

Vissim 行人仿真中，交通设施的配置是通过行人行走空间（面域）的设置完成，例如对于闸机、排队区等延误的设置是通过在面域中设置停留时间来实现，如图 5-23 所示。

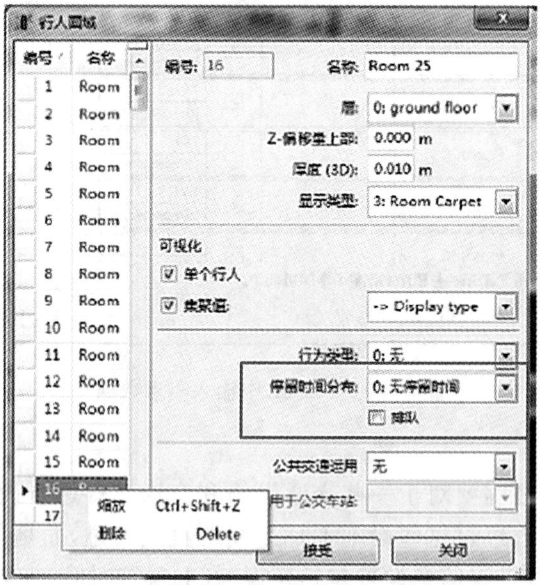

图 5-23　Vissim 中交通需求配置

2. 行人行为及路径设置

1）行人行为设置

行人行为设置时，通过用户设置的控件完成对行人行走行为的定义，比如延误控件、排队控件、楼梯控件、电梯控件、行人行为选择控件等。仿真模型建立的过程即为定义行人行为的过程。Legion 中，用户通过创建和编辑控件（Spatial Objects）来完成对行人行为的定义。在仿真过程中，行人从控件中获取信息和指令，控件对指定个体行人类别起作用，而对未指定个体行人类别不起作用，如图 5-24 所示。

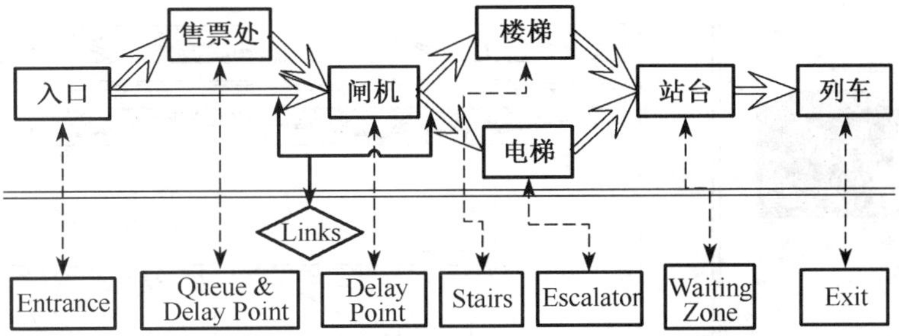

图 5-24　实际设施对应 Legion 中的控件

Vissim 仿真软件中，行人在指定的面域中或在斜坡上向前行走。斜坡连接了位于不同平面的面域。这两个元素，与障碍一起构成了 Vissim 中的新的类型：构建元素。一个构建元素就是一个几何轮廓（四边形或多边形）或者是可行走的空间（面域/斜坡）或者障碍物。障碍物属于“非行走范围区域”，意味着在障碍物区域内，行人不能行走。行走空间，面域或斜坡，属于“可行走范围”，意味着在障碍物之外的行走空间范围内，行人可以行走。在行走空间的重叠区域，行人可以从一个空间行走至另一个空间。面域还可以设置其他一些行人对象的可选信息，如行人输入、路径决策等。针对公交站点，面域可以充当等待区域或站台边缘。图 5-25 为 Vissim 中面域的构建。

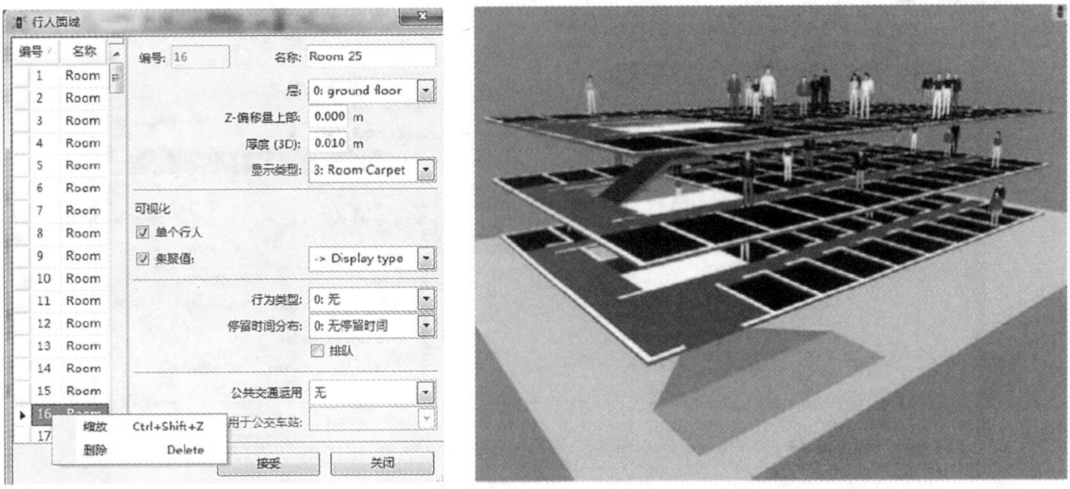

(a) 行人面域设置操作　　　　(b) 面域设置效果

图 5-25　Vissim 中面域的构建

2）行人路径设置

链接是将各个控件连接起来的一条无形的线，行人通过控件中的 Links 获取下一个步行的目的地(即控件)信息。

Legion 通过 Links 来完成行人对路径的选择(图 5-26)。行人从起点到终点的所有链接构成行人在整个仿真过程中的路径，而所有的控件则完成对于行人所有行走行为的控制，行人路径是通过行人行走区域上的行人路径决策定义的。

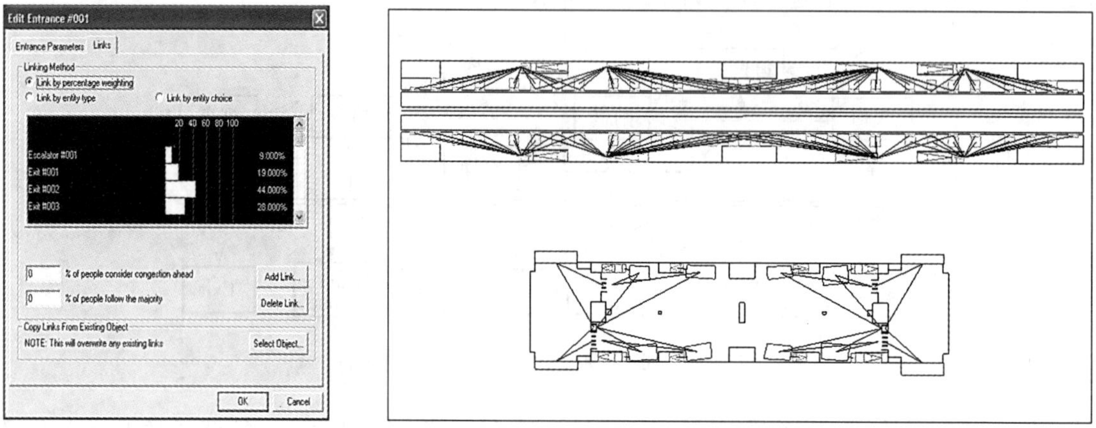

(a) 行人路径设置操作　　　　(b) 行人路径设置效果

图 5-26　Legion 中行人路径设置

Vissim 中行人路径是通过行人面域上的行人路径决策定义的(图 5-27)。行人的路径实质上就是一系列面域和斜坡的确定序列：从路径决策点，至一个或更多的目的点。每个路径决策点可以对应多个目的点，这就像拥有多个分支的树形结构。路径与局部路径的长度不受限制。

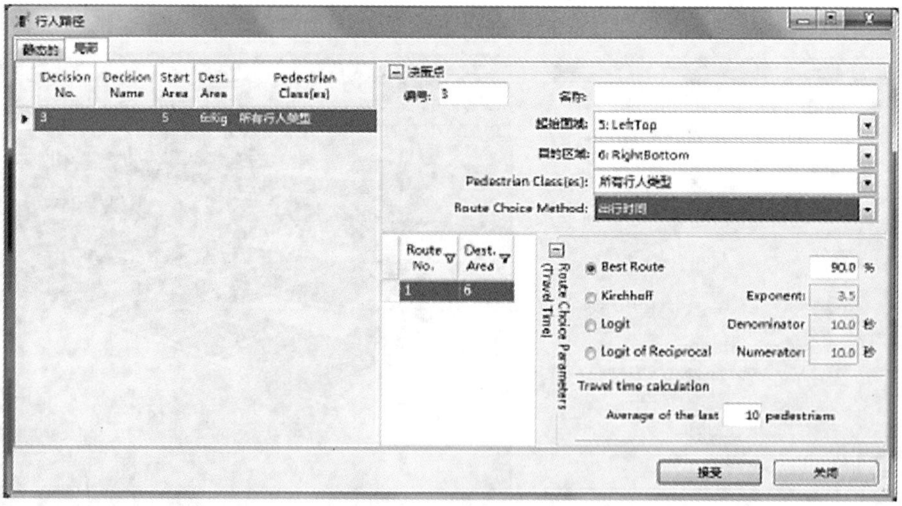

(a) 行人路径设置操作

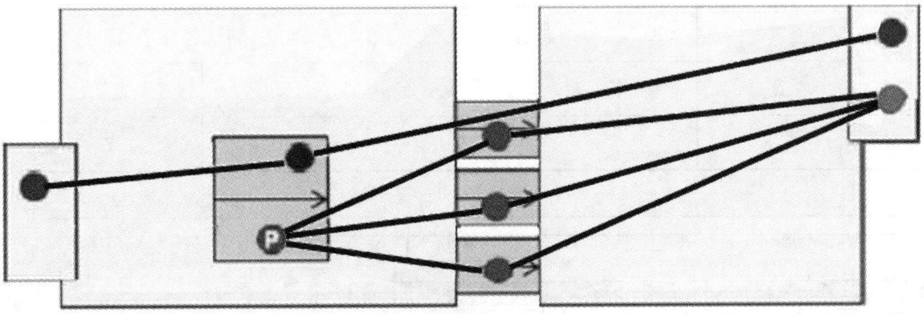

(b) 行人路径设置效果

图 5-27　Vissim 中行人路径设置

3. 情景方案分析

利用仿真软件可以完成对诸如下列问题的回答：

(1) 现有行人设施是否能满足工程的人流需求？

(2) 如何设置入口或安检设置的位置才能更好地配合现有人流量？

(3) 在诸如楼梯底部的瓶颈处人流密度为多少？

(4) 在高峰小时，行人设施的平均等待时间是多少？

(5) 使用何种的运营时间表能够使行人比较满意？

(6) 在下一班地铁到达之前，现有楼梯是否能将站台内行人“清空”？

(7) 两条线路的换乘时间分布是什么样子的？

(8) 某个行人设施是否能在紧急情况下安全将其内部行人疏散？

(9) 在某个设施前排队的行人是否影响了整个系统的运行？

(10) 零售商店的最佳设置位置在哪里？

对于一个具体的行人交通系统，运营者和管理者最关心如下三个问题：

(1) 流量。该设施的最大承受行人流量是多少？理想的行人流量是多少？在各种不同的流量下设施的运营会存在哪些问题？哪些将会成为行人密集点和拥挤区域？

(2) 布局。该系统的各种设施如何布局才能达到利用的最大化，使得行人行走路径的交织与冲突减少、行人的通行能力增加？

(3) 疏散。在紧急情况出现时，该交通系统在最不理想的情形下能否将所有行人安全疏散完毕？

以上海轨道交通 11 号线的上海汽车城站为例，从上述三个方面对轨道站的行人仿真生成多种情景方案，并探究不同情景方案下的轨道站的行人运行状况。轨道交通 11 号线配置 A 型列车，6 节车厢编组，每节车厢长 23.54 m，宽 3 m，定员 310 人。上海汽车城站站台布置形式为侧式，站台层在二楼，尺寸见表 5-9。站厅层在一楼，共 4 个出入口，2 个进站检票处，各配有 3 台三杆式自动检票闸机；2 个出站检票处，各配有 4 台三杆式检票闸机和 1 台启门式自动检票闸机，楼梯和自动扶梯的宽度与站台层相匹配，见图 5-28。

表 5-9 **站台层尺寸** 单位：m

候车区		楼梯		自动扶梯		楼梯距轨道距离
长	宽	长	宽	长	宽	
134	5.8	8	1.8	8	1.7	3.8

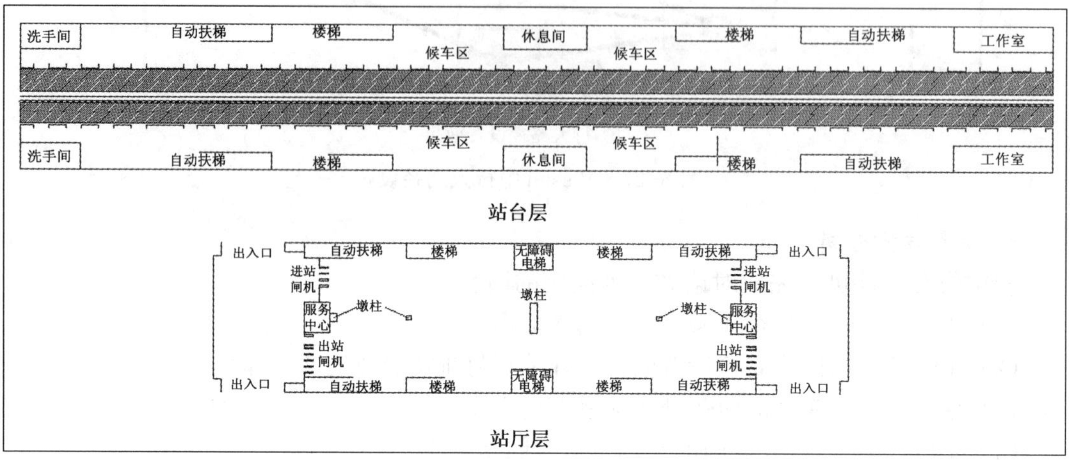

图 5-28　站台层平面 CAD 图

对该轨道站设计情景方案叙述如下：

1）行人流量 q 的变化

通过对轨道站进出站行人的流量设置来探索设施内的最大行人通过流量以及理想的行人流量、行人密集点和拥挤区域。场景设置见表 5-10。

表 5-10 **流量变化的情景方案**

场景	进站总流量/(人·h^{-1})	出站总流量/(人·h^{-1})	进站上下行流量比	出站上下行流量比
场景一	500	500	1∶1	1∶1
场景二	500	1 000	1∶1	2∶1
场景三	1 000	1 000	2∶1	2∶1
场景四	1 000	500	1∶1	2∶1
场景五	2 000	2 000	2∶1	2∶1
场景六	1 000	2 000	1∶2	1∶2
场景七	3 000	3 000	1∶1	1∶1

2）布局优化的过程

通过对轨道站设施的摆放位置以及设施数量的布局优化来减少轨道站出现拥挤区域以及行人交织冲突区域。布局优化场景设置分为两大方面：

(1) 设施数量的增减。根据对交通系统中各种行人设施(楼梯、电梯、通道)等的数量进行增减的情景方案，来寻求交通系统中最佳的设施数量配置。

(2) 设施的位置摆放。根据对交通系统中各种行人设施(楼梯、电梯、通道)等的位置摆放进行情景方案设置，以寻求行人系统中尽可能少的行人交织区与冲突区，提高设施的利用效率。

轨道站楼梯布局、闸机(组)布置和行人路径选择偏好等引起的闸机和闸机组利用不均衡现象较为常见，对轨道站的运营组织管理带来了诸多不便。因而，通过适当调整闸机(组)的布置，降低利用不均衡度，提高设施利用率，减少乘客不必要的延误成为轨道站管理方关心的问题。图 5-29 为轨道站闸机组与乘客流步行方向平行布置示意简图，在做布局优化场景设置时，可以提出图 5-30 所示的三种闸机组布局调整的场景设置方案[45]，然后通过仿真分析，进行方案比选。

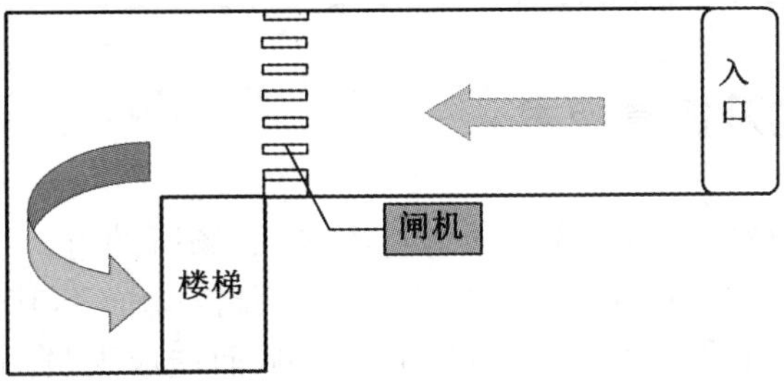

图 5-29 闸机组与乘客流步行方向平行布置示意简图

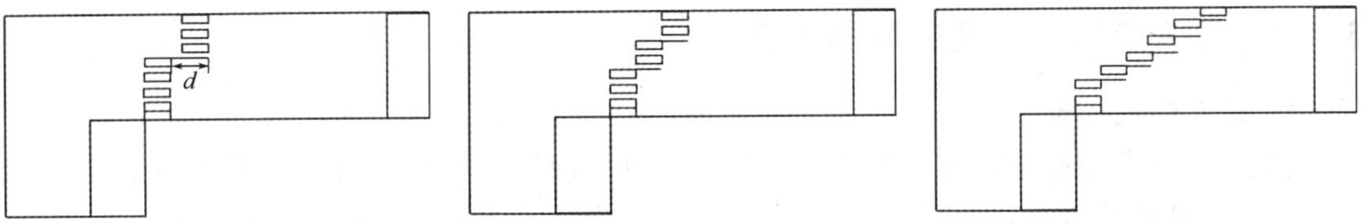

(a) 分两排布置　(b) 分三排布置　(c) 单个闸机一排

图 5-30 闸机组布局改善方案

3) 疏散的问题

结合行人仿真软件，对于轨道站紧急情况下行人疏散交通组织提出以下评价指标：

(1) 疏散时间，包括各层的疏散时间以及总体疏散时间。

(2) 疏散密度，指行人疏散时的累计最大密度，轨道站内不同区域的密度指标是衡量拥挤程度的重要依据，在行人进出轨道站的过程中，任何区域的拥挤都会影响观众正常的集散行为，甚至造成安全隐患。

(3) 紧急疏散示意图，紧急疏散时各步行行进区域及设施完成疏散的时间示意。

在美国通行能力手册(HCM2000)中，规定了行人行进和行人等待服务水平标准，在国内外行人仿真和行人交通研究中应用广泛。中国一些研究学者也结合中国的实际情况给出中国推荐行人服务水平标准[16]。采用表 5-11 中的指标可以分析各类设施在疏散过程中的瓶颈、密度分布不均衡性，辅助管理人员形成疏散预案。

表 5-11　　行人步行设施服务水平

服务水平分级	中国推荐行人服务水平				美国 HCM 2000 服务水平标准			
	密度 /(人・m⁻²)	人均空间 /(m²・人⁻¹)	行人流率 /(人・(min・m)⁻¹)	速度 /(m・s⁻¹)	密度 /(人・m⁻²)	人均空间 /(m²・人⁻¹)	行人流率 /(人・(min・m)⁻¹)	速度 /(m・s⁻¹)
A	<0.25	>4.00	18	1.2	<0.18	>5.60	16	1.45
B	0.25～0.52	4.00～1.92	30	1	0.18～0.27	5.60～3.70	20	1.3
C	0.52～0.96	1.92～1.04	50	0.8	0.27～0.45	3.70～2.20	28	1.2
D	0.96～1.50	1.04～0.67	75	0.6	0.45～0.71	2.20～1.40	41	1
E	1.50～2.50	0.40～0.67	90	0.5	0.71～1.33	1.40～0.75	62	0.9
F	>2.50	<0.40	波动	<0.5	>1.33	<0.75	波动	<0.9

5.4　行人疏散行为及仿真技术

行人交通仿真理论与技术服务于场所的行人组织，场所的行人组织按运行状态可分为两类：正常运行和紧急疏散。行人组织的原则为安全、高效、舒适，其中安全最为重要。由于在紧急疏散的情况下，可能伴随着踩踏事故的发生，从而造成人员的伤亡，因此紧急疏散情况下为减小事故发生的概率、保障行人安全的行人疏散行为和仿真技术研究一直受到广泛关注。

5.4.1　行人疏散行为及其影响因素

1. *行人疏散行为*

目前，关于紧急疏散情况下个人的行为和踩踏事故发生的过程研究并不多，大部分研究均维持在定性描述水平，现实数据的获取难度较大是主要原因之一。德国的 Helbing 对踩踏事故的发生进行了深入分析[29]，认为恐慌是导致踩踏事故发生的直接原因。他指出恐慌是聚集人群的一种经常发生的群体行为，人群中的个人情绪处于恐慌状态，可能做出一些在一般情形下不会做出的行为。造成恐慌的原因可能是多种情况的叠加，有时甚至没有明显的原因。而在人群中，恐慌情绪的蔓延则是十分迅速的。一般在极短的时间内（几分钟之内），就可以从个人的惊慌演变为人群都处于惊慌状态。例如在 2010 年 11 月 22 日，柬埔寨在庆祝传统节日时，大量行人在某桥梁上聚集，由于桥梁晃动导致少量行人出现眩晕并摔倒，导致有人认为桥要垮塌并大声呼喊起来，人群惊慌，开始相互推搡，从而引发了重大伤亡事件，最终造成 347 人死亡的惨剧。

在人群恐慌的状态下，Helbing 对个人的行为进行总结，并归纳为以下一些特征：

(1) 在恐慌的状态下，个人的行为较少受法规和道德的影响，而呈现出一种近似疯狂的行为。

(2) 在恐慌的状态下，个人的情绪变得十分紧张，从而产生一些不理性的盲目行为，如盲目跟随人群而不进行自己的判断。

(3) 在惊慌状态下，个人都试图以大大高于一般状态的速度行进。

(4) 人群中个人之间的物理作用和身体接触大大增加。

(5) 在有两个以上疏散出口时，恐慌的人群往往聚集在一个出口处，而别的出口则很少被人使用甚至被完全忽略。

人群在疏散时发生拥挤踩踏事故的过程归纳如下：

(1) 原发事故发生，引起人群恐慌，并开始疏散。

(2) 恐慌的人群疏散过程总是努力移动，比平常时要略快。

(3) 恐慌下人群总是有聚集的倾向，也就是追寻大部分人的行为。

(4) 疏散过程中个别人开始推挤，人群之间的相互作用变为身体接触。

(5) 在疏散过程中特别是在经过建筑"瓶颈"之处时，人群移动变得不协调，如在公共场所的出口、拱形结构处和堵塞处形成堵塞。

(6) 其他不太熟悉的出口或应急出口被忽视或是在疏散过程中不能够被很好地利用。

(7) 在疏散过程中由于人员跌倒和受伤的人群形成障碍，导致人群挤压。

(8) 随着恐慌人群数增加，堵塞处的人群之间的相互作用加强，并且导致足够危险的压力，达到 4 450 N/m 时能够折断钢筋或是推倒水泥墙。

(9) 如果不能够及时疏导，那么这种力积累到一定程度就会造成人员伤亡。

(10) 伤亡的人员又成为后面人群的障碍，从而引发更大的人群伤亡。

在 Helbing 的研究中，并未提出恐慌的量化计算方法，张青松给出了人群恐慌的量化计算方法，人群的恐慌程度可以用恐慌度表示[63]：

$$P_\alpha(t) = 1 - \frac{\bar{v}_\alpha(0)}{v_\alpha^0(0)} \tag{5-4}$$

式中 $P_\alpha(t)$ ——反映恐慌度；

$v_\alpha^0(0)$ ——初始速度，m/s；

$\bar{v}_\alpha(0)$ ——向期望方向运动的平均速度，m/s，向期望方向运动的平均速度 $\bar{v}_\alpha(0)$ 随周围人群密度的变化而变化。

王振，刘茂[64]按照聚集流动理论及分析假设，分析了密云彩虹桥踩踏事故的全过程，并用仿真软件进行模拟，认为发生踩踏事故与人群密度有关，给出了行人安全的临界密度：静止人群安全的临界密度为 4.7 人/m²，运动人群安全的临界密度为 4.0 人/m²。安全的临界密度可以作为踩踏事故发生的一个界限。

2. 行人疏散行为影响因素

在紧急疏散情况下，行人的行为受各种因素影响，刘文婷[65]对各种影响行人疏散的行为进行了总结，将影响因素分为生理因素、心理因素和环境因素。

1) 生理因素

紧急疏散中年龄对人的行为的影响主要是人的感知和认知危险的能力，此时人的移动能力降低。不同年龄段的行人安全逃生的概率不同，研究表明，25～34 岁的人安全逃生的概率最高，而小于 5 岁和大于 65 岁的人在火灾中安全逃生的概率最低。年龄对乘客行为的影响还表现在步行速度上，儿童与老年人的步行速度较低。

在火灾中，性别的差异导致行人疏散行为的不同，女性在火灾疏散中一般会做到通知别人或打火警电话，寻求帮助营救，等待进一步的信息和离开房间；而男性更可能想办法灭火，搜寻灾中的人及进行营救。

行人身体状况直接对其反应能力、认知能力及决策能力产生影响。残疾人与正常人相比，在某一方面存在能力的不足，如视力、听力、肢体、智力和精神等，会导致人的行为的可靠性降低，行动失误增加，特别是在事故中，人的残疾往往会导致事故中伤亡的比例增大。

2）心理因素

紧急疏散中，当众多行人聚集在一起，并久久不能摆脱困境时，会产生不耐烦、急躁、易怒、情绪易失控等个性特征，个别行人还会趁机生事或不听工作人员的指示而强行采取个人行动，易引起人群躁动，引发踩踏、推挤等事故。紧急疏散情况下，行人会产生独特的心理反应，主要表现在以下几个方面：

（1）冲动和侥幸心理。在疏散的环境下，行人众多、失去自我行动自由、互相推挤等外在刺激的作用，使行人的忍受极限受到挑战，为了能尽快地离开现场，会产生一些冲动的想法，在冲动心理的支配下，行人会产生侥幸心理，采取无法预知结果的逃生行为，在侥幸心理的作用下，人们的冲动心理会更加严重，造成恶性循环。

（2）从众心理。从众心理是指人们在自身没有主见的情况下，寄望于跟随人流离开特殊环境的心理行为。人们普遍有多人一起行事比较安全的想法，在非常状态因恐慌很容易失去主观判断，易接受他人行为的暗示，而追随多数人的倾向。若逃生中有人对环境比较熟悉，运用此特性可以减少混乱及人员伤亡。

（3）恐惧与惊慌心理。当有威胁人们安全的情况发生时，才会对行人进行紧急疏散，例如发生火灾、恐怖袭击等情况，此时由于行人对紧急事件的担忧以及对现场环境的不了解均会让行人产生恐惧心理。惊慌心理是人们在特定环境条件下，由于焦虑、急躁等因素诱导引起的，由于紧急事件具有突发性的特点，不可能给人们充足的时间做心理准备，而紧急事件的有效控制需要一定时间，在事态得到有效控制前，行人感觉赖以生存的空间和疏散时间不断减少，导致行人的心理平衡破坏，加重了人们对现状的焦虑情绪，进而产生惊慌心理。

3）环境因素

建筑结构对人的行为的影响主要表现在复杂程度、疏散通道的通行能力和疏散出口的位置上。处于大型公共建筑物中的行人在感知火灾信息时，通常反应是立即逃生，如果疏散通道的疏散能力被制约，或多个紧急疏散出口的位置不明显，人们就有可能同时涌向一个建筑物的常用出口，而导致群集事故。

在紧急疏散情况下，行人选择出口的决策主要依赖直觉和经验，包括疏散出口的距离、疏散出口的状态、对疏散出口的熟悉程度、疏散出口的标志及标志的可识别性等。Lars Benthorn 等[66]指出，在公共建筑物火灾中，当人的位置与熟悉出口的距离和人与紧急疏散出口的距离相同时，选择两者的比例为 22∶9；而当人的位置与熟悉出口的距离是人与紧急疏散出口距离的 2 倍时，选择两者的比例为 11∶19。

除以上建筑本身和行人对建筑的了解外，紧急疏散的管理方案同样会对行人的安全疏散产生很大的影响。合理的紧急疏散管理方案有助于疏散安全顺利地进行，否则对疏散无益，甚至导致损失进一步增大。

5.4.2 行人疏散相关规范要求

现有规范对行人疏散的相关规定多集中于建筑的防火规范，《建筑设计防火规范（整合修订征求意见稿）2011 年》（下文简称《规范》）中对不同建筑进行了分类，并提出行人疏散硬性指标要求。本部分仅针对民用建筑的相关内容进行简单介绍,其他内容可参看《规范》。

《规范》中根据建筑物的高度、使用性质、建筑面积和楼层数对民用建筑进行分类,从而确定不同类别的建筑的耐火等级。确定了建筑分类和耐火等级后,可针对不同类别的建筑和耐火等级提出一系列指标要求,如建筑材料耐火时间、疏散距离、疏散人数等。表 5-12 即为规范中给出的相关疏散距离阈值。

表 5-12　　笔直疏散通道的房间疏散门至最近安全出口的最大距离　　单位:m

名称			位于两个安全出口之间的疏散门			位于袋形走道两侧或尽端的疏散门		
			耐火等级			耐火等级		
			一、二级	三级	四级	一、二级	三级	四级
托儿所、幼儿园老年人建筑			25	20	15	20	15	10
歌舞娱乐放映游艺场所			25	20	15	9	—	—
医疗建筑	单层或多层		35	30	25	20	15	10
	高层	病房部分	24	—	—	12	—	—
		其他部分	30	—	—	15	—	—
教学建筑	单层或多层		35	30	25	22	20	10
	高层		30	—	—	15	—	—
高层旅馆、展览建筑			30	—	—	15	—	—
其他建筑	单层或多层		40	35	25	22	20	15
	高　层		40	—	—	20	—	—

注:① 设置敞开式外廊的建筑,开向该轮廓的房间疏散门至安全出口的最大距离可按本表增加 5 m。

② 建筑物内全部设置自动喷水灭火系统时,其安全疏散距离可按本表及注①的规定增加 25%。

5.4.3　行人疏散时间计算方法

目前,关于行人紧急疏散行为的相关研究多偏重于理论研究,还未发展到实用阶段,因此关于行人紧急疏散的规范性文件也仅限于给出疏散时间和疏散距离的阈值,此类阈值多以火灾发生为紧急疏散场景,下文主要对现有的疏散时间计算方法进行介绍。

1. 公式法

1) 中国现行《地铁设计规范》

中国现行《地铁设计规范》由中华人民共和国国家质量监督检验检疫总局和建设部于 2003 年 5 月 30 日联合发布,并于同年 8 月 1 日起实施。该规范中指出站台层的事故疏散时间按下式计算:

$$T = 1 + \frac{(Q_1 + Q_2)}{0.9[A_1(N-1) + A_2 B]} \tag{5-5}$$

式中　T——事故疏散时间(min);

Q_1——一列车的乘客人数;

Q_2——站台上候车乘客和站台工作人员人数;

A_1, A_2——分别为自动扶梯和人行楼梯的通过能力(人/(min·m));

N——自动扶梯台数;

B ——人行楼梯总宽度(m)。

计算中,应考虑1台自动扶梯损坏不能运行的几率,($N-1$)台自动扶梯和人性楼梯通行能力按0.9系数折减。

美国现行《轨道交通客运系统标准》2007版是由美国标准委员会于2006年7月28日发布的,并于同年8月17日生效。其中有关疏散的总的疏散时间等于最长疏散路线的总步行时间,加上在不同流通要素处的等待时间。各流通要素等待时间计算如下:站台出口等待时间为站台的出口流动时间减去站台的步行时间,其他流通要素等待时间为减去前面各流通要素的流动时间的最大值[41]。

2) Pauls公式

Pauls给出的计算疏散时间的经验公式使用范围较广,该公式的确定是根据大量的实验数据进行总结而得到的,包含对多层建筑疏散的时间计算。他提出楼梯有效宽度的计算方法,并给出了楼梯疏散能力的拟合公式[66]:

$$f = 0.206\, p^{0.27} \tag{5-6}$$

式中 f ——平均人员流率,即单位有效宽度楼梯每秒通过的人数;

p ——每米有效宽度楼梯疏散的人数,即实际总疏散人数除以楼梯有效宽度。

对于多层建筑疏散时间,Pauls给出了如下公式:

$$\begin{aligned} &\text{当 } p \leqslant 800 \text{ 时}, \quad T = 0.68 + 0.081\, p^{0.73} \\ &\text{当 } p > 800 \text{ 时}, \quad T = 0.70 + 0.0133 p \end{aligned} \tag{5-7}$$

式中 T ——经楼梯完成未加控制的疏散所用的最短时间(min);

p ——在紧邻出口层上面的楼层测得的每米有效宽度楼梯所容纳的实际人数。

3) Togawa公式[68, 69]

Togawa经验公式主要应用于计算人员密集型场所中人员运动的时间,主要包括两个时间要素,即滞留时间和穿行时间。滞留时间表示人群经过楼梯等的排队时间,而穿行时间则是指人员穿过楼梯等的纯运动时间。

$$t_{\text{move}} = \frac{N_a}{wC} + \frac{K_s}{V} \tag{5-8}$$

式中 N_a ——待疏散总人数;

K_s ——最后一个出口与疏散队列最前方行人的距离;

w ——有效出口宽度;

C ——通过疏散出口的单位流量(人/(m·s));

V ——人群的行进速度。

Togawa经验公式可以比较方便地计算采用楼梯的建筑物内人群的最短疏散时间。

4) Melinek和Booth公式

由Melinek和Booth两人提出,主要用来计算多层建筑的人群最短总体疏散时间。和Togawa经验公式一样,Melinek和Booth经验公式中的安全疏散时间也是由滞留时间和穿行时间两部分组成,具体公式如下[68, 70]:

$$t_{\text{move-r}}=\frac{\sum_{i=r}^{n}N_i}{w_rC}+rt_s \tag{5-9}$$

式中 $t_{\text{move-r}}$ ——第 r 层及其以上楼层的最短疏散运动时间；

N_i ——第 i 层的人数；

w_r ——第 $r-1$ 层和第 r 层之间的楼梯间的宽度；

C ——单位楼梯宽度上的人流速率；

t_s ——行人自由运动到下一层楼梯所需的时间。

2. 仿真法

使用公式法对疏散时间进行计算从而判断建筑物的疏散能力时，均假设在疏散开始时行人已经聚集到楼梯口或疏散门，然后根据疏散人数和疏散楼梯或疏散门的通行能力得到疏散时间，从而判断建筑物的疏散能力。公式法进行疏散时间计算时，未将行人从疏散开始时刻位置走向疏散门的时间计算在内，因此得到的结果掩盖了不同建筑结构在紧急疏散情况时的差别，换言之，用公式法判断建筑物的紧急疏散能力不够准确，存在较大误差。因此，利用仿真法判断建筑物的疏散能力应运而生。目前，可用于行人紧急疏散的软件有很多，每个软件均有其自身的特点，用户需要根据需求进行选择使用。

1) Building EXODUS

EXODUS 软件于 2002 年 8 月面向公众公开使用，由英国格林威治大学开发，它可以完成对复杂建筑物内部的行人疏散的模拟，EXODUS 系列软件包括 air EXODUS、Building EXODUS 和 maritime EXODUS①。

EXODUS 软件通过二维的网格完成对建筑空间的抽象(包括出入口、障碍物等)，二维网格由“节点”和“弧”组成，每个“节点”模拟一定范围的建筑空间，不同的建筑空间借助“弧”链接。行人通过“弧”完成在不同建筑空间的移动。随着仿真的运行，每个“节点”的环境属性值随之变化，环境属性值包括有毒气体的水平、烟雾浓度和温度。

EXODUS 所使用的模型属于微观仿真模型，每个在仿真中出现的行人具有不同的属性，如性别、年龄、最大奔跑速度、最大行走速度、反应时间、灵活性、耐性等，软件中行人的疏散行为是行人之间、行人与火源之间、行人与建筑物之间综合作用的结果，在某些条件下，行人可以翻越障碍物。用户还可以根据实际需要调整软件的行人模型，从而完成对特殊人群的模拟，例如降低行人的移动灵活性和速度从而完成对残疾人或老年人的模拟。

EXODUS 软件进行火灾场景模拟时需要导入 FED(Fractional Effective Dose)文件，FED 文件中包含了火灾辐射、温度 HCN、CO、CO_2 和 O_2 的扩散速度和影响范围，从而影响行人的疏散决策。软件的“ask EXODUS”模块用于仿真结果输出，除仿真视频外，仿真过程中的疏散相关数据也可以以文件的形式输出，以便用于分析。

Building EXODUS 不仅可以对建筑物内火灾场景下的疏散进行模拟，还可以对开放空间中的疏散过程进行模拟，并对可能出现的拥挤、滞留等现象进行预测。此外，该软件还能对人群聚集过程进行预测，用以对公共场所中可能发生的人群拥挤踩踏事故进行预测，并根

① Erica D. Kuligowski, Richard D. Peacock. A review of building evacuation models, National Institute of Standards and Technology Technical Note 1471, 2005.

据预测结果对人群进行管理。Building EXODUS 软件核心模型的主要特点是充分考虑火灾引起的有毒物质的扩散及其与行人的相互作用，主要用于火灾状况下的疏散。这使得它在用途上和其他行人仿真存在明显的不同[27]。

2）Legion

Legion 软件由英国 Legion 国际有限公司开发，2010 年最新版本 EP7（Enhancement Pack 7）已经面世。该软件由三个部分组成，包括 Model Builder，Simulator 和 Analyser。Legion 软件使用连续的二维空间完成对建筑的模拟，比其他软件的网络化空间模拟更具真实性。Legion 软件所使用的模型属于微观仿真模型，仿真中的行人具有不同的属性，包括步行速度、喜好的个人空间大小、携带行李的情况等。使用 Legion 进行疏散时，用户需要为行人设置疏散路径，但行人不会根据实际情况调整自己的疏散路径。Legion 软件可以为 FDS（Fire Dynamics Simulator）软件提供输入文件，经 FDS 软件模拟仿真后的结果可以继续输入到 Legion 中，最后 Legion 利用其仿真结果做进一步分析，例如某个区域的温度、CO 水平和可见度等。Legion 的仿真结果输出包括视频、表格、图形和参数，为疏散的进一步分析提供了可能。

Legion 软件可以对多种场所的行人进行模拟，包括正常运营状态和紧急疏散状态。该软件并不是专门的行人疏散仿真软件，因此行人疏散仿真部分略显粗糙，但可以与 FDS 软件结合使用，从而完成对火灾疏散更细致地模拟。

3）STEPS

STEPS 软件所使用的模型为元胞自动机模型，即软件将导入的 CAD 底图划分为大小相等的网格，具体尺寸用户可以自定义，从而完成对行人活动空间的抽象与模拟。仿真区域中的障碍物和出入口同样需要用户自定义。STEPS 软件的疏散仿真过程中，只模拟有行动能力的人，残疾人等则假设由其他方式离开（如由消防队员或相关工作人员协助其离开）。在建模过程中，用户需要设置行人最大步行速度与密度关系曲线和出口可容的最大流量[71]。行人的个人属性值，如身体宽度、身体厚度、身高、耐性、步行速度均可以根据用户需求设定，除此之外，该软件还可以设定家庭行为的相关参数，以满足对家庭疏散的特殊行为模拟。STEPS 软件中行人的疏散决策取决于行人自己对当时情况的判断，而不是由用户事先设定。STEPS 还能够与 ANSYS CFX 流体动力学分析软件衔接，导入烟气仿真数据，研究疏散模式下烟气等有毒物质对行人疏散速度的影响。STEPS 软件可以输出仿真的一系列结果，包括总疏散时间、每个区域的行人数量、行人的疏散路径以及整个仿真过程中任意时刻离开指定区域的行人数量。

STEPS 软件所使用的模型结构较为简单，算法易于实现，因此该软件在建模速度和运算时间上具有优势，适用于较大规模的行人仿真。但如此简单的模型在建模之初势必对行人的某些行为做出大量简化与近似，故导致该软件的仿真结果与实际情况存在一定差异。

5.4.4 疏散通道设计和评价案例

上海 2010 年世界博览会的园区跨越浦江两岸，“水上交通”成为最具特色的交通方式之一，首次提出了水门概念。在 2010 年 5 月 1 日—10 月 31 日为期半年的运营期间，平均入园的日参观人流为 39.8 万，每日通过水门和轮渡的越江需求平均有 16 万人（约占总越江客流 40%)①。为了满足游客出入世博园区以及参观黄浦江两岸的各展区和展馆的需求,在世博园区外规划 4 处水门(世博游客经由水门可直接入园),园区内规划 3 个水门;对应于极端高峰小时园区内越江客流量,园区内共规划通用航线渡口 6 个(图 5-31)[72]。园区内码头 L1/M1,L2/M2,L6/M3 设置水门和轮渡,其余码头 L2,L3,L4,L5 仅设置轮渡。

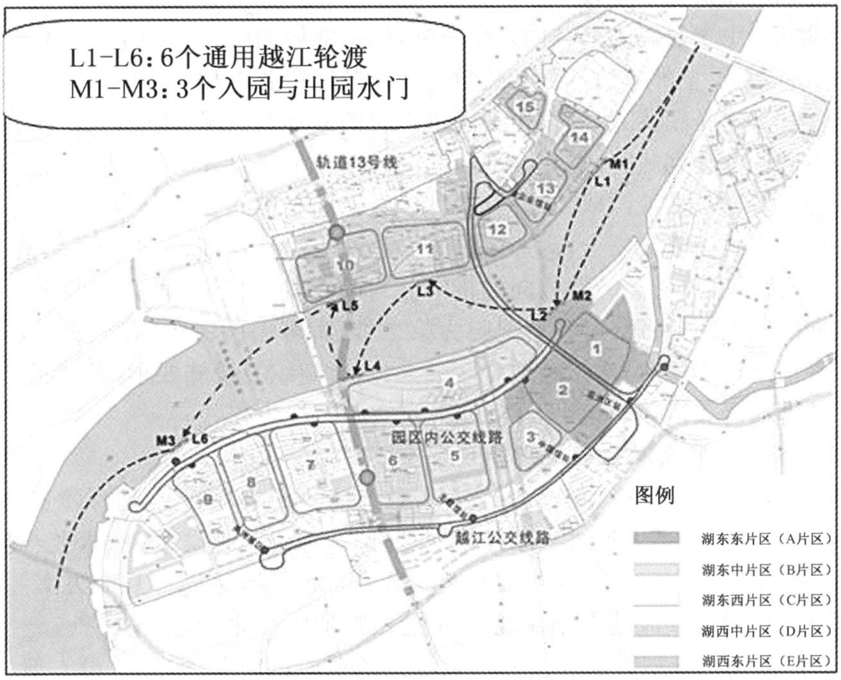

图 5-31　世博园区展区划分及越江设施布置图

由于水门/轮渡码头用地条件有限,再加上突发事件的不可预测性,研究突发事件下水门/轮渡码头陆域人流逃生路径规划、应急疏散通道优化设计、永久与临时避难区布局与空间预留要求等应急疏散措施,从码头陆域关键设施运行失效时间、供给容量饱和状态分析入手,建立世博园区客运码头应急人流疏散组织方案评价标准与方法,具有必要性和迫切性,为轮渡/水门在世博期间的客流运营组织和管理方案实施提供参考依据。

1. 世博园区客运码头人流应急疏散情景分析

针对世博园区客运码头和渡船可能突发的各种应急情况,人流的应急疏散可分为以下四种情况[42]:

(1) 渡船在行驶途中(离岸后还未到达对岸)发生意外(如船上发生火灾),船上乘客需紧急疏散至陆域;

(2) 轮渡或水门码头陆域场站内发生意外(如候船厅发生火灾),候船厅及场站内乘客需要向外紧急疏散;

(3) 渡船抵达某一轮渡或水门泊位后,渡船或码头陆域场站内发生意外,船上及场站内候船乘客需要紧急疏散至站外;

---

① 中国 2010 年上海世博会官方网站. http://www.expo2010.cn/.

(4) 轮渡或水门场站周边发生突发情况，人员通过渡船方式从码头陆域经由水域向对岸疏散。

第(1)种情况，由于受威胁的只是船上的乘客，码头陆域乘客的安全不受影响，故码头陆域不需大规模紧急疏散，因而紧急疏散的乘客数为发生意外的渡船上的乘客，如果渡船靠岸对码头陆域的疏散通道要求也较小。

第(2)种情况，由于是码头陆域内发生意外，码头陆域内的乘客的生命、财产安全均会不同程度受到威胁，需要全部疏散，因而，疏散量及疏散通道要求相对第(1)种情况要高一些。

第(3)种情况，也是轮渡、水门发生突发事件时的最不利情况，渡船内及场站内候船的乘客的安全都不同程度受到威胁，需要全部经由站内广场向外疏散，因而相对于第(1)种和第(2)种情况疏散量最大，客流组成及流向最复杂，对疏散通道的要求也最高。

第(4)种情况，码头陆域安全，周边区域的人员涌入码头，与前三种情况完全不同。

综上所述，按照客流应急疏散方向的指向分为两大类：将前三种情况归为第一类，游客由码头陆域向园区内疏散；第(4)种情况归为第二类，游客由园区内向码头陆域疏散。第一类中，第(3)种情况对于轮渡/水门疏散难度最大、疏散组织及设施要求最高，属最不利情况。第二类应急疏散与码头渡船的运力及组织相关。

2. 客运码头人流应急疏散通道设计方法

世博园区客运码头人流应急疏散方案在人群行为分析的基础上，以保障安全、通行和疏散成本最小化为目标，包括人流逃生路径规划、应急疏散通道优化设计、永久与临时避难区布局与空间预留要求等内容。永久与临时避难区结合世博园区总体规划方案制定，此处不做讨论。以下重点讨论人流逃生路径规划、应急疏散通道优化设计方法[73]。

(1) 人流疏散路径规划方法。按照行人紧急疏散时的行为习惯，人群一般具有“归巢”性、趋光性及向阔性、恐烟火性、从众性等行为特征，考虑行人选择路径的特点(一般有走捷径的习惯，即选取离出入口最近的路径)和由于路径长短及选取各路径人群数量不同引起的疏散时间的差异，以避免疏散路径之间人流的交织、冲突为基本原则，规划人流疏散路径。

(2) 应急疏散通道优化设计方法。采用仿真技术，识别疏散通道上的瓶颈或拥堵点，分析原因并优化通道设计，提高通行能力、疏散安全性，减少疏散时间。

1) 人流疏散路径规划

码头陆域内乘客的逃生路径主要由下船客流逃生路径和候船厅内乘客逃生路径及集散广场候船乘客逃生路径组成。以世博园区内码头 L2/M2 为例，人流逃生路径规划见图 5-32。码头陆域集散广场设置了大量的绕行与隔离设施，其中排队绕行区采用软隔离设施，下船通道采用硬隔离设施。这些设置一定程度上会影响疏散的安全性、有序性和快速性，人流应急疏散方案实施时，应制定绕行设施的临时拆卸方案，同时也作为人流应急疏散组织的配套措施[42]。码头 L2/M2 疏散时应有限拆除的隔离设施见图 5-32。

2) 应急疏散通道设计

《建筑设计防火规范(整合修订征求意见稿)2011 年》中规定“人员密集的公共场所、观众厅的疏散门不应设置门槛，其净宽度不应小于 1.4 m，且紧靠门口内外各 1.4 m 范围内不应设置踏步。人员密集的公共场所的室外疏散小巷的净宽度不应小于 3.0 m，并应直接通向宽敞地带。”结合上述规范，在码头陆域对疏散路径中的通道提出如下要求[73]：

(1) 应急疏散时，下船乘客疏散流线仍保持与正常集散时下船流线一致，减少因下船乘

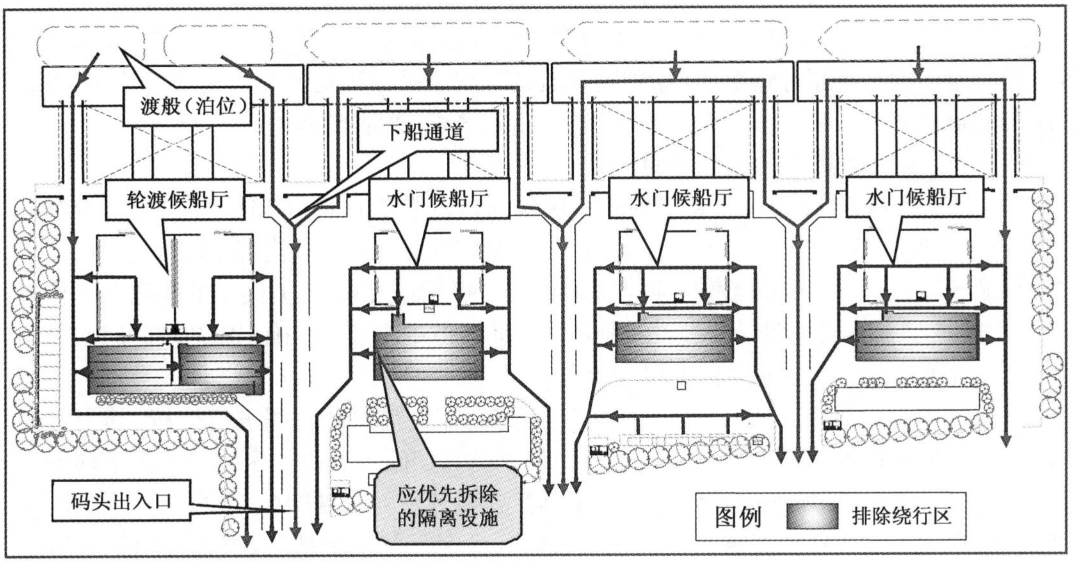

图 5-32　世博园区 L2/M2 码头人流逃生路径规划

客疏散流线发生剧烈变化引起的新的人流冲突和场面混乱，给人流疏散造成不必要的困难，即下船乘客的正常出站通道为其应急疏散通道。

(2) 下船通道的宽度取值为 7 m 以上，在划分下船通道时设置的隔离设施除了要考虑进站乘客正常集散时的通行需要外，还应考虑应急条件下疏散客流的通行需求，即在需要穿行或借用下船通道的位置设置必要的开口，开口宽度不小于 3 m，在下船通道快接近码头广场出入口的区域(距离出入口不小于 6 m)不设隔离设施。

(3) 为了减少排队绕行设施对候船厅内乘客疏散的影响，候船厅前设置的排队绕行区域的隔离设施距候船厅墙体净距应不小于 3 m，如遇其他障碍物时，应相应增加净距。候船厅主要出入口前的 3 m 通道作为候船厅内客流疏散应急通道的组成部分。

(4) 为了满足客流正常通行需要，同时也考虑客流应急疏散需求，候船厅前设置的排队绕行区域，其隔离设施与相邻候船厅绕行区隔离设施之间以及与周边其他障碍物(或建筑物)之间应保留不小于 3 m 的净距，困难时或需求较少时可酌情减少，但不低于 1.5 m。间距间形成的通道在应急疏散时可作为应急疏散通道。

(5) 候船厅紧急出口对应的区域不应设任何可能对人流疏散有障碍作用的设施或建筑，且紧急出入口与广场主出入口连接便利、路径清晰通达，为紧急出口预留应急疏散通道。候船厅紧急出口的宽度设计为 3m，候船厅正常出入口的宽度设计为 6 m。

(6) 在应急疏散通道中及毗邻地区，尽量避免设置饮水台、厕所、绿化等，减少由于个别物体阻碍客流快速、有序疏散。

应急疏散通道的宽度除了应满足上述要求外，还应根据疏散客流分配结果灵活调整。

3. 客运码头人流应急疏散仿真分析

1) 应急人流组织方案评价标准与方法

借助计算机仿真技术分析和评估世博园区客运码头在应急疏散时人流组织方案、码头各设施的设计与布局是否合理，评价采用的关键评价指标为疏散时间，辅助评价指标为码头各区域人流平均密度累积值。通过计算机模拟火灾发生场景，得出码头疏散通道的疏散时间、累积平均密度图和疏散图，分析码头疏散通道在疏散过程中被人流使用或占用的时间，各区域人流平均密度累计情况，从而判断人流疏散组织是否满足安全快速疏散要求，提出疏散时可能存在的问题，如疏散瓶颈或人流冲突重点区域，评估聚集风险。

(1) 疏散路径最远点的疏散时间

即事故发生后，各疏散路径起点到码头区域出口所需的时间。疏散时间判断标准如下：《地铁设计规范》(GB 50157—2003)第 19.1.19 条规定应保证在远期高峰小时客流量时发生火灾的情况下，6 min(含 1 min 疏散反应时间)内将一列车乘客和站台上候车的乘客及工作人员全部撤离站台。国内建筑设计规范及其他相关消防规范中均没有明确规定疏散时间。

(2) 疏散通道的人流平均密度累积值

依托行人仿真平台，选取码头区域累计平均密度图、空间利用图进行分析，其中空间利用图可以起辅助评价作用。累计平均密度图记录仿真期间码头内各区域的人流平均密度累计情况，是衡量一个场所使用效果的最好工具。在累计平均密度图中，颜色越接近灰度 6 表示该区域累计人流平均密度越高，拥挤水平越高，对应服务水平越低，该处可能是疏散瓶颈或者是人流冲突比较严重的区域；越接近灰度 1，人流平均密度越低，拥挤程度低，对应服务水平越高。美国通行能力手册(HCM2000)根据行人空间的大小，给出排队等候行人和正常行走行人的服务水平分级(表 5-13)。依据表 5-13 排队等候区与正常行走区服务水平分级，需要对累计平均密度图中的颜色进行标准化(表 5-14)。

累计平均密度图可以直观和准确地确定疏散过程中的高密区和拥堵点、拥挤水平。通过对累计平均密度图中灰度 6 和灰度 5 区域的分析，如果该区域是由于人流短时间内向该点大量聚集造成的，而不是由集散广场绕行隔离设施布置、疏散流线和路径设计引起，通过人流引导和再分配能够缓解拥挤的，则表明客运码头人流疏散通道设计是合理的。

表 5-13　　排队等候与正常行走区服务水平分级表　　单位：人/m²

服务水平	排队等候区密度	正常行走区密度	服务水平	排队等候区密度	正常行走区密度
A	<0.82	<0.18	D	1.79～3.57	0.45～0.71
B	0.82～1.08	0.18～0.27	E	3.57～5.26	0.71～1.35
C	1.08～1.79	0.27～0.45	F	>5.26	>1.35

表 5-14　　累计平均密度图与服务水平对应表

累计平均密度图			排队等候区	正常行走区
灰度		代表密度/(人·m^{-2})	对应服务水平	对应服务水平
灰度 1		0～0.31	A	A～B
灰度 2		0.31～0.43	A	B～C
灰度 3		0.43～0.72	A	D
灰度 4		0.72～1.08	A～B	E
灰度 5		1.08～2.17	C～D	E～F
灰度 6		>2.17	D～F	F

2）步行设施服务水平分级标准及相应通行能力

步行设施的服务水平及相应的通行能力是进行疏散评价的基础。步行设施服务水平的本质是行人实际感受到的步行服务质量，划分步行设施服务水平的标准为：①步行过程中横向穿越行人流或纵向绕越慢速行人的难易程度；②行人个体较舒适行走的难易程度；③行人流维持稳定通行的难易程度。将步行设施服务水平分为六级：

A级：行人可自由地选择步行速度，步行过程中横向穿越、纵向绕越其他行人均无任何干扰。

B级：行人基本上可自由选择步行速度，步行过程中横向穿越会产生轻微冲突，纵向绕越基本不受干扰。

C级：行人选择自由步速的能力受到限制，步行过程中横向穿越、纵向绕越其他行人都会产生一定的冲突。

D级：行人不能舒适行走，步行过程中横向穿越、纵向绕越行人都会产生严重的冲突。在此水平以下，行人流已开始处于不稳定状态。

E级：行人的正常行走受到限制，步行速度受限于他人，步行过程中不太可能横向穿越、纵向绕越行人。

F级：行人的行走几乎处于停滞状态，只能随前方行人慢慢挪动，无法避免与其他行人产生身体上的接触。

结合同济大学交通运输工程学院多年的研究积累，对各类步行设施服务水平分级标准及相应通行能力取值界定如下[16]。

（1）水平步道、广场

水平步道服务水平分级标准及相应通行能力见表5-15。

表5-15　　水平步道服务水平分级标准及相应通行能力

集散设施 / 通行能力 / 服务水平	行人空间 /(m^2 · 人$^{-1}$)	行人流量 /(人 · (min · m)$^{-1}$)	速度 /(m · s^{-1})	通行能力 /(人 · (h · m)$^{-1}$)
A	3.70	23	1.32	1 380
B	3.25～3.70	23～26	1.27～1.32	1 380～1 560
C	2.25～3.25	26～33	1.22～1.27	1 560～1 980
D	1.40～2.25	33～49	1.14～1.22	1 980～2 940
E	0.80～1.40	49～75	0.76～1.14	2 940～4 500
F	0.80	不定	0.76	不定

（2）楼梯、台阶、坡道

对楼梯与台阶的服务水平分级标准及相应的通行能力取值直接引用美国通行能力手册（HCM2000）的研究成果。

坡道的通行能力可根据其坡度，结合水平步道通行能力进行修正得到。如前所述，当坡度为10%～15%时，下坡速度最大，但当坡度达到40%时，下坡速度反而下降。上坡时速度下降量大约与坡度成正比，平均为坡度每增加10%速度降低0.18 m/s。当坡度小于10%时，坡道通行能力及服务水平划分可采用水平步道的通行能力及服务水平评价结果；当坡度大于 10%时，由于上行、下行速度都有所降低，故可通过比较速度的下降程度，选用适当的修正系数对人行道的通行能力及服务水平划分结果进行修正，继而得到坡道的通行能力及服务水平分级标准。

(3) 电梯、自动扶梯、自动人行道

① 电梯

电梯是多层、高层建筑中的主要竖向交通设施。电梯的设计要素应主要考虑其传送速度、载客量、开关门时间、加减速度以及输送能力。

传送速度：电梯按其传送速度可分为低速电梯、快速电梯和高速电梯，见表 5-16。

载客量：电梯载客量可由公式“载客量＝额定载重量/75”计算，并将计算结果近似到最近的整数，见表 5-17。

开、关门时间及加减速度：乘客电梯开门方式可分为中分自动门和旁开自动门两种，其开关门时间不应超过表 5-18 的规定。

表 5-16　　电梯速度分类

电梯种类	速度/($m \cdot s^{-1}$)	备注
低速电梯	＜1	安装规范称为丙类梯
快速电梯	1～1.75	安装规范称为乙类梯
高速电梯	＞2	安装规范称为甲类梯

表 5-17　　电梯额定载客量

额定载重量/kg	630	800	1 000	1 250	1 600
可乘人数	8	10	13	16	21

表 5-18　　乘客电梯的开关门时间　　单位：s

开门方式	开门宽度(B)			
	800	800＜B≤1 000	1 000＜B≤1 100	1 100＜B≤1 300
中分自动门	3.2	4.0	4.3	4.9
旁开自动门	3.7	4.3	4.9	5.9

当乘客电梯额定速度 $1.0\ m/s < v \leq 2.0\ m/s$ 时，其平均加、减速度不应小于 $0.48\ m/s^2$；当乘客电梯额定速度为 $2.0\ m/s < v \leq 2.5\ m/s$ 时，其平均加、减速度不应小于 $0.65\ m/s^2$。乘客电梯启动加速度和制动减速度最大值均不应大于 $1.5\ m/s^2$。

输送能力：衡量电梯交通系统的输送能力有两个概念，即 5 min 载客率和 5 min 载客数。5 min 载客率是指在 5 min 内所有电梯输送的乘客数与大楼内使用电梯的总人数比值；5 min 载客数是指在 5 min 内所有电梯输送的乘客数。此处以 1 台电梯 5 min 载客数作为衡量其输送能力的指标，计算公式如下：

$$CE_1 = 5 \times 60(r_u + r_d)/RTT \tag{5-10}$$

式中　CE_1——1 台电梯 5 min 载客数；

r_u——在 1 个运行周期内，1 台电梯的上行载客数；

r_d——在 1 个运行周期内，1 台电梯的下行载客数；

RTT——电梯运行周期，等于"乘客出入电梯轿厢总时间"+"电梯开关门总时间"+"电梯轿厢行车总时间"。

② 自动扶梯

自动扶梯外观好似普通楼梯，但通常是单跑的，坡度为 30°，由电动机械传送。为确保安全，其运行速度一般控制在 0.5 m/s 以内，在特殊需要上，亦可使用 0.65 m/s 及以上速度。

自动扶梯的重要技术参数为它的理论输送能力，即每小时理论输送的人数。假定在一个平均深度为 0.4 m 的梯级或每 0.4 m 可见长度的踏板(胶带)上能承载：在名义宽度 z_1 等于 0.6 m 时为 1 人，z_1 等于 0.8 m 时为 1.5 人，z_1 等于 1.0 m 时为 2 人，则其理论输送能力可按下式计算：

$$c_t = v/0.4 \times 3\,600 \times k \tag{5-11}$$

式中　c_t——理论输送能力(人/h)；

v——额定速度(m/s)；

k——系数，z_1=0.6 m 时取 1，z_1=0.8 m 时取 1.5，z_1=1.0 m 时取 2。

按式(5-11)计算的自动扶梯理论输送能力见表 5-19。

表 5-19　自动扶梯、自动人行道理论输送能力

单位：人/h

名义宽度	额定速度		
	0.50 m/s	0.65 m/s	0.75 m/s
0.6 m	4 500	5 850	6 750
0.8 m	6 750	8 775	10 125
1.0 m	9 000	11 700	13 500

(3) 自动人行道

自动人行道同自动扶梯的构成原理相似，是一种没有踏级的平板式自动步道。自动人行道的倾角一般为 0～12°，其输送长度在水平或微斜时可达 500 m，输送速度一般为 0.5 m/s，最高不超过 0.9 m/s。自动人行道的理论输送能力计算同自动扶梯。

电梯、自动扶梯、自动人行道均属于动态的，即自身带有一定传送速度的集散设施。由于其自身具有传送速度，因而行人的通行速度就由各设施自身传送速度决定。除传送速度外，各设施理论输送能力尤为重要。设施宽度、传送速度(传送效率)是决定各设施理论输送能力的关键因素。

各类步行设施服务水平分级及通行能力取值汇总见表 5-20[12]。

3) 客运码头应急疏散通道仿真分析

以世博园区内 L2/M2 码头为例，采用行人仿真软件 Legion 和步行设施通行能力指标，进行应急疏散仿真分析。疏散仿真情景设定如下：

表 5-20 各类集散设施服务水平分级及相应通行能力

服务水平分级	楼梯、台阶/(人·(h·m)$^{-1}$)	步行道、坡道(坡度小于10%)、广场/(人·(h·m)$^{-1}$)	电梯/(人·(5 min)$^{-1}$)	自动人行道自动扶梯/(人·h^{-1})
A	1 020	1 380	5 min 载客数按式(5-10)计算	理论输送能力按式(5-11)计算
B	1 020～1 200	1 380～1 560		
C	1 200～1 620	1 560～1 980		
D	1 620～2 160	1 980～2 940		
E	2 160～2 940	2 940～4 500		
F	不定	不定		

(1) 码头内发生突发事件，码头内人员须快速撤离码头区；

(2) 发生紧急情况时，候船厅各出入口、广场各出入口均可正常使用；

(3) 在获知码头发生突发情况前，按照最不利情况——各泊位均有船只到达，下船客流按照原有流线设计和人流组织从码头出站通道撤离；

(4) 按照应急计划设计，广场中应优先拆除的绕行隔离设施均得到及时拆除，其他设施在疏散过程中保留且未被破坏；

(5) 在码头运营管理人员引导下，各区域疏散客流选择较近的出口和通道有序疏散，同时一定程度考虑部分乘客可能因某路径人流拥挤从而改选其他路径的情况；

(6) 单个候船厅及单艘到达船只容纳人数均为 500 人，疏散时水门各泊位对应候船厅排队人数为 100 人，售票广场容纳人数按 1.2 人/m^{2}确定；

(7) 紧急情况发生时，客运码头 L2/M2 的陆域客流量采用世博园区 L2/M2 客运码头高峰小时实测客流。

码头 L2/M2 疏散仿真累计平均密度图见图 5-33，各区域疏散路径长度和疏散时间见表 5-21、表 5-22。由图 5-33 可知，码头出入口是较高密度的区域。码头 L2/M2 左侧轮渡候船厅前两侧的通道累计平均密度较高，主要是由于这两条通道是轮渡候船厅乘客、轮渡集散广场排队绕行区等待的乘客疏散的主要通道，聚集人员较多，且同下船游客叠加，致使两条通道疏散压力较大，累计平均密度较高。另外，轮渡候船厅内靠近紧急出口的部分累计平均密度较高，主要是由于与下船乘客交织，导致厅内乘客向外疏散难度增加，形成局部拥堵。

表 5-21 客运码头 L2/M2 候船厅人流疏散仿真分析表

疏散候船厅	容纳人数	最长疏散路径/m	疏散至厅外时间/s	最大疏散时间/s	最不利候船厅
L2—L3	500	20.6	99	99	L2—L3（西紧急出口）
L2—L1	500	20.6	97		
M2 左	500	20.8	59		
M2 中	500	20.8	60		
M2 右	500	20.8	56		

表 5-22　　客运码头 L2/M2 广场人流疏散仿真分析表

疏散出口	出口宽度/m	最长疏散路径/m	疏散至广场外时间*/s	对应疏散客流来源	最大疏散时间/s	最不利出口
西出口	23	161.5	300	下船客流	300	西出口（与 L3—L2 下客通道对应）
中 2 出口	12	127.5	165	下船客流		
中 1 出口	12	118.5	172	下船客流		
东出口	12	108	145	下船客流		

*疏散时间指实际疏散行动所耗的时间，不包括反应时间。疏散时间节点为该码头同类设施最长的疏散时间。

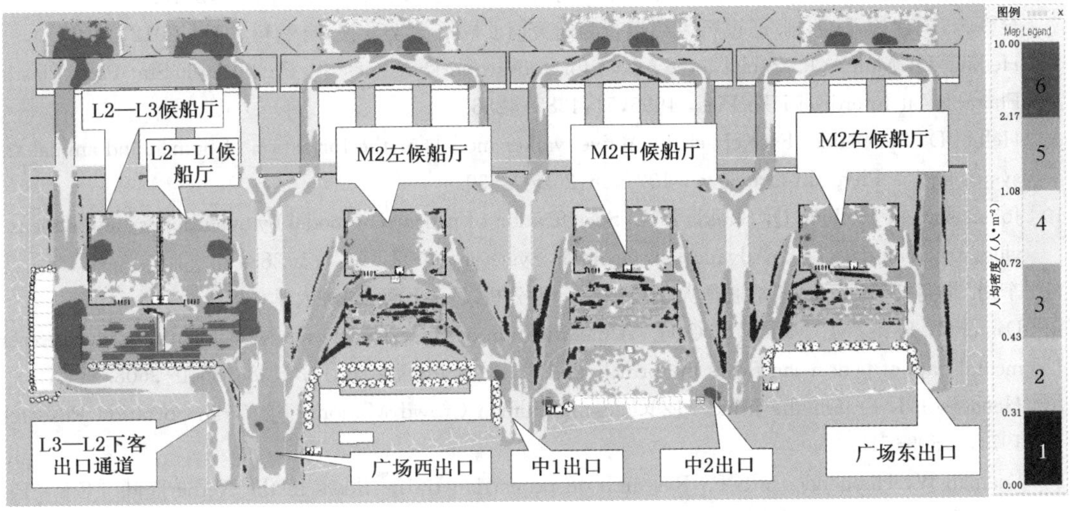

图 5-33　客运码头 L2/M2 疏散仿真累积平均密度图

最不利情况下码头到达船只的下船客流走出码头出入口的时间较长，广场内排队或等待上船的乘客疏散出码头的时间要较之少一些。由于下船乘客与候船厅内通过紧急出口向外疏散乘客人流交织、冲突，致使候船厅内通过紧急出口向外疏散客流疏散速度减缓，所需疏散时间增长；而广场西侧下船通道为 L3—L2 下船乘客、L2—L3 候船厅内候船乘客及集散广场部分排队等候乘客的主要疏散通道，疏散客流需求较大，不利情况下，共计约有超过 1 400 人需从此通道疏散，故该通道成为疏散主要瓶颈(通道宽度为 7 m)。表 5-22 中的“最大疏散时间”为码头西侧 L3—L2 下船乘客经过下船通道疏散至码头广场西侧出入口的时间，约 300 s(5 min)。

世博园区客运码头在优先拆除部分隔离设施情况下未对疏散造成明显的困难，且在码头到达船只下船客流与排队广场侯船客流同时疏散情况下，能将客流快速的撤离。在疏散仿真中，从候船厅疏散至厅外广场集散的最长耗时不到 2 min(仿真结果 99 s)，码头内所有候船乘客（包括候船厅内）及下船乘客疏散至广场外的最长疏散时间 300 s(5 min)，满足《地铁设计规范》对疏散时间的要求。综上所述，码头 L2/M2 疏散方案合理、有效和可行。

参考文献

[1] 任常兴,吴宗之,刘茂.城市公共场所人群拥挤踩踏事故分析[J].中国安全学报,2005,15(12):102-106.

[2] 李得伟,韩宝明.行人交通[M].北京:人民交通出版社,2011.

[3] 叶建红,陈小鸿,李晔.上海城市快速扩张中交通系统特征变化分析[J].城市规划学刊,2007,(6):103-108.

[4] 景国胜,王波.广州市居民出行特征变化趋势分析[J].华中科技大学学报(城市科学版),2004,6(2):88-92.

[5] 长沙市规划管理局,长沙市公安局交通警察支队.长沙市城市道路交通年度报告[R].长沙,2007,2008.

[6] 冯建栋.轨道站水平通道低密度条件下个体行为特征研究[D].上海:同济大学,2010.

[7] 吴娇蓉,冯建栋,陆苏刚.通道行人超越行为研究[J].同济大学学报(自然科学版),2012,40(2).

[8] Helbing D, Molnar P. Social force model for pedestrian Dynamics[J]. Phys Rev E Stat Phys Plasmas Fluids Relat Interdisei PTo Pies, 1995,51:4282-4286.

[9] Helbin D, Sehweitzer F, Keltseh J. Active walker model for the formation of human and animal trail systems [J]. Phyclal Calreviewe, 1997,56:2527-2539.

[10] Johansson A, Helbing D, Shukla P K. Specification of pedestrian model by evolutionary adjustment to video tracking data [J]. Advances in Complex Systems, 2007, 10:271-288.

[11] 李娟.非拥挤条件下轨道站通道典型自组织行为分析[D].上海:同济大学,2010.

[12] Daniel R, Parisi M, Moldovan G H. A modifieation of the Soeial Foree Model can reproduce experimental data of pedestrian flows in normal conditions[J]. Physiea A,2009,388:3600-3608.

[13] Henderson L F. On the Fluid Mechanics of Human Crowd Motion [J]. Transportation Research, 1974,8:509-515.

[14] Daaman W, Hoogendoorn S P. Research on pedestrian traffic flows in the Netherlands [C]// Proceedings Walk 21 IV, 2003:101-116.

[15] 曹守华.城市轨道交通乘客交通特性分析及建模[D].北京:北京交通大学,2009.

[16] 叶建红.行人交通行为与交通流特性研究[D].上海:同济大学,2009.

[17] 任福田.道路通行能力手册[M].北京:中国建筑工业出版社,1991.

[18] 陈然,董力耘.中国大都市行人交通特征的实测和初步分析[J].上海大学学报(自然科学版),2005,11(1):94-97.

[19] 陈宽民.道路通行能力分析[M].北京:人民交通出版社,2003.

[20] 胥旋.人员疏散多格子模型的理论与实验研究[D].安徽:中国科学技术大学,2009.

[21] 孔宪娟.基于元胞自动机的交通流建模及其特征分析研究[D].北京:北京交通大学,2007.

[22] 贾斌.基于CA的交通系统模拟[R].北京:北京交通大学系统科学研究所,2005.

[23] Blue V J, Adler J L. Cellular Automata Microsimulation of Bidirectional Pedestrian Flows [J]. Transportation Research Record 1678,1999:135-141.

[24] Blue V J, Adler J L. Modeling Four Directional Pedestrian Movements [J]. Transportation Research Record 1710,2000:20-27.

[25] 贾斌.交通瓶颈处车流复杂动态特性的元胞自动机模拟[D].合肥:中国科学技术大学,2003.

[26] 李元香,康立山,陈毓屏.格子气自动机[M].北京:清华大学出版社,1994.

[27] 沙云飞.人群疏散的微观仿真模型研究[D].北京:清华大学,2008.

[28] Marko Apel. Models for pedestrian flow and crowd dynamics [R]. University of Applied Science, Faculty of Traffic and Transportation, Germany, Technical Report 01,2004.

[29] Helbing D, Farkas I J, Molnar P, et al. Simulation of Pedestrian Crowds in Normal and Evacuation Situations [C]// Peakstrian and Evacuation Dynamics. Berlin: Springer, 2002:21-58.
[30] 单庆超.城市轨道交通行人流运动建模及仿真[D].北京:北京交通大学,2009.
[31] Okazaki S, Matsushita S. A study of simulation model for pedestrian movement with evacuation and queuing [C]// Proceedings of the International Conference on Engineering for Crowd Safety, 1993: 277-280.
[32] 郭谨一,刘爽,陈绍宽.行人运动仿真研究综述[J].系统仿真学报,2008,20(9):2237-2242.
[33] 刘茂,王振.行人和疏散动力学研究现状及进展[J].安全与环境学报,2006,6:121-125.
[34] Hughes R L. The flow of large crowds of pedestrians [J]. Mathematics and Computers in Simulation, 2000,53(4-6):367-370.
[35] Harney D. Pedestrian Modelling: Current Methods and Future Directions [J]. Road & Transport. Research, 2002,11(4):2-12.
[36] Editorial. Agent-based pedestrian modeling [J]. Environment and Planning B: Planning and Design, 2001,28:321-326.
[37] Lovas G G. Modeling and Simulation of Pedestrian Traffic Flow [J]. Transport Research B (S0191-2615),1994,28(3):429-443.
[38] Thompson P A, Marchant E W. A Computer Model the Evacuation of Large Building Populations [J]. Fire Safety Journal (S0379-7112),1995,24(1):131-148.
[39] Thompson P A, Marchant E W. Testing and Application of the Computer Model 'SIMULEX' [J]. Fire Safety Journal (S0379-7112),1995,24(3):149-166.
[40] Watts J M. Computer Models for Evacuation Analysis [J]. Fire Safety Journal (S0379-7112), 1987, 12(3):237-245.
[41] 吴娇蓉,冯建栋,陈小鸿.中美地铁车站火灾疏散设计规范对比与分析[J].同济大学学报(自然科学版),2009,37(8):1034-1039.
[42] 吴娇蓉,冯建栋,王昊.上海世博园区客运码头人流组织方案及适应性分析[J].同济大学学报(自然科学版),2011,39(1):62-68.
[43] 周晓红.城市步行交通与步行空间的规划设计[D].上海:同济大学,1993.
[44] 扬·盖尔.交往与空间[M].何人可,译.北京:中国建筑工业出版社,2002.
[45] 冯建栋,吴娇蓉,金昱.轨道交通自动检票闸机组利用不均衡度研究[J].城市交通,2010,8(3):28-35.
[46] Anuj Kumar Gupta. A Study on Pedestrian Walking Behavior [D]. Civil Engineering, University of Delaware, 2005.
[47] Hoogendoorn S P, Daamen W, Piet H L Bovy. Extracting microscopic pedestrian characteristics from video data [C]. TRB 2003 Annual Meeting CD-ROM, Washington D. C. , 2003.
[48] Miyazaki K, Matsukura H, Katuhara M, et al. Behavior of Pedestrian Group Overtaking Wheelchair User [R]. Pedestrian and Evacuation Dynamics, University of Greenwich, London, 2003.
[49] 张群.公共建筑内部集散空间设计与行为研究[D].西安:西安建筑科技大学,2001.
[50] 张琦,韩宝明.交通枢纽乘客交互作用建模与仿真[J].系统仿真学报,2008,20(20):5442-5445.
[51] 魏召.基于空当搜索的客运交通枢纽行人交通仿真建模研究[D].北京:北京交通大学,2008.
[52] 赵光华,陈艳艳,车广侠,等.大型赛事步行人流交通特性研究[J].道路交通与安全,2006,(2):19-21.
[53] 史建港.大型活动行人交通特性研究[D].北京:北京工业大学,2007.
[54] 赵佳琪,姜桂艳.大型活动的交通组织与管理研究[J].交通标准化,2009,(12):60-63.
[55] 徐华林,吴晓.大城市商业中心空间形态演变解析——以南京市湖南路商业中心为例[J].新建筑,2010,2:125-130.

[56] 兰瑞严.体验经济下大型商场公共空间设计研究[D].重庆:重庆大学,2008.
[57] 卢鹏.体验式消费对大型商场内部交通空间设计的影响[D].辽宁:大连理工大学,2005.
[58] 李进.大型展览活动人群智能服务管理研究[D].上海:复旦大学,2010.
[59] 刘挺.博览建筑参观动线与展示空间研究[D].上海:同济大学,2007.
[60] 肖金花.上海世博会客流特征研究[D].上海:同济大学,2011.
[61] 金和天.博物馆观众心理与行为研究——故宫钟表馆案例分析[D].吉林:吉林大学,2006.
[62] 孙智勇,葛书芳,荣建,等.行人交通的数据采集方法研究[J].北京工业大学学报,2006,32(6):530-533.
[63] 张青松.人群拥挤踩踏事故风险理论及其在体育赛场中的应用[D].天津:南开大学,2007.
[64] 王振,刘茂.人群聚集过程的定量分析与计算机模拟[J].青岛大学学报(自然科学版),2006,19(2):44-59.
[65] 刘文婷.城市轨道交通车站乘客紧急疏散能力研究[D].上海:同济大学,2008.
[66] Lars Benthorn, Hakan Frantzich. Fire Alarm in a Public Building: How do People Evaluate Information and Choose an Evacuation Exit? [J]. Fire and Materials, 1999,23:311-315.
[67] 李健.考虑环境信息和个体特性的人员疏散元胞自动机模拟及实验研究[D].合肥:中国科学技术大学,2008.
[68] 于彦飞.人员琉散的多作用力元胞食动机模型研究[D].合肥:中国科学技术大学,2008.
[69] Togawa K. Study of fire escapes basing on the observation of multitude currents [R]. Technical Report No. 14, Building Research Institute, Ministry of Construction, Tokyo, 1955.
[70] Melinek S J, Booth S. An analysis of evacuation times and the movement of crowds in buildings. BRE, Fire Research Station CP 96775, 1975. (BRE Current Paper CP96/75 FRS).
[71] 韩冬,张蕊.行人微观仿真中的运动模型与行为模型——STEPS与NOMAD模型对比[J].城市交通,2008,6(6):33-40.
[72] 吴娇蓉,陈义红,冯建栋.上海2010世博会越江轮渡停泊特征分析[J].交通信息与安全,2010,28(1):94-98.
[73] 吴娇蓉,胡山川,冯建栋.世博园客运码头应急疏散通道设计和评价方法[J].同济大学学报(自然科学版),2011,39(3):385.